本书为延安大学 2021 年博士科研启动项目
"大学精神视域下的高等教育治理研究"（项目号：YDBK2021-18）的成果

孙刚成

著

大学精神的演进与传承

THE DEVELOPMENT
AND INHERITANCE OF
THE SPIRIT OF UNIVERSITY

社会科学文献出版社
SOCIAL SCIENCES ACADEMIC PRESS (CHINA)

序

中国的现代大学教育，尤其是改革开放之后的大学教育，发展迅猛，成绩卓著。但是，近些年暴露出来的大学精神式微、现代大学制度难以得到完善、师生功利化倾向明显、学者的学术纯粹性降低等问题较多，尤其是在中国由发展中国家向发达国家迈进的关键时刻，这些问题显得更为严重，其中，大学文化和大学精神式微问题尤为突出。这是当前大学发展面临的突出问题，而这些问题都可以通过对大学精神的深入研究来厘清和辨明解决方向。

依据对本书内容建构和学理分析的需要，本书确定的主要研究方法为文献研究法、历史比较法、史料解释法和调查法等。在以上方法运用下，本书以历史时序为主线，按照大学精神从起源到继承与发展再到式微阶段的发展历程，从古代大学精神产生的缘起开始，对典型历史时期或大学案例进行梳理与研究，最后，在拉长历史时序的宏观判断与调查验证下，展望大学精神的未来取向及其指导下的大学发展取向。

大学精神溯源部分旨在探寻中外大学精神生成的源头，在证实大学精神起源于中国的春秋战国和西方的古希腊时期的基础上，阐明中国传统文化与大学精神的契合及其对大学精神生成的贡献，以便让人们更好地认识到，中国高等教育发展必须符合源于中华传统文化精髓的客观规律，只有实现中国传统文化的继承与发扬，以及对西方现代大学长处的借鉴与融合，才可能实现中国高等教育的崛起与中华文化的再次繁荣。

在大学精神的继承与发展部分，本书首先对欧洲中世纪大学、洪堡大学和剑桥大学学院制中传承的大学精神做了深入探究，以求厘清现代西方大学精神的发展脉络；其次，为了厘清西方现代大学制度传入中国后的大学精神发展与传承，本书选取了中国教会大学、西南联合大学和共产党在延安时期创办的部分高等学校为典型案例，研究它们在借鉴西方大学制度的过程中，形成现代中国大学精神并引领大学发展的先进经验。

在大学精神的式微与反思部分，本书在实证调查的基础上，首先分析了当代大学精神式微的诱因及其基本表征；其次，提出了大学应如何通过与市场经济的博弈守护大学精神的建议；再次，归纳了大学精神指引下的大学治理取向和学术自由取向，总结了一流大学走出象牙塔后继续坚守大学精神的启示；最后，基于对人的坚守和对学者风骨的呼唤，对当代大学精神式微现象进行深刻反思，并提出改进建议。

透过第一至三章对中外 2000 多年大学精神演进史的系统分析，可以更清楚地认识到，大学精神在未来社会应该升华于乌托邦精神与教育信仰支撑下的精神超越，从而实现新时期对高等教育变革取向的指引，让教育在追求人的全面发展目的下，充满人文厚度和精神深度。

在系统梳理以上研究内容的基础上，本书提出了以下两个基本结论。第一，文化繁荣诱因与大学精神本质暗合、相互依存、同衰共荣。也就是说，文化繁荣的诱因正是大学精神的基本内涵和本质追求；反过来，大学精神的本质追求旨在致力于人的养成与人类文化的繁荣。二者属于共生相互依存关系，存在同衰共荣的关联性。第二，在不同历史时期，大学精神的强弱和大学地位高低与大学对人的养育作用大小之间存在高度正相关性，大学精神发挥的引导作用越强，大学的社会地位越高，对人的养育价值也越大，反之亦相反。所以，在当前的和平与发展时期，同样要重视对大学精神的尊重与发扬，要赋予以大学为首的学术组织更大的学术自由和治理自由，进而唤醒和激发大学人的创新潜力与大学的办学活力。只有这样才能使大学精神更好地引领大学生机勃勃地发展。

目 录

绪　论

在大学的本原生成阶段，大学精神顺势而生、自觉彰显，且自发作用于大学发展过程中，客观上不需要刻意的研究，实际上也没有太多相关研究成果出现。但是，在现代社会，尤其是在市场经济初级阶段，经济与社会对大学的健康发展产生巨大影响的背景下，在现代大学精神式微而又亟待强化的时期，从历史和学理双重视角对大学精神开展研究，厘清其内生机制和演进规律就势在必行了。此为研究之引，亦为对近些年对大学精神进行研究者趋多的解释。

一　研究的目的与意义

中国的现代大学教育，尤其是改革开放之后的大学教育，发展迅猛，用短短几十年的时间创造了世界最大规模的高等教育体系，在实现高等教育大众化之后，又于 2019 年大踏步进入高等教育普及化阶段（高等教育毛入学率达到 51.6%[①]），高等教育毛入学率超越了众多发展中国家，超过世界高等教育平均毛入学率 10 余个百分点，高等教育发展成绩卓著。但是，近些年暴露出来的问题也比较多，尤其是在中国由发展中国家向发达国家迈进的关键时期，在向智能化时代跨越的节点上，这些问题显得更为突出。在问题的具体表现上，主要集中在以下几个方面。首先是现代大学

[①]　教育部.2019 年全国教育事业发展统计公报［EB/OL］. http://www.moe.gov.cn/jyb_sjzl/sjzl_fztjgb/202005/t20200520_456751.html.

精神的式微与缺失问题较为明显①；其次是大学教师作为知识分子的精神式微问题所造成的负面影响较大②；再次是大学与师生自主权不足和大学自我批判精神不足导致创新型人才产出困难③；最后是大学人文精神和人文教育功能被弱化致使大学成为无根的教育，所培养的人也难以成为有修养的文明之人④，一流本科教育和金课更是难以落到实处。概括起来，其主要是由机械复制西方大学制度与文化和大学精神缺失这两个尤为突出的问题造成的，这两个问题也是大学内涵式发展面临的核心或致命问题，尤其是大学精神的缺失，将使大学陷入无根无魂的困境。而这两个迫在眉睫、亟待解决的问题，又都可以通过对大学精神史和大学精神演进与传承的学理研究去厘清，以明辨其解决的必然方向。很多人赞同大学是社会的良心，大学中具有"独立之精神，自由之思想"的知识分子便是大学的良心，而大学精神便是大学及其所聚集的大批知识分子或大学人良心的精髓与寄托。⑤ 所以，将大学精神的演进与传承作为研究选题，具有较强的理论意义和实践意义。

（一）理论意义

目前，国内外对大学精神进行表层解释或单一方面考察、阐述的成果较多，但是，系统而深入的研究成果，尤其是基于大学精神演进史，对大学精神的内在生成机制和基本发展规律进行深入研究的成果还很少，不利于人们清晰地认识大学精神的演进规律。所以，在历史与现实两个维度的结合中，对这一问题进行系统研究，厘清大学精神演进的学理问题和内在

---

① 潘磊，田景春. 现代大学精神的式微与回归 [J]. 文山学院学报，2014，（1）：97-100；汪求俊. 论大学精神的式微与复归 [J]. 大学（研究版），2016，（12）：88-96；卢慧玲，贾万刚. 现代大学精神的式微与重建 [J]. 黑龙江教育（高教研究与评估），2010，（5）：10-11.

② 谢明明，李强. 大学教师"知识分子"精神式微及其提振路径研究 [J]. 黑龙江高教研究，2018，（7）：126-129；王全林. "知识分子"视角下的大学教师研究——大学教师"知识分子"精神式微的多维分析 [D]. 南京师范大学，2005.

③ 董康成，张舵. 大学自我批判精神式微归因及其构建路径 [J]. 继续教育研究，2015，（7）：4-6；李明. 当代中国大学自我批判精神的式微与强化 [D]. 西南大学，2013.

④ 牛金芳. 对我国大学人文教育式微的思考 [D]. 陕西师范大学，2005；范玉鹏. 反思与重构：现代大学文化式微之检视 [J]. 湖北社会科学，2018，（1）：175-180.

⑤ 李均. 大学的良心 [M]. 北京：中国文联出版社，2017：前言.

演进机制与基本规律，既可以丰富大学精神研究的理论基础，为大学精神的发展提供理论指导，又可以更好地补充对大学本质的理论解释，丰富高等教育本质论知识，规避对大学的物化认识误区和世俗化解读；作为高等教育哲学的基本命题，加强大学精神研究，还可以补充和完善高等教育哲学的基本理论，促进高等教育哲学理论体系的建构与优化。

（二）实践意义

在世界范围内被广泛采用的市场经济体制，既给世界各国的大学教育带来了资源优化配置的益处，又造成了不同程度的对纯粹学术的冲击和精神发展上的负面影响，尤其是众多大学实施的市场化运作模式或商业化运作模式，致使大学整日疲于研究和迎合社会需求，从而搁置或弱化了自身的根本诉求，让大学精神明显式微，让大学作为人类精神支撑的作用被弱化，大学作为精神象征高地的地位被动摇，大学教育的本体价值和基本存在意义在一定层面上被遮蔽或抛之脑后。①

所以，通过本书的研究，首先，可以在一定层面上帮助中国和世界上其他国家具有类似问题的大学深刻认识自身存在的问题，助力大学实体借助大学精神，认识大学教育本质内涵，并解决它们在发展道路上所遇到的自我认同迷茫或方向迷失问题；其次，研究阐明大学精神演进的内生机制，可以帮助大学人或聚集于大学的知识分子，尤其是大学管理者，深入把握大学精神发展的基本规律，在重视大学精神培育和涵养的实践中，发挥好大学精神对大学发展的引领作用，坚持在大学精神引领下按照规律办大学，推进真正的世界一流大学建设进程；再次，对大学精神系统化的研究，有利于让更多知识分子和大学人深入理解大学精神，从而在更好地践行大学精神的过程中，获得强大的精神寄托，重新找回灵魂栖息地；最后，研究大学精神，促进大学精神的回归，有利于让大学重新回归人类精神的中心地位，有利于让大学继续引领社会的发展，尤其是引领人类精神文化的发展。

①　刘亚敏 . 大学精神探论［D］. 华中科技大学 . 2004.

二 国内外研究综述

(一) 国内研究现状综述

国内对大学精神较早的研究主要存在于众多教育史著作之中，但多为文化典籍、原始史料或者散见于各种教育名家著述之中的内在表述或间接表达，没有直接的或专门的研究成果。然而，很多成果意蕴深刻，观点鞭辟入里，论述入木三分。对以上成果的研究综述和借鉴主要散见于正文引用之中，在此不便一一阐述。

现代的研究成果中，对大学精神进行专门研究的著作仍然不多，已有著作类成果主要从以下几个方面对大学精神进行研究。

一是对中外著名教育家或著名大学的大学精神进行阐述或评论。这方面的著作在著作类成果中占比较高，如杨东平的《大学精神》和《大学之道》，这两本书精选了一些现代著名教育家、著名大学校长或著名知识分子在大学教育理念和大学的人文与文化精神等方面所发表的重要言论，对其进行分类整理或加工后汇编成专题著作，属于中国现代大学精神阐述的重要汇编性文献，主要从大学理念、学术自由、通才教育、学生自治和大师办学五个方面选取经典文献资料，对大学精神进行了经典诠释；王喜旺的《大学探究精神的重生与衍化：以西南联大为个案的诠释》，主要从内外部条件方面，对西南联合大学在办学中彰显的探究精神的发展和演化做了系统分析，并从独立、自由、爱国、赤诚和会通等几方面，分析和解释了这种探究精神的生成机制以及对大学教育和大学师生的辐射与涵化作用；陈平原的《大学有精神》，是作者的相关演讲稿、杂文、随笔和回忆性文章等的汇编，从历史和现实两个方面，较为随性而富有思想深度地表达了作者对大学精神的认识、见解和评判等，外散而内有神，内在地汇聚到了大学精神主题之下。以上文献对大学精神有着较为经典的诠释，内容体系相对完整，但系统性和全面性不足，没有进行多角度跨越时空的系统挖掘与深度整理。

二是对大学精神进行学理研究。此类著作偏少，如董云川的《找回大学精神》，该书汇编了作者在长达20余年的时间中对大学精神和大学之道的思考与研究成果，用犀利的笔锋批判了大学精神缺失及其引发的大学浮躁现象，用颇有洞见的思想解读了大学精神的学理性内涵，遗憾的是作者并未对大学精神进行成体系的系统研究，仍然停留在了相对独立的论文层次上的阐述阶段，全书的系统性和整体逻辑性不足；叶隽的《大学的精神尺度》属于作者论文汇编加增补内容的整合性著作，该书从大学及其精神的基本要义、德国不同大学的共同与不同价值追求，以及中国大学的传统与现实困境分析等三个大的方面，对中外大学的生活、传统和精神进行了较为深入的梳理和归纳，对大学本质和中国人文传统等具有较深刻的认识，但系统性和完整性不足；刘铁芳的《保守与开放之间的大学精神》也属于个人学术演讲、所发表论文汇编加增补内容的整合性著作，作者把自己的同主题系列成果整合汇编，集中传达了作者基于自己对大学人文教育的价值追求而形成的对大学理念和大学精神的学理性解释，重点突出了作者对大学精神传统内核的赞同和坚守态度，以及对学术自由开放和大学实体开放两种不同见解的阐释等，但是，因为属于汇编性质的成果，系统性不足；何茂莉的《传承与现代——文化人类学视野下的大学精神》则从文化人类学视角，从大学精神的含义、指标、路径、当代变革与问题、未来重铸等维度，对大学精神进行了学理性分析，为大学精神研究提供了一个较好的视角和文化分析维度，对人们深刻理解大学精神有所助益。

三是对大学精神进行历史阐述与史料整理。如储朝晖的《中国大学精神的历史与省思》和《中国近代大学精神史》，前者为作者在博士学位论文基础上，进行扩展研究与系统分析后形成的研究成果，重点梳理了中外大学精神发展的历史轨迹和作者经过长期研究后对大学精神的深入思考与解读，后者则是对中国近代大学精神从历史线索和个案分析两个维度开展的史料分析与贯通性研究，这两本著作对人们清楚认识大学精神的历史演进轨迹和进一步挖掘大学精神演进的规律具有较高的价值；何光沪等人主编的《大学精神档案》则是按照时间顺序，对古今大学精神研究与实践的资料进行汇编，并加入简单的分析而形成的学术文献类成果，具有较大的史料价值，但系统性不足。

对于学术论文类的研究成果，本书主要以中国知网文献为基础，在高级检索界面以"大学精神"作为篇名关键词进行精确检索，截止到2018

年 4 月 30 日检索时，可见 1979 年以来的文献 1982 篇，其中有期刊文献 1570 篇、硕士学位论文 56 篇、博士学位论文 3 篇（其一，华中科技大学教育科学研究院毕业博士，现为华中科技大学教育科学研究院博士生导师的刘亚敏教授的《大学精神探论》，该论文首先从知识分子和大学精神之间的共契性角度分析了大学精神的核心要素；其次从大学与其外部主要组织之间的相互作用入手，梳理了大学精神的演变史；最后对大学精神的坚守和改变及其相互关系做了学理分析，归纳了大学精神面临的困境和发展问题。其二，西安建筑科技大学城市规划与设计专业毕业博士文涛的《基于大学精神培育的校园空间营造模式研究》，该论文在深入分析大学精神和大学校园空间及文化形态之间关系的基础上，提出了大学精神引导下的大学校园空间设计模式，系统论述了作为大学灵魂的精神与实际的物质载体之间的关系，倡导建设能够承载大学精神与文化内涵的校园空间设施。其三，东北师范大学教育学部毕业博士，现任职于吉林大学马克思主义学院的常艳芳教授的《大学精神的人文视界》，该论文立足人文主义视角，从大学精神的内涵、演变历程、时代表征、价值、培育和发扬等维度对大学精神进行了系统分析，重点揭示了大学精神的人文价值及其对大学的引领作用）、报纸文献 316 篇、会议论文 32 篇、学术辑刊文献 5 篇；增加"演进"或"传承"作为并列的主题检索词，再次进行精确查找，仅发现文献 80 篇，其中有期刊文献 60 篇、博士学位论文 1 篇（文涛的《基于大学精神培育的校园空间营造模式研究》）、硕士学位论文 9 篇，报纸文献 9 篇、会议论文 1 篇。以上所提到的 1982 篇文献全部出现在 1985 年至 2018 年 4 月 30 日，其中 2000 年之前每年发表的文献都在 10 篇以下，且多数有文献发表的年份仅有 1~2 篇；2000~2005 年文献发表数量快速上升，2005 年超过 100 篇，而且这一较高的研究热度维持了较长时间，2005~2015 年平均每年发表文献 144 篇，且各年文献发表数量基本均衡（见图 0-1）。

以上文献呈现以下特点，第一，研究作者较为分散，以大学精神为研究方向长期坚持研究并发表成果的核心作者较少。从成果数量上看，贡献文献数量最多的为中国教育科学研究院的储朝晖研究员，共有文献 12 篇（关于储朝晖研究成果的综述主要放于著作类研究综述部分，另有部分散见于本书的引用中），其次是中国矿业大学的赵保全贡献了 8 篇文献，浙

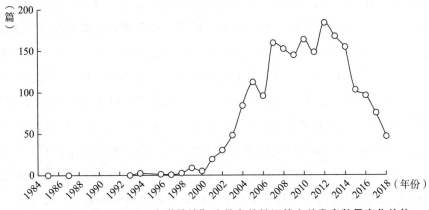

图 0-1　1979 年以来以"大学精神"为篇名关键词的文献发表数量变化趋势

江师范大学的刘尧教授贡献了 7 篇文献、吉林大学的常艳芳教授贡献了 6 篇文献；贡献 3 篇文献以上的作者仅有 39 位（储朝晖因作者单位标注不同出现两次），这 39 位作者贡献文献数为 151 篇，占全部文献数量的 7.6%。第二，主要文献贡献机构多为高水平大学和师范类院校。其中，贡献文献数量最多的机构是北京大学，贡献文献数为 33 篇，主要作者有陈平原和王义遒等人；随后是中国矿业大学 20 篇（主要作者有赵保全、丁三青和刘欣等人）、吉林大学 19 篇（主要作者有常艳芳等人）、武汉大学 18 篇（主要作者有刘亚敏、刘道玉等人）、黑龙江大学 15 篇（主要作者有朱振林等人）、赣南师范学院（现赣南师范大学）14 篇（主要作者有黄遵斌等人）、浙江大学 14 篇（主要作者有杨卫等人）、华东师范大学 13 篇（作者全部为单篇论文作者）、北京师范大学 13 篇（主要作者有刘宝存、王梓坤等人）和华南师范大学 13 篇（作者全部为单篇论文作者）；贡献 10 篇以上文献的机构共 26 家，共计贡献文献 351 篇，占全部文献数量的 17.7%。第三，该主题研究获得基金资助偏少。从基金资助分布情况来看，国家基金资助成果数量占比较高，文献中有全国教育科学规划基金资助成果 16 篇、国家社科基金资助成果 8 篇；地方与部委基金资助成果相对不足，仅有 24 篇，除江苏省教育厅人文社会科学研究基金资助成果多达 15 篇之外，其余地方或部委基金资助成果最多 3 篇。这说明该主题的研究没有得到国家和地方政府的足够重视。

从 1979 年以来以"大学精神"为篇名关键词的文献关键词分布中可

以看出，国内以"大学精神"为篇名关键词的文献的关键词主要集中在大学精神、大学文化、校园文化、大学、培育、高等教育、高职院校、大学理念、人文精神等高频词上（见图0-2）；结合1979年以来以"大学精神"为篇名关键词的文献的关键词共现网络图（见图0-3）进行综合分析可以推论，国内对于大学精神的研究主要是围绕"校园文化""人文精神""科学精神""大学精神文化""大学理念""大学（文化）"等进行的，也就是主要从"文化"和"精神"两个维度对大学精神进行了剖析，而且可以看出，众多研究者对大学人文精神、科学精神与大学文化存在较高的认同度，人文精神与科学精神毫无疑义地成为大学精神的基本研究内涵。

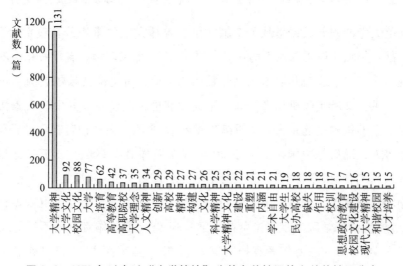

图 0-2　1979 年以来以"大学精神"为篇名关键词的文献关键词分布

综观以上成果分布情况可以发现，国内对大学精神进行研究的学者队伍建设仍然比较薄弱，且进行长期持续研究的学者明显不足；大学精神研究基金资助较少，尤其是地方和部委基金对这一研究主题关注过少，大学精神研究需要获得更多的国家和地方基金支持。队伍实力和基金支持不足导致的结果就是，该领域研究虽然连续十几年具有较高的研究热度，但是研究成果整体不多，且高水平研究成果偏少，前文所述1982篇文献中属于CSSCI来源期刊文献的仅有154篇。从研究角度来看，基于某一时期或某所大学的个案分析其大学精神表现的文献和从某一角度分析大学精神某一

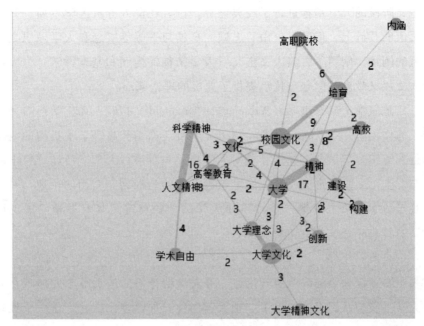

图 0-3　1979 年以来以"大学精神"为篇名关键词的文献关键词共现网络

方面特质的文献数量最多，研究较为深入和成熟；但是，纵观中西历史，对大学精神演进和学理进行研究的成果偏少，亟须开展基于已有成果的综合性历史审视与学理研究，也只有这样，才可能提升关于大学精神的基础研究的深度。

（二）国外研究现状综述

国外关于大学精神的研究由于思维方式和研究习惯的不同，成果较少。从关键词查询结果可以判断，国外习惯于用"idea of university"而不是"spirit of university"来指代汉语中的"大学精神"。但是，即使用"idea of university"进行文献检索，直接相关的研究成果仍然不多。

相关著作主要以"idea of university"为主题开展对大学精神的研究，在百链上用"idea of university"作为书名关键词进行检索，能够查到相关著作 572 种，但是，除去不同版本的纽曼的 *The Idea of a University* 之外，密切相关的著作并不多。在检索到的相关著作中堪称经典的主要有以下几本，故选取这些经典著作进行综述。

一是纽曼的《大学的理想》（*The Idea of a University*），该书对古典人文主义阶段的大学精神进行了经典诠释，作者在深入分析大学本质及其基本价值的基础上，借助对自由、忠诚、卓越与平等等概念和大学理想之间关系的阐述，阐明了古典人文主义下大学精神的内涵和基本诉求，为大学对人文主义教育的坚守与传承提供了扎实的理论基础。

二是威廉·冯·洪堡（Wilhelm von Humboldt，1767~1835 年）的《论国家的作用》（*The Limits of State Action*）和《论柏林高等学术机构的内部和外部组织》等著作和论文，其对大学独立与自治、大学坚持纯粹科学研究与学生个人修养形成相统一的思想进行了较为深刻和全面的论述，对于其观点，本书第二章第二节"洪堡大学精神的奠定及其对学校发展的引领"有详细论述，在此不做赘述。

三是奥尔托加·加塞特的《大学的使命》（*Mission of the University*），该书主要围绕大学的改革展开论述，对大学精神研究的贡献主要体现在其对大学本质的认识上，提出了"把大学当作一种精神比把它当作一个机体更为合适"① 的基本论断，认为任何时期都不能淡化大学的精神象征，而要通过大学精神的强化，使大学在人们的心目中保持精神高地和精神依托的形象。另外，他认为："如果学校确实是国家的一个职能机构，与其内部人为创造的教学氛围相比，大学更多地依赖于它所处的民族文化氛围，这种内在和外在的平衡是造就一所好学校的一个基本条件。"② 作者以此为基础，较好地界定了大学内外部关系协调的平衡点，强调了大学内部治理的重要性。

四是德里克·博克的《走出象牙塔——现代大学的社会责任》（*Beyond the Ivory Tower：Social Responsibilities of the Modern University*），该书系统而深刻地分析了大学在面对政府和市场时，应该如何处理三方博弈中的内外部关系问题，尤其是对大学走出象牙塔后的学术自由、学校自治和大学责任等方面的论述入木三分。作者认为大学在新的时代不能不承担社会责任或者是逃避自身的社会责任，但是，大学只有坚守学术象牙塔的精神追求和

---

① 〔西班牙〕奥尔托加·加塞特. 大学的使命 ［M］. 徐小洲，陈军译. 杭州：浙江教育出版社，2001：96.

② 〔西班牙〕奥尔托加·加塞特. 大学的使命 ［M］. 徐小洲，陈军译. 杭州：浙江教育出版社，2001：48.

自由学术，才可能更好地承担社会责任。他在书中说，"政府干预不仅削弱多样性，抑制改革，犯下造成重大损失的错误，而且也会迫使大学花费大量钱财来迎合政府条例的要求"①，他认为政府对大学的干预必须被严格限制在特定的范围之内，而且要少之又少，否则将削弱大学的功用，妨碍大学精神的作用发挥和大学自身对人的涵养作用的发挥。

五是雅斯贝尔斯（又译为"雅斯贝斯"）的《大学之理念》（The Idea of The University）和《什么是教育》（Was ist Erziehung?）两本著作中关于大学精神和大学理念的论述。两本书对大学精神最重要的贡献主要在于，从人文角度深刻地诠释了雅斯贝尔斯对大学、学生与学术自由的见解，明证了大学作为一个自由探索和教授真理的神圣之地的不可侵犯性，强调了学术的纯粹性。其论述掷地有声，如"学术自由是一项特权，它使得传授真理成为一种义不容辞的职责，它使得大学可以横眉冷对大学内外一切试图剥夺这项自由的人"②"大学教育是通过参与大学的精神生活，培养学生深具内涵的自由"③"大学的师生追求真理不负任何直接、实际的责任，他们只对真理本身负责任，研究者共同为真理而斗争，而彼此之间却并没有生活的竞争"④。

除了以上经典著作之外，还有 2002 年出版的《大学的新理念》（The New Idea of a University），该书在梳理纽曼等人提出的大学精神的基础上，阐述了大学在市场经济发展中逐步沦为技术的训练场与知识的贩卖地的教育现实，表达了一名学者对大学精神式微的忧虑⑤；马斯登的教育学名著《美国大学之魂》（The Soul of the American University）立足于宗教在大学中的剥离，分析了被实用性和世俗化力量所控制的大学正失去其道德方

---

① 〔美〕德里克·博克. 走出象牙塔——现代大学的社会责任 [M].徐小洲，陈军译. 杭州：浙江教育出版社，2001：46-47.
② 〔德〕卡尔·雅斯贝尔斯. 大学之理念 [M].邱立波译. 上海：上海人民出版社，2007：19.
③ 〔德〕雅斯贝尔斯. 什么是教育 [M].邹进译. 北京：生活·读书·新知三联书店，1991：167.
④ 〔德〕雅斯贝尔斯. 什么是教育 [M].邹进译. 北京：生活·读书·新知三联书店，1991：170.
⑤ Duke Maskell, Ian Robinson. The New Idea of a University [M].Thorverton：Imprint Academic，2002：Contents and Preface.

向、一味满足工业社会需求的现实危机①，但是，对于这个在工业社会时期很难解决的问题，马斯登也很无奈，并没有给出重塑大学灵魂的现实路径。

虽然以上代表性的国外著作不是专门研究大学精神的，但是，它们都包括了相关散论且深刻地解读了大学精神的基本内核，对学术自由、学术自治、彰显人文精神、追求人的修养和独立于除大学外的其他机构处理内部事务等大学精神基本内核的诠释做出了巨大贡献。

2017 年 2 月 18 日，笔者先是将"spirit of university"作为标题关键词在百链上进行外文学位论文检索，没有找到直接相关的学位论文；随后，改用"idea of university"做标题关键词在百链上进行外文学位论文检索，虽然从表面上看可以查到 101 篇文献，但是，因为该网站无法进行精确检索，而且存在不同数据库的相同文献不会自动合并等缺陷，实际上 101 篇文献中既有大量重复出现的文献，又有大量和本书主题无关的文献，经过逐一浏览和筛选之后，仅可以找到 18 篇直接相关的学位论文。其中，博士学位论文 11 篇，硕士学位论文 7 篇。在这些符合研究主题要求的学位论文中，以不同国家的大学理念为研究对象开展研究的居多，尤其是针对澳大利亚的大学展开研究的成果较多，包括二战以来澳大利亚政府对大学理念的影响研究②、澳大利亚 1987～1996 年大学变革背景下的大学理念研究③、20 世纪 90 年代澳大利亚的大学理念研究④、1860～1890 年殖民化的新南威尔士大学理念发展研究⑤、1825～1850 年在英格兰和爱尔兰之间关于大学理念的争论及其对 1845～1860 年新南威尔士大学理念的产生与早期发展的

---

① 〔美〕乔治·M. 马斯登. 美国大学之魂（第二版）〔M〕. 徐弢，程悦，张离海译. 北京：北京大学出版社，2015：421.

② Helen May Finlay. The Idea of the University in Australia the Impact of the Interactions of the Australian Government, FAUSA and the AVCC on Its Evolution Since World War II 〔D〕. Macquarie University（Ph. D.），1994.

③ Sean John Regan. The Post-Dawkins Idea of a University：A Tory Pragmatist Interpretation of Australian University Reform 1987-1996 〔D〕. University of New England（Doctor），1998.

④ Janet Sinclair-Jones. The Idea of the University in Australia in the 1990s 〔D〕. Curtin University of Technology（Ph. D.），1996.

⑤ Peter R. Chippendale. The Development of the Idea of the University in Colonial New South Wales，1860-1890 〔D〕. University of Sydney（M. A.），1993.

影响研究①和澳大利亚大学在理念与身份认同上的表现研究②等，占据筛选后所获得学位论文总数的 1/3 以上，但是，这些文献多是个案研究或对某一具体时期大学理念的研究，没有针对较长时间的演进的研究成果。对其余国家大学理念进行专门研究的学位论文更为分散，例如，澳大利亚阿德莱德大学 1991 年毕业的博士摩根·玛格丽特·弗朗西斯（Morgan Margaret Frances）的博士学位论文《理性的宗教与大学理念：一项对 1800～1836 年的纯理性论派的研究》，深入分析了特定时期宗教与人文教育双重影响和博弈之下的英国大学理念与大学精神；③ 马尼·德·彭西尔（Marni De Pencier）的博士学位论文《1920 年之前加拿大英文大学的大学精神》分1860 年之前、1861～1890 年和 1891～1920 年三个阶段选取了 40 多所加拿大高校进行案例研究，较为全面、系统、深入地分析了 1920 年前加拿大英文大学的大学精神状况，但是因为案例较多，研究工作量太大，该文献并没有对不同时期的所有案例学校进行深入的对比分析，而且其也没有总结出近百年间加拿大大学精神演进的规律；④ 美国西北大学迈克尔·J. 霍夫斯特（Michael J. Hofstetter）于 1991 年完成的博士学位论文《大学的浪漫主义精神：1770～1850 年的英格兰和德国》，分别从大学精神的忏悔及其衰落、大学的浪漫主义精神在德国的起源、英格兰的浪漫主义大学精神、大学的浪漫主义精神及其在柏林的新基础、1830～1850 年的剑桥大学与牛津大学精神等方面对英国和德国大学精神的演进与传承进行了深入探讨；⑤ 纳尔逊曼德拉城市大学克里希纳瓦尼·皮莱（Krishnavani Pillay）的硕士学位论文《南非的现代大学理念》，分别从大学理念建构的典型、大学理念

---

① Peter R. Chippendale. The Debate on the Idea of the University in England and Ireland, 1825 to c. 1850, and Its Implications for the Creation and Early Development of the Idea of the University in New South Wales, 1845 to c. 1860 [D]. University of Lancaster (Ph. D.), 1986.

② Westerhuis D. S. Ideas and Identities: Representations of Australian Public Universities [D]. James Cook University, Townsville (Ph. D.), 2006.

③ Margaret Frances Morgan. Rational Religion and the Idea of the University: A Study of the Noetics, 1800 to 1836 [D]. University of Adelaide (Ph. D.), 1991.

④ Marni De Pencier. Ideas of the English-speaking Universities in Canada to 1920 [D]. University of Toronto (Canada) (Ph. D.), 1978.

⑤ Michael J. Hofstetter. The Romantic Idea of the University: England and Germany, 1770–1850 [D]. Northwest University (Ph. D.), 1991.

的历史生成、美国和德国大学的发展取向、南非种族隔离时期的大学理念、南非政策文本视域下的大学理念、南非的现代大学理念等方面，对南非的大学理念进行了较为深入的研究；① 等等。除了对不同国家大学理念的研究，剩余的学位论文多是对某一著名人物的大学理念进行研究的成果。其中，对纽曼的大学理念进行研究的学位论文最多，例如，香港中文大学高莘的博士学位论文《约翰·亨利·纽曼的大学理念与其宗教思想之关系》，分别从纽曼的博雅教育理念思想溯源与背景、纽曼的博雅教育理念概述与分析、神圣与世俗、纽曼的大学理念与其宗教思想之关系等四个方面，系统论述了纽曼的大学理念的内涵及其与纽曼的宗教思想的内在关系②；美国天主教大学大卫·P. 弗莱斯卡克（David P. Fleischacker）的硕士学位论文则是基于纽曼的大学理念中对科学的认识，从微观角度对纽曼的大学理念进行了深入分析③；比利时根特大学米利卡·彼得罗维奇（Milica Petrovic）的硕士学位论文《人文教育的命运：再论约翰·亨利·纽曼的大学理念》，主要对纽曼人文教育理念的内涵和纽曼的大学理念在当代的发展与变化两个方面进行了较为深入的分析④。其他的学位论文还有对瑞典的梅拉达伦大学理念进行的院校研究⑤、基于某一时期或某一类型文献分析进行的大学理念研究⑥和选取不同的具体研究视角所进行的大学理念研究⑦等，这些

① Krishnavani Pillay. The Idea of the University in South Africa Today [D]. Nelson Mandela Metropolitan University (M. A.), 2009.

② Gao Xin. John Henry Newman's Idea of University and Its Relationship with His Religious Thought [D]. The Chinese University of Hong Kong (Hong Kong) (Ph. D.), 2007.

③ David P. Fleischacker. John Henry Newman "Microform": His Understanding of Science in the Idea of a University [D]. Catholic University of America (M. A.), 1996.

④ Milica Petrovic. The Fate of Liberal Education: John Henry Newman's The Idea of a University Rebisited [D]. GENT University (M. A.), 2009.

⑤ Johanna Sesone, Annika Adielsson. From Idea to Impact—A Strategic Process at Mälardalen University [D]. Mälardalens Högskola (M. A.), 2008.

⑥ Joann Gerdeman Thompson. On the Idea of the University: An Analysis of Selected Themes Found in the Literature on Higher Education 1962-1972, with Special Reference to the Relationship of the Modern Themes to Those Found in Nineteenth Centrury English Thought [D]. University of Kentucky (Educat. D.), 1983.

⑦ Nigel Joseph. The Idea of University the Humanities and the Negotiation of Modernity [D]. University of Hyderabad (Ph. D.), 1997; Bruce Alan Bornstein. Commercializing University Biomedical Ideas: Problems and Opportunities [D]. Massachusetts Institute of Technology (M. B. A.), 1999.

文献的研究维度或角度相对分散。在以上学位论文之外，埃塞俄比亚亚德斯亚贝巴大学的一篇硕士学位论文对古今的学术自由进行了系统论述，该论文首先概述了古希腊时期的教育、欧洲中世纪大学、德国古典大学、美国的大学和埃塞俄比亚的大学等传承的学术自由，并在此基础上概述了大学精神的发展状况；随后，又从学术自由的内涵、基础、范围与目的和学术自由与责任等方面阐述了不同文献中的观点；最后，以亚德斯亚贝巴大学作为研究个案，分析其学术自由与大学精神变化情况，并得出了大学精神被弱化的结论。①以上学位论文虽然缺少贯通古今、体系完整的宏观研究成果，但是，在个案研究方面可以给本书提供较多的启发；西塞·塔米拉特（Sisay Tamirat）的硕士学位论文虽然研究不够深入，却可以佐证本书对大学精神演进的判断与分析。

2017 年 2 月 19 日，笔者将"spirit of university"作为标题关键词在百链上进行外文期刊论文检索，没有找到直接进行这一主题研究的期刊论文；用"idea of university"做标题关键词在百链上进行外文期刊论文检索，可以检索到 4189 篇文献，但是，因为该网站无法进行精确检索，而且存在不同数据库的相同文献不会自动合并等缺陷，致使 4189 篇文献中既有大量重复出现的文献，又有大量和本研究主题无关的文献，经过逐一浏览和筛选之后，仅可以找到 68 篇直接围绕这一主题研究的期刊论文；为了解决外文文献不足的问题，笔者于 2017 年 6 月，又借助到境外参加国际学术会议的机会，用"idea of university"做关键词通过 google 学术进行了搜索与筛选，共获取与百链获取文献不同的有效期刊论文 35 篇；2019 年 9 月，笔者再次进行补充检索，获取 2018～2019 年的 11 篇相关期刊论文，前后共计查阅期刊论文 114 篇。综观所检索到的论文，选题主要集中在主要教育家的大学精神与大学理念研究、不同国家的大学精神与理念研究、大学精神与理念主题的院校研究和大学精神的历史现实与现存问题研究等方面。

在对产生重要影响的教育家们的大学理念与大学精神的研究中，主要

① Sisay Tamirat. Academic Freedom and the Idea of University: A Philosophical Inquiry (With a Reflection on Addis Ababa University) [D]. Addis Ababa University (M. A.), 2015.

有以下成果与观点。首先是对纽曼的大学理念与精神进行研究的成果，阿拉斯戴尔·麦金太尔（Alasdair Macintyre）在高度认同纽曼的大学理念与精神的基础上，深入分析了人文教育对人之养成的重要意义，继而反思了现代大学理念的偏移与大学精神的式微，提出大学教育的主要目的不在于为升学做准备或培养专业技能，而是在于人本身的精神涵养①马克·辛克莱尔（Mark Sinclair）从德国大学的兴起与内部改革和教学引领科研两个方面论述了海德格尔与洪堡共通的对大学理念与精神的认知②；西莫·沙克依维柯（Šimo Šokčević）、泽里克·菲拉伊迪奇（Željko Filajdić）在阐述纽曼通过博雅教育追求知识本身的价值和培养绅士的教育目的的基础上，批判现代大学与纽曼的大学理想相去甚远，认为现代大学更多地在追求工具化的知识，而非导向真理本身。③ 其次是对洪堡及柏林大学的大学理念与精神进行研究的成果，胡嘉莉（Jiali Hu）和崔延强（Yanqiang Cui）认为洪堡的大学理念与大学精神是人类宝贵的精神遗产，两位作者在文章中重点探讨了洪堡提出的教学与科研并重和教学与科研相互促进的大学办学理念，深入探讨了学术研究是师生成长的创造性活动的理念，强调了学术自由精神的引领价值；④ 阿基罗·比普（Akiro Beppu）在研究中阐述了威廉·冯·洪堡的大学理念与大学精神对柏林大学发展的影响，分析了柏林大学从洪堡时代到现代的发展变化，提出大学从甘于寂寞、只开展纯粹学术研究转向了服务于社会、走进社会的中心，在这个变迁过程中，大学得失并存，传统的大学精神与理念和现代的国际化与市场化观念存在明显矛盾，这些观念的难以平衡也是人们必须面对的发展现实。⑤ 再次是对雅斯

---

① Alasdair Macintyre. The Very Idea of a University：Aristotle，Newman，and us ［J］. British Journal of Educational Studies，2009，57（4）：347-362.

② Mark Sinclair. Heidegger，Von Humboldt and the Idea of the University ［J］. Intellectual History Review，2013，23（4）：499-515.

③ Šimo Šokčević，Željko Filajdić. "Gentleman" as the Holder of Academic Life in J. H. Newman's "The Idea of a University" ［J］. Crkva u svijetu：CUS，2017，52（1）：7-25.

④ Jiali Hu，Yanqiang Cui. Spiritual Heritage of Humboldt's Idea of University：Study on Universities in Germany ［J］. Higher Education of Social Science，2015，8（5）：1-6.

⑤ Akiro Beppu. W. von Humboldt and the Idea of Berlin University（University Reorganization as Problem of Education）［J］. The Japanese Journal of Educational Research，2003，70（2）：185-196.

贝尔斯的大学理念与大学精神进行研究的成果，马里科·罗利奇（Marinco Lolić）在文章中基于雅斯贝尔斯对大学精神式微及暴露出的问题的批判，阐述了雅斯贝尔斯在回归大学之道与彰显大学精神的引领价值方面所做的努力与贡献。① 最后是对康德的大学理念与大学精神的研究，伊戈尔·艾泰洛维奇（Igor Eterović）在研究中首先分析了威廉·冯·洪堡与康德在大学理念与精神维度上的观点交织之处，然后强调和分析了康德的观点，即坚持大学之于人的发展的重要性，赞同大学对人本身发展的追求，突出大学对于培养拥有精神实体之人和普通公民的重要价值和精神追求。② 因为对主要教育家的大学精神与大学理念研究的综述主要放在了本书后文中的相关部分，此处仅概述以上部分。

在传统大学理念与大学精神和现代大学理念与大学精神的比较研究方面，加利纳·佩特罗瓦（Galina I. Petrova）等人在研究中提出，大学的理念是建立在人即将开悟时对灵性的理解之上的，所以，精神性是大学教育追求的本体价值，大学需要致力于培养追求普遍真理和绝对精神的纯粹之人，现代大学需要找回这种日渐式微的大学精神③；加利纳·佩特罗瓦（Galina Petrova）等人提出，现代大学的危机源于古典主义大学理念与大学精神的危机，古典大学在对人的专注之下，以求真求实的认知态度，达到了美与善的境界，但是，现代大学所追求的太多，日益迷失于纷繁世界之中，教授不再是智慧的化身，他的知识没有存储芯片丰富，他的技术能力没有高级工匠强大，这样的结论本身就是对缺失大学精神之大学的拷问④；努斯雷特·伊萨诺维奇（Nusret Isanović）认为现代大学既缺乏大学理念也缺乏大学精神，可以说是纯粹大学的终结，而真正的大学起源于古印度、中国、古希腊和古罗马，真正的大学应该致力于在通往学生最丰满

① Marinko Lolić. Jaspers' Try of the Rehabilitation of the Idea of University [J]. Philosophy and Society, 2009, 20 (3): 41-62.

② Igor Eterović. The Place of Immanuel Kant in the Thinking of the Idea of the University [J]. Philosophical Research, 2013, 33 (3): 473-492.

③ G. I. Petrova et al. Historical Retrospective Review of Idea of University: Complementarily of Reason and Spirituality [J]. Procedia-Social and Behavioral Sciences, 2015, 166: 639-646.

④ Galina Petrova et al. A Comparative Analysis of Classical and Postmodern Views on the Idea of a University [J]. Procedia-Social and Behavioral Sciences, 2015, 206: 465-473.

灵性的道路上，帮助其成为自由完整的人，以最大的潜能去参与人类整体的生活进步，① 而这种真正的大学的典范则是威廉·冯·洪堡在康德的大学理念影响下逐步建立的柏林洪堡大学②；E. R. 塔珀（E. R. Tapper）和B. G. 索尔特（B. G. Salter）提出，英国大学与政府之间也存在自治权利的斗争问题、大学治理权与政治干预的边界划分不清问题、大学的自治与学术自治界限不清问题等，这些问题的存在与这些问题所引发的争斗已经在一定程度上削弱了原有的大学精神③；加利纳·佩特罗瓦等人认为，大学理念与精神在古典时期更关注人道主义的精神价值，致力于有道德理性的人的养成，但是，随着全球化时代的来临，大学面对的世界日益复杂，很多事情让人难以预料或预判，所以，大学理念与大学精神也随时可能发生变化，在此背景下，大学既应该适应社会发展需要进行变革，也应该保有其人道主义的精神价值④；弗朗西斯科·埃斯特班·巴拉（Francisco Esteban Bara）认为，现代大学服务于社会发展需求，甚至沦为职业训练场，已经成了被普遍接受和认可的现实，多数人都认为大学似乎就应该是这样子的，但是，对比传统的大学理念与大学精神，人们还是可以明显发现，现代大学在培养与提升人的德行和人文修养方面具有明显缺陷，并不能培养出真正优秀的公民，更难培养出伟大的人文学者⑤；西莫·沙克依维柯（Šimo Šokčević）认为，现代大学的危机在于其在背离纽曼倡导的人文教育与人的整全培养理念之后，日益走向了片面的教育、工具化的教育⑥。以上成果清晰地论述了古典大学理念与大学精神之于人本身的巨大价值，普遍认为现代大学

① Nusret Isanović. The Birth of the Idea of a University and Its Medieval Embodiment [J]. Proceedings of the Islamic Pedagogical Faculty in Zenica, 2012, (10): 325–338.

② Nusret Isanović. The Idea of University-Historical Realisations and Threats of Disappearing [J]. Signs of Time, 2013, (60): 181–200.

③ Tapper E. R., Salter. B. G. The Changing Idea of University Autonomy [J]. Studies in Higher Education, 1995, 20 (1): 59–71.

④ Galina I. Petrova et al. "The Idea of a University", Its Spiritual-Humanitarian Values and Content [J]. Procedia-Social and Behavioral Sciences 2014, 154: 245–249.

⑤ F. Esteban Bara. Ideas de ayer para la Educación Universitaria de hoy [J]. Foro de educación, 2018, 16 (24): 215–232.

⑥ Šimo Šokčević. Theology and the Idea of University Education [J]. Renewed Life, 2016, 71 (2): 217–229.

在适应社会发展需求的过程中，仍然需要坚守大学对纯粹学术的追求和对人本身的专注。另外，此类成果对本书关于大学精神式微的推论具有佐证价值，也为本书从历史演进与实证调查两个维度进行大学精神式微研究提供了一定的思路。

在当代大学发展危机中的大学理念与精神研究方面，索尼娅·帕夫伦科（Sonia Pavlenko）和克里斯蒂娜·博扬（Cristina Bojan）认为，当代大学发展的危机不仅仅是在经济危机时代的经费问题，更在于大学过多地关注眼前的生存和发展或排名问题，而忽视了长远的发展愿景，忽视了对引领国家和社会的未来、实现人身心的健全尤其是精神的丰富等永恒价值目标的追求。^① 安德烈亚斯·斯佩尔（Andreas Speer）认为，大学的理念与大学精神是在危机中产生的，也是应对危机的手段。当今社会，大学理念与大学精神的继承与发展所面临的困难是一场危机，尤其是大学作为学习机构的危机。现代大学必须面对海量新的信息和纯粹的事实，理解科学的范式转变，并和发展方向与其相互冲突的科学解释和信仰模式及其对社会的影响进行对抗。在现代大学理念与大学精神发展危机下，博洛尼亚进程中的大学改革已经做出了榜样。^② B. V. 托舍夫（B. V. Toshev）认为，高等教育大众化和高等教育麦当劳化是现代大学理念与大学精神和现代大学自身发展面临的危机。在这种情况下，威廉·冯·洪堡所倡导的纯粹研究以及教育与科研一体化的理念与精神已经受到巨大威胁。作者基于这种挑战，探讨了大学理念应该是什么、什么是高等教育的公理等基本问题。^③ 加利纳·佩特罗瓦等人从全球化和大学理念与大学精神变迁角度进行了探讨，认为大学理念与大学精神本身就包含着民族精神状态的具体特征，提供了民族和个人的身份认同，在各自国家体系之下形成个人的精神特质。但是，在全球化持续推进的过程中，面对更多的不明挑战与快速发展，大学精神与理念将逐步消除民族中心性特质，更多地追求具有普遍性的真理和

① Sonia Pavlenko, Cristina Bojan. Reclaiming the Idea of the University as a Possible Solution to Today's Crisis [J]. CEPS Journal, 2014, 4 (2): 91-104.
② Andreas Speer. Free Minds—An Archeology of the Idea of the University [J]. Archive for Medieval Philosophy and Culture, 2010, (16): 7-18.
③ B. V. Toshev. The University Idea and Possibilities for Its Realization [J]. Bulgarian Journal of Science and Education Policy (BJSEP), 2011, 5 (2): 385-415.

人道主义精神。① 此类研究成果可以为本书深入认识大学精神式微现象提供佐证或拓宽视野。

在不同国家或地区的大学精神与理念或不同院校的大学精神与理念研究方面，索尼娅·帕夫伦科（Sonia Pavlenko）和克里斯蒂娜·博扬（Cristina Bojan）分析了博洛尼亚进程下的欧洲大学理念与精神变革，作者认为虽然威廉·冯·洪堡所提出的大学精神与理念是理想化的，雅斯贝尔斯也认为完美的大学暂时不可能出现，但是，博洛尼亚进程作为旨在促进欧洲内外文化融合与发展和欧洲高等教育繁荣的协同行动，仍然应该向着建设理想化的大学去努力②；格伦·A. 琼斯（Glen A. Jones）提出，加拿大的大学理念与大学精神应该兼顾象牙塔精神和服务于社会的理念，即大学既要继承中世纪及其以前的大学精神与优良传统，又要满足当下的社会发展需求，但是，国家也应该给予大学稳定的自治权利和政治准则③；纳格拉朱·岗德梅达（Nagaraju Gundemeda）在探讨大学精神内涵的基础上，首先批判性分析了印度的高等教育状况及大学精神弱化问题，然后提出了个人与国家发展协同中的大学理念④；斯蒂芬·施瓦茨（Steven Schwartz）基于大学精神视角，从创新人才培养与澳大利亚高等教育协调发展角度，探讨了澳大利亚高等教育在科研与教学方面的改革取向⑤；常大湾（Da Wan Chang）等人提出，马来西亚的大学正在探索卓越加速计划和人文教育计划，通过在两个计划的实施过程中逐步建立自治与问责并行的机制，让马来西亚的大学在服务于社会发展的同时，逐步成为培养有灵魂之人的人文大学⑥；奥西·皮隆内（Ossi Piironen）在分析欧洲高等教育自治状况的基础上，深

① Galina I. Petrova et al. "The Idea of a University", its Spiritual-Humanitarian Values and Content [J]. Procedia-Social and Behavioral Sciences, 2014, 154: 245-249.

② Sonia Pavlenko, Cristina Bojan. The Idea of the University Reshaped by the Bologna Process [J]. AUDEM, 2011, 2 (1): 38-47.

③ Glen A. Jones. The Idea of a Canadian University [J]. Interchange, 1998, 29 (1): 69-80.

④ Nagaraju Gundemeda. The Idea of a University: A Sociological Study of a National University in India [J]. Journal of Sociology and Social Anthropology, 2015, 6 (1): 99-112.

⑤ Steven Schwartz. Big Ideas for Australian Universities [J]. Higher Education Management and Policy, 2009, 21 (2): 35-49.

⑥ Da Wan Chang et al. The Idea of a University: Rethinking the Malaysian Context [J]. Humanities, 2015, 4 (3): 266-282.

入探讨了芬兰的高等教育自治问题，提出大学的制度自治和学术自治是相互关联的，没有大学自治与制度自治，学术自治就缺乏保障，此外，现代大学自治的主要障碍是日益复杂的社会关系与日益多样化的社会需求，但是总的来看，芬兰和整个欧洲的大学自治状况相比 20 世纪 90 年代以前，发生了明显的好转[①]；查尔·C. 沃尔赫特（Charl C. Wolhuter）和约翰·穆沙亚（John Mushaandja）描述了南非大学理念与精神在四个不同发展阶段的形态，即英国殖民地时期的人文主义大学理念与精神、南非白人的大学理念与精神、南非种族隔离视域下的大学理念与精神和新自由主义经济学视域下的大学理念与精神，认为在经历四个阶段的发展变化之后，南非的大学理念与精神在消除种族隔离的前提下，开始沿袭欧洲中世纪和洪堡时期的大学理念与大学精神，并且获得了较好的发展[②]；索尼娅·帕夫伦科和克里斯蒂娜·博扬从 19 世纪和 20 世纪大学的传统观念出发，探讨了在长达 10 年的博洛尼亚进程中，欧洲大学观念在 21 世纪所发生的变化，澄清了和大学理念与大学精神相关的一些术语的内涵，探讨了大学理念与大学精神在大学发展过程中的地位，并试图确定大学传统理念与精神在当今的体现，她们认为，高等教育机构所特有的新的基本概念是"关系中的大学"，其具体表现形式多种多样[③]。此类成果从国家或院校个案层面分析了当代大学理念与精神的传承与发展状况，从文献中可知，虽然世界不同国家和院校普遍存在大学精神式微现象，但在部分院校大学精神的发展状况已经开始好转，而且相当一部分国家和院校已经认识到了继承与发扬传统大学理念和精神的重要性。

综观国外研究成果，最多的是对现代大学理念与大学精神危机进行分析的文章，表明了学者们对现代大学精神式微的忧虑；其次是对具体国家或院校实施的质性与量化方法相结合的研究，而且澳大利亚在这方面的研究成果明显多于其他国家；再次就是关于纽曼、洪堡、雅斯贝尔斯等著名

① Ossi Piironen. The Transnational Idea of University Autonomy and the Reform of the Finnish Universities Act [J]. Higher Education Policy, 2013, 26: 127-146.
② Charl C. Wolhuter, John Mushaandja. Contesting Ideas of a University: The Case of South Africa [J]. Humanities, 2015, 4 (2): 212-223.
③ Sonia Pavlenko, Cristina Bojan. The Idea of the University Reshaped by the Bologna Process [J]. AUDEM, 2011, 2 (1): 38-47.

教育家的大学理念与大学精神的研究成果，其中基于现实问题和对策进行研究的成果较多；其他方面的研究成果较少，特别是历史研究与学理研究相结合的思辨研究成果较少。

以上研究分析中表现出来的成果不够丰富或研究跨度与系统性不足问题，不是因为大学精神这一主题没有研究价值或没有紧迫性，而主要是因为此类研究的复杂性很强、把握难度较大、对研究者要求很高。尤其是对大学精神式微做系统性科学分析的难度更大，无论是做质性研究还是量化研究，都存在一定的缺陷，而且很难得出人人认可的结论，这也是导致此类研究缺陷与不足的主要原因。所以，这一领域需要有学者去深入探索，需要更多机构或组织支持有兴趣与能力的学者去从事此类研究。

三　主要研究内容

（一）大学精神演进与传承中的典型时期和典型大学研究

抽象的大学精神演进与传承中内蕴着规律和必然。这种规律与必然是什么、为什么会在特定的历史时期或在特定的大学之中彰显出来，都是很值得研究的问题。本书考虑到大学精神演进的重大节点问题，按照不同时期对大学精神所具有的特殊意义的强弱，选取对大学精神产生与发展做出巨大贡献的中国的春秋战国文化繁荣时期和古希腊时期等两个中外典型的文化繁荣时期，开展大学精神溯源的宏观性研究，去分析这两个时期对大学精神演进与传承的贡献，揭示大学精神内在的生成规律与必然性。

在对典型大学中大学精神演进与传承的微观性研究方面，本书根据不同历史时期的标志性特点，确定将中国宋代的书院教育精神、欧洲中世纪大学精神、洪堡大学精神、剑桥大学精神、中国教会大学群体精神、西南联合大学精神和共产党在延安时期创办的高等学校对大学精神的遵循等作为大学演进与传承的范例进行研究，并在一定层面上对比分析它们的共性和差异性，以探寻大学精神在大学层面发展的内在规律。

（二）大学精神的发展取向研究

在大学精神演进历史研究的基础上，以史为鉴，解释过去，认清现在，展望未来，用拉长的历史线索，探索大学精神生成与发展的内在规律，借助内在规律指引，结合时代背景与特点，在考虑用好资源促进大学回归本质、实现健康发展，助力有教养之人的养成，尤其是有教养的创新型人才养成的前提下，科学展望未来的大学精神取向及其对大学教育的引领方向，推动中国建设世界一流大学和世界高等教育健康发展。

（三）大学精神式微的实证调查研究

依据历史发展演进和相关文献分析，现代大学发展过程中存在明显的大学精神式微现象，为了印证基于文献研究的推论，本书将采用问卷调查法对国内不同类型大学教师、管理人员和学生进行问卷调查，通过调查数据，客观印证推论是否准确，以便增强本书研究的客观性、科学性和准确性。

四　研究思路与方法

在研究思路上本书主要以历史时序为研究主线，按照大学精神溯源→大学精神的继承与发展→大学精神的式微与反思→大学精神的升华及其引领下的高等教育改革取向的顺序，从古代大学精神产生的缘起开始，逐段进行对典型历史时期和不同历史时期典型大学的梳理与研究，最后，在拉长历史时序的宏观判断基础上，展望大学精神的未来取向及其指导下的大学发展取向（具体思路见图0-4）。

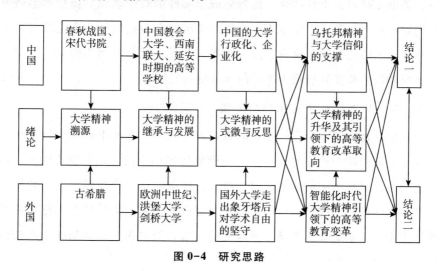

图 0-4　研究思路

从图 0-4 中可以看出，本书在大学精神演进的历史主线之下，设置了两条支线，即中国大学精神演进历史支线和外国大学精神演进历史支线，两条支线交相辉映，相互对比和证明。在大学精神的升华及其引领下的高等教育改革取向研究部分，主线和支线相互交织，共同印证推论；结论部分，三线再次交织互证与融合，演绎出两大基本结论。一条主线和两条支线的有机结合，在较大程度上保证了本书研究的客观真实性和相对完整性，提升了研究的科学性和准确度。

开展大学精神研究需要了解、分析、理解大学样态以及大学人的精神面貌与行为特征和大学运行过程及其多方面表现等，需要采用哲学思辨、逻辑分析、直觉思维、科学抽象、量化研究和质性研究等多样化的方法。[1] 依据前述研究内容与思路需要，结合本书大学精神研究史论结合、以论为主的特点，本书将借鉴人文社会科学研究和文化研究中规范化与表意化研究方法相结合、质性研究与量化研究相结合的研究范式，在适当运用想象和隐喻等手法的基础上，重点采用以下研究方法。

（一）文献研究法

本书从选题上看适于开展质性研究，需要在广泛搜集和鉴别文献的基础上，对大量的文献进行包括整理、加工、归纳和演绎等步骤的综合研究，借助文献对大学精神这一命题形成事实性的科学认识。依据本书研究的内容和特点，研究中需要重点开展的文献研究包括以经典人文教育史文献梳理为主的历史文献研究、以大学制度文献资料分析为主的大学制度文献研究和以经典文献梳理为主的内容分析研究。

（二）历史比较法与比较研究法

比较法在本书中是最为重要的研究方法之一，在本书研究中使用比较法主要是进行两个维度的比较。一是借鉴历史学中的常用研究方法——历史比较法，对从中国的商周时期与西方古希腊时期至今所经历的不同历史时期的大学精神，进行纵向的历时性比较研究，揭示大学精神演进与传承的历史本质，系统分析大学精神演变的历程，努力揭示大学精神生成的内

---

[1] 陈向明. 质的研究方法与社会科学研究 [M]. 北京：教育科学出版社，2000：3.

在规律。二是运用教育学和社会学中常用的比较研究法，对中外相同时期或接近时期的大学精神进行横向的共时性比较研究，研究中，重点选取中外典型历史时期和中外典型大学进行对比分析，主要将中国的春秋战国时期和西方的古希腊时期这样两个中外典型的文化繁荣时期作为典型时期比较的研究对象，力求发现大学精神演进与传承在宏观层面的中外共通之处与差异；同时，选取中国宋代的书院教育、欧洲中世纪大学教育、洪堡大学、剑桥大学、中国教会大学群体、西南联合大学和共产党在延安时期创办的高等学校等，作为中外大学或大学群体中传承和发展大学精神的典范，对它们所秉承的大学精神的演进与传承进行微观层面的中外比较研究，努力借助对两个层面比较分析的结合，深刻洞悉大学精神演进与传承的内在规律与必然性，以求认清共性、区分差异、印证规律。

（三）史料解释法

史料解释法是历史学中常用的研究方法之一。鉴于大学精神自身的抽象性和大学精神作为一种概念被提出是近代的事情，而古代的史料中，关于大学精神的论述既指向一种清晰的意义和意识存在，又不存在确切的"大学精神"之类的字眼表述，本书研究中需要借助史料解释法，对相关历史文献资料进行史料内在意蕴的挖掘性分析，在尊重历史真实的基础上，厘清大学精神演进的渊源，还原大学精神的历史原貌，揭示大学精神的元生内涵。

（四）调查法

该研究方法是人文社会科学研究领域普遍采用的研究方法，也是验证研究假设和为假设提供科学依据时普遍采用的研究方法。在本书中，采用调查法主要是为了调查国内大学师生对大学精神内涵的理解是否存在偏离现象，验证本书对大学精神被弱化的假设，分析大学精神被弱化的原因和未来的改革方向。

五　核心概念界定

（一）精神

精神，古指精华、精气或个人精神作用①，今指"人的内心世界现象，

---

① 储朝晖. 中国大学精神的历史与省思 ［M］. 太原：山西教育出版社，2010：41.

包括思维、意志、情感等有意识的方面，也包括其他心理活动和无意识的方面^①，威廉·狄尔泰（Wilhelm Dilthey）认为精神首先是"意识活动和潜意识活动的一个整体"，其次是"超越本能为人所特有的高级心理系统"^②，本书借鉴与整合原有概念，认为精神是人内在于心且同时外在于行的本质属性和本质特征。

（二）大学

大学的概念与表达在古代就已经出现了，如《白虎通·辟雍》中记载的"十五成童志明，入大学，学经术"，还有《大戴礼记·保傅》中记载的"束发而就大学，学大艺焉，履大节焉"，意思是说，男子 15 岁之后就要开始高级阶段和高深学问的学习，就要遵循大学之道；国外的大学一词源于拉丁文的"universitas"，后来演化为"university"，原意为师生行会、社团，后指进行高深学问传承的实体机构，即今日之大学。因此，大学从何而起、以何为界向来难理清楚。但是，正如梅贻琦所言，"所谓大学者，非谓有大楼之谓也，有大师之谓也"^③。所以，本书所说的大学的定义为研究和传承高深学问的机构或专门场所，即有大师级学者专门传授高深学问的处所或组织机构，故中国大学历史从商、周算起，西方从古希腊开始。这一定义具体取证于中外史料中对研究高深学问场所的界定语言和众多教育名家对大学概念的界定，在此仅举数例，不做赘述。

蔡元培认为："吾国历史上本有一种大学，通称太学；最早谓之上庠，谓之辟雍，最后谓之国子监。其用意与今之大学相类；有学生，有教官，有学科，有积分之法，有入学资格，有学位，其组织亦颇似今之大学。然最近时期，所谓国子监者，早已有名无实，故吾国今日之大学，乃直取欧洲大学之制而模仿之，并不自古代太学演化而成也。"^④ 意即中国古代的太学已经类似于今天的大学，可以被认为是中国大学的原生体和初期发展形态，只是中

---

① 辞海编辑委员会.辞海（下卷）[S].上海：上海辞书出版社，1999：5478.

② 〔德〕威廉·狄尔泰.精神科学引论（第一卷）[M].童奇志，王海鸥译.北京：中国城市出版社，2002：17.

③ 梅贻琦.就职演说 [M]//刘述礼,黄延复.梅贻琦教育论著选.北京：人民教育出版社，1993：10.

④ 转引自唐钺，朱经农，高觉敷.教育大辞书 [M].上海：商务印书馆，1930：42.

国近代大学产生时没有直接从这些大学延续和变革而来，中间出现了断层。

熊明安认为："商、周国家机构已比夏代有了发展，这就需要有专门的机构来培养官吏。中国古代的大学教育，正是在这种条件下，为适应商、周统治者的需要而产生了。"[①] "商代的大学从殷墟甲骨文中和史籍的记载中得到了证明，因此，从现有的史料来看，我国的大学教育起源于商代是毫无疑义的。"[②]

汪永铨也认为："中国最早的高等学校可以上溯到西周（公元前11世纪至公元前771年）的辟雍和泮宫。"[③]

储朝晖则认为："中国大学是一种始自夏、商、周，一直延续至今的教育组织，其间因多种历史原因虽没有同一所大学的不间断传承，而且出现了多种大学形态，显示出不同大学动态、发展的特征，但它们都在一定意义上传承着某种包括俗称的'学统'在内的一贯精神，探求、创新'道'的内涵，具有培养高级人才和研究所在时代的高深学问的基本职能。"[④]

金耀基认为："大学的起源可以溯到中国的先秦，西方的希腊与罗马，但现代大学之直接源头则是欧洲中世纪的大学。"[⑤] 实际上可以断言，大学在外在制度与形式上直接起源于欧洲中世纪大学，其内在本质和精神追求在中国的先秦和西方的古希腊与古罗马已经存在，而且潜滋暗长传承至今。

在国外，罗纳德·巴尼特认为："高等教育理念有其历史。它随着古希腊与中世纪高等院校的出现而不断发展，并在19和20世纪持续以各种经典版本的书面形式得到明确阐述。"[⑥] 努斯雷特·伊萨诺维奇认为真正的大学起源于古印度、中国、古希腊和古罗马。[⑦] 所以，"虽然古希腊并没有

① 熊明安.中国高等教育史［M］.重庆：重庆出版社，1983：8.
② 熊明安.中国高等教育史［M］.重庆：重庆出版社，1983：10.
③ 汪永铨.中国高等教育中的通识教育［M］//〔加〕露丝·海荷.东西方大学与文化.赵曙明主译.武汉：湖北教育出版社，1996：349.
④ 储朝晖.中国大学精神的历史与省思［M］.太原：山西教育出版社，2010：23；储朝晖.我国大学精神的既有研究与待解难题［J］.中国教育科学，2013，(3)：161-187.
⑤ 金耀基.大学之理念［M］.北京：生活·读书·新知三联书店，2001：1.
⑥ 〔英〕罗纳德·巴尼特.高等教育理念［M］.蓝劲松主译.北京：北京大学出版社，2012：23.
⑦ Nusret Isanović. The Birth of the Idea of a University and Its Medieval Embodiment［J］. Proceedings of the Islamic Pedagogical Faculty in Zenica, 2012, (10)：325-338.

涉及我们所定义的高等教育的大规模师生团体，但他们肯定具有某种高等教育理念"①。

从以上陈述来看，认为大学的历史要从中国的商、周和西方的古希腊算起的学者还是很多的，而且他们颇具学术地位与学术威望。另外，本书研究属于大学精神研究，即使真正的实体大学不是从那一时期发端的，至少对于大学精神的雏形或大学发展的基本理念与内涵，多数人是认可它们在中国的商、周和西方的古希腊时期确已有之的。所以，本书中大学的历史自中国的商周和西方的古希腊算起，大学就是指研究和传承高深学问的学术机构。

（三）大学精神

理解大学精神的内涵需要将其发展分为两个阶段，第一个阶段的大学精神是正规大学（欧洲中世纪大学）产生之前的大学精神，这种精神是"社会历史发展积淀的产物，而非仅仅是大学发展的产物，它是比大学的形体还要久远的存在"②；第二个阶段的大学精神是指实体性正规大学（欧洲中世纪大学）产生之后，在具体的大学发展过程之中逐步融合、凝练而抽象出来的大学精神。具体来说，大学精神是在大学或者研究高深学问的机构或场所发展过程中，长期积淀而成的稳固而具有普遍性的共同追求、理想和信念，是为大学人或聚集于大学的知识分子所认同的价值观，是大学文化的核心，是大学自身与大学人的灵魂所在和良心的诠释，③ 是"关于大学发展的价值取向及其在大学设置与运行中的体现"④，其践行是需要大学自身和大学人努力完成的使命⑤，这样的大学精神通常包括"独立与自由的思想、批判与创新的精神和为社会追求真理的使命感"⑥。诚如弗莱克斯纳所言，在保障大学的高水准发展和高贵品质方面，大学精神比任何

① 〔英〕罗纳德·巴尼特. 高等教育理念［M］. 蓝劲松主译. 北京：北京大学出版社，2012：25.

② 储朝晖. 中国大学精神的历史与省思［M］. 太原：山西教育出版社，2010：47.

③ 刘亚敏. 大学精神探论［J］. 未来与发展，2000，（6）：61-64.

④ 储朝晖. 中国大学精神的历史与省思［M］. 太原：山西教育出版社，2010：65.

⑤ J. C. Scott. The Mission of the University: Medieval to Postmodern Transformations［J］. The Journal of Higher Education，2006，77（1）：1-39.

⑥ 郭大成. 大学应培养"大写"的人［N］. 人民日报，2013-11-28：18.

设施、任何组织或手段都更有效。① 一方面，大学精神作为一种优势文化，被大学人或聚集于大学的知识分子内化成自己的学术信念和精神气质，滋养着他们的人本信念和理想人格，孕育着他们的崇高精神和醇厚智慧，并借此成为他们树立人生与社会价值的坐标，成为一代代优秀学者或佼佼学子的精神依托②，在大学的生存和发展中起着引领、激励、凝聚、定向和涵化作用，保障大学在合乎自身内在逻辑的基础上健康发展。另一方面，大学精神作为一种顶层指导的思想文化精华，可以全方位、多角度、无障碍地辐射到大学内部和整个社会中去，对人们的价值观念、信念养育、思维方式和行为规范产生积极的影响，从思想文化和灵魂丰富方面引领人类的发展和社会的进步，为人类创造最为宝贵的精神财富。③

借鉴以上研究成果，结合本书的特点和学理基础，特确定本书所说的大学精神是包含两个阶段发展内涵的大学精神，既指大学实体形成之前，进行高深学问研究与传承的精神追求和价值理念，又指大学实体形成之后，在长期办学实践基础上，中外大学对它们的办学理念、办学经验、办学思路等从学理上进行概括与归纳，并不断进行学理性抽象与一般性价值凝练，所形成的内在精神与价值的基本表征，其发展突出表现为学术自由、学术自治、人文追思、生命珍视、学理探究和批判性思维品质建构等基本维度下，对人之为人的精神丰富程度与文明程度的提升，以及基于个体目标实现的社会文明化和文化自觉化的实现。

六　大学精神的功用④

大学精神一旦形成或被认可，就会成为大学发展以及大学人和聚集于大学的知识分子的安身立命之魂，为大学发展提供价值导向、信念意旨、方法指导和强大的动力支持，引导大学人在宽松、以人为本的环境中进入

① Abraham Flexner. Universities：American，English，German ［M］. London：Oxford University Press，1930：348.
② 张宝昆. 人的因素对大学发展的影响 ［J］. 外国教育动态，1988，（1）：37-40.
③ 方展画，颜丙峰，宋广文. 大学精神：大学生命的灵魂 ［J］. 国家教育行政学院学报，2005，（1）：32-35.
④ 郭大成，孙刚成. 大学精神是大学素质教育之魂 ［J］. 教育研究，2013，（10）：50-54.

自由超越的学术与生活境界，达到自我实现的目标。

（一）大学精神是大学的基本价值追求和价值观的核心

大学精神作为大学发展的内在导向和外在引领，既是大学基本价值观的定向，又是大学价值观教育的基本内核；离开对大学精神的遵循，大学的价值观教育就会流于空谈。

1. 价值观教育是大学发展的核心

价值观是对人的行为进行普遍指导与规范，并作为制定决策或是对个人与社会的信念、行动进行评价的参照点的一系列观念，是使人据此而采取行动的一些基本原则、基本信念、理想标准或生活态度的高度概括[①]，是人生命与生活追求的价值取向，是个体或群体人格体系的基本内涵与动力机制，也是文化的核心要素与关键表达[②]。大学价值观教育是大学有组织、有目的、有意识地培养大学人和聚集于大学的知识分子们的科学价值观的社会实践活动，是大学凝聚人心的基本途径，它既包括对人类传统文化精华的继承与发扬，也包括对大学本质和大学精神的继承与发扬。所以，它既是大学人和聚集于大学的知识分子精神与道德培养的关键所在，也是大学自身文化体系发展与建构的重要途径。20 世纪 90 年代以来，技术工具理性的高速发展成就了器物繁荣，却带来了文化的祛魅与灵魂的荒芜，致使文化媚俗，丧失了其自身的优雅与崇高。大学精神指导下的价值观引领的先进文化，可以净化大学人和聚集于大学的知识分子们的灵魂，赋予其根植于文化的灵动与丰富，让他们在物化的浮躁中拥有心底的淡泊与静谧，让他们的精神带动高雅文化的回归，呼唤精神世界的富有。所以，大学要有机融合以爱国主义为核心的中国精神或中华民族精神与以学术自由和崇尚真理为核心、具有普遍性价值的大学精神，形成以公民责任、个人担当和社会公正为核心，以人的健康和谐发展为旨归的中国式大学价值观体系。

2. 大学精神是大学价值观教育的核心

大学精神作为大学人和聚集于大学的知识分子持有并努力传播的价值

---

① 〔英〕莫尼卡·泰勒. 价值观教育与教育中的价值观（上）〔J〕. 万明译. 教育研究，2003，（5）：35-41.

② 〔美〕J. P. Robinson，P. R. Shaver，L. S. Wrightsman. 性格与社会心理测量总览〔M〕. 杨宜音等译校. 台北：远流出版公司，1988：902.

观及其体系，具体包括四个要素，即以大学价值观为核心的思想观念，对国家、教育事业、学术事业与学校强烈的信念、认同感与责任意识，包括校风、教风、学风等作风在内的内隐和外显合一的行为表现，以及作为学校生存与发展的精神支柱和激励师生员工奋发向上的精神源泉的巨大凝聚力和影响力[①]，它们分别融合为个体价值观、文化价值观或社会价值观等的核心内涵，并内化到大学人和聚集于大学的知识分子们的灵魂深处，实现对他们精神与心灵的涵化。大学精神指引下的价值观养育，可以帮助大学人和聚集于大学的知识分子们自觉自愿地树立完全献身于不含任何私利或功利目的的真理探究事业之志向，使大学师生产生自己是为研究而存在的神圣感，并富有创造性和成就感地、快乐地奉献于学术研究，在一种类似于"殉道"的忘我境界下专注地追求学术的跨越与自我实现。[②] 同时，作为价值观念和行为规范的大学精神是大学人和聚集于大学的知识分子们的群体价值取向的集中体现，它既体现为大学本质的恒久不变性，也可以表现为大学个体的个性特质和文化内涵。而大学精神的价值引导过程，就是使大学人和聚集于大学的知识分子们将大学精神内化为自己的精神动力，并勇于实践，逐步形成他们共同的核心价值观和行为习惯的过程。这种精神被内化为大学人和聚集于大学的知识分子们的学术信念和道德规范后，就会成为道德自觉与文化自觉，并衍生出尚真求知的不竭动力。它是大学生命力的根本体现，它使大学敢于迎难而上，敢于挑战权威，敢于捍卫真理，敢于领时代所先，从而专注于人的生命热情的激发和社会文明发展的推进。[③]

3. 大学实现价值追求需要借助大学精神实现涵化

大学教育的核心任务是引导大学人和聚集于大学的知识分子们养成理想人格，帮助他们在成才的过程中先成人，其关键则是价值观塑造与信念培养。只有引导大学人和聚集于大学的知识分子们形成科学价值观，才能培养他们的内在认同与精神气质，才能实现大学精神对他们价值观的引领

---

① 冷余生.大学精神的困惑[J].高等教育研究，2004，(1)：1-5.
② 〔美〕卡尔·伯克.联邦德国的高等学校及其问题[N].中国教育报，1984-09-01.
③ 方展画，颜丙峰，宋广文.大学精神：大学生命的灵魂[J].国家教育行政学院学报，2005，(1)：32-35.

和大学精神自身的与时俱进与发扬光大。大学是进行学术探究的场所，大学人和聚集于大学的知识分子们更需要用自己勇于实现自由超越的精神，去引领他们不懈的学术追求。所以，大学教育需要借助大学精神提供的价值导向，通过融合大学精神衍生出的人文与社会科学核心课程、校园文化与学者风范等隐性课程和课外活动与社团活动等非正式课程的核心功能，塑造大学人正确的价值取向和共同的核心价值观，并引导他们形成坚定的信仰与高度的文化自觉，提升他们对学习与发展的欲望和独立学习与建构理论的能力。为此，大学需要把它所认同，并根据自己的价值判断认为正确且理想的价值观传授给大学人和聚集于大学的知识分子们，从而使他们成为大学所认为的理想的人，帮助他们在对真理的无止境探索中，逐步形成以为人类自身和人类社会追求真理的强烈责任感和使命感为核心的共同的核心价值观和精神特质。[①]

（二）大学精神为大学发展提供信念重塑意旨

强大的大学精神场域恰如一个巨大的磁场，可以吸引和凝聚大量大学人会聚到大学的殿堂之中，引导具有本真教育价值认同的群体文化意识形成，形塑大学人的理想信念与教育信念，成为大学的强大向心力和大学人的精神支柱。

1. **大学精神可以外化为以信念为主体的群体意识**

"学术系统在象征方面是富有的，它的成员献身于特定的象征物，常常依附于更广泛的坚定的思想意识，同时异乎寻常地为爱所联系"[②]，所以，大学精神可以以其深厚的传统文化积淀和明晰而合规律的理念，外化为以信念为主体的大学人和聚集于大学的知识分子们共通的群体意识、大学形象和大学声誉。反过来，大学信仰体系下的学人故事、传说和模范人物事迹中，渗透着大学精神，同时也对大学形象和声誉做出积极的贡献，并为大学精神的进一步发展做好铺垫。概言之，大学形象和声誉可以引导大学全体成员产生很强的凝聚力和归属感，故事和传说可以产生强大的感召力。[③]

---

① 唐耀华. 论大学精神的育人作用及其特点 [J]. 江苏高教, 2008, (1): 89-91.
② 〔美〕伯顿·R. 克拉克. 高等教育系统——学术组织的跨国研究 [M]. 王承绪等译. 杭州: 杭州大学出版社, 1994: 85.
③ 王志刚. 大学精神是高校办学特色的灵魂 [J]. 中国高教研究, 2003, (7): 13-16.

2. 大学精神引领下的学人信念是凝聚人心的强大向心力

伴随着第一次和第二次工业革命的展开，科学技术的发展速度越来越快，人们的物质生活条件也越来越好，但是，人们对物质与技术的依赖程度也在与日俱增，甚至有许多人在许多方面开始被物质与技术控制，陷入了典型的工具理性和技术依赖困境，失去了精神信念和心灵的淡泊与宁静。面对第三次工业革命的全面展开和智能化时代来临的新动向对高素质创新型人才的强大需求，面对严重的环境破坏给人们带来的巨大生存与健康压力，大学教育迫切需要在大学精神引领下找回大学人的信念意旨，重塑大学人信仰。大学人和聚集于大学的知识分子们更应该淡化对物质生活的追求，而专注于精神生活的富足和理想抱负的实现。大学之所以能够成为研究高深学问之场所和人们的敬仰之地，主要是因为大学所独具的高雅气质和浓厚的自由学术氛围可以吸引大批大师级人物和求学若渴的大学人，他们不仅会在大学这个精神"象牙塔"里孜孜以求，忘我地探究学问，还会逐步形成学人信念和教育信仰，为自己热爱的专业和所在的大学付出绝对的忠诚与热情。这种在大学精神熏陶下形成的大学人信念以其强大的向心力和凝聚力，维系着大学的长远发展，协调着专家学者之间的人际关系和学术差异，鼓励他们进行学术对话与思想交流，推动他们依据一定的规范进行有序教学与研究，从而推进大学目标在更高层次上的实现，并巩固和强化大学作为人类精神堡垒的象征地位。①

3. 大学精神内含的精神超脱是学人的精神脊梁

当前阶段，大学教育最迫切需要的并不是物质上的充裕或适用范围狭窄且机械的技术指导，而是借助大学精神引领和熏陶大学人实现精神超越，帮助他们淡泊净心而又坚定地专注于自己热爱的学术研究。马克思主义认为，自由就是对必然的正确认识和对客观世界的积极改造，是合理驾驭制度与规范的自觉与自为。人在多大范围内和程度上取得自由，是由人对客观世界的本质与规律的认识、理解和把握的范围与程度决定的，认识越深刻，把握越准确，自由程度也就越高。人对客观规律的把握就表现为

① 方展画，颜丙峰，宋广文．大学精神：大学生命的灵魂［J］.国家教育行政学院学报，2005，（1）：32-35.

理念或精神。由此推论，人们对大学教育规律的把握就表现为大学理念或大学精神，表现为一种合乎规律、合乎规范的精神超越。① 所以，设计完美的大学教育，"其目的应该是使纪律成为自由选择的自发的结果，而自由则应该因为纪律而得到丰富的机会"②，这样，大学人才能够成为有信仰、能超脱的学者，才能够成为敢担当、有责任感和使命感的理想追求者。

正如柏林大学的奠基者威廉·冯·洪堡所言："国家在整体上……不应就其利益直接所关系者，要求于大学，而应抱定这样的信念，大学倘若实现其目标，同时也就实现了，而且是在更高层次上实现了国家的目标，由此而来的收效之大和影响之广，远非国家之力所及。"③ 所以，大学应该成为独立的思想自由传承和创新思想勃发的中心④，成为纯粹的学术群体，成为大批有信仰有追求的学者栖息的物理环境和精神环境所构成的双重乐园，给大学人和聚集于大学的知识分子们一份超脱的精神自由。

（三）大学精神为大学发展提供方法论的指导

大学精神对大学发展的指导主要表现为两个方面，即用自身的演进过程为大学发展指路和作为一种无形的气场在无形中实现对大学的引领。

1. 大学精神通过自身的演进过程为大学发展明证方向

从大学精神演进史上看，欧洲中世纪大学的一个典型特征就是被教会控制和利用，但是，从高等教育认识论哲学层面上看，教会至少对大学产生了两方面的积极作用，一是引导大学人和聚集于大学的知识分子们清心寡欲，获得心灵的宁静，使他们能够在一个相对稳定、较少受世俗干扰的环境中以虔诚的心态进行知识探究和真理发现；二是将教育与信仰结合起来，使教育自身成为一种学人信仰。到了文艺复兴之后，大学作为探究高深学问的场所更是激发了人们对知识惊人的热情，人们在此时期取得了卓

---

① 王志刚. 大学精神是高校办学特色的灵魂 [J]. 中国高教研究, 2003, (7): 13-16.

② 〔英〕怀特海. 教育的目的 [M]. 徐汝舟译. 北京: 生活·读书·新知三联书店, 2002: 55.

③ Wilhem v. Humboldt. Über die Bedingungen unter denen Wissenschaft und Kunstin einem Volk gedeihen [M]//Flimer A. W. v. Humboldt—Schriften zur Anthropologie und Bildung. Frankfurt: Klett-Cotta im ullstein taschenbuch, 1984: 85, 转引自陈洪捷. 德国古典大学观及其对中国的影响 [M]. 北京: 北京大学出版社, 2002: 35.

④ R. M. Hutchins. The Conflict in Education in a Democratic Society [M]. New York: Harper & Brother, 1953: 10.

越的成就。正是这个时期，大学精神的恒久内涵深刻地得到了诠释。等到二战之后，随着生产力的提升和科技的快速发展，物质与技术对人们心灵的冲击日益剧烈，此时的大学相较于中世纪在欧洲产生的大学在内涵、目的、结构、职能、内容等方面产生了超乎人们想象的变化，大学走出了象牙塔，大学精神被淡化到令无数人担忧的地步。值得庆幸的是，从 20 世纪 60~70 年代开始，随着物质生活的丰富与人们认识水平的提高，一部分人开始重新思考精神之于人的重要性；到了 21 世纪，更多的人开始强调和认可精神的重要性，开始感觉到大学人和聚集于大学的知识分子们无法脱离大学精神这一依托而获得心灵的宁静和精神的安宁，开始意识到大学发展不能离开大学精神的指导，这一演进历程自然明证了大学发展之正确方向。①

　　从大学精神内涵上看，12 世纪中叶现代意义的大学问世后，人们主要凭借独处玄学或神学的领地而从感性上追求"超凡脱俗"的尊严。到 19 世纪初，洪堡在对其主政的柏林大学进行系统研究的基础上，深入论述了大学自治、教授治学、教学与科研相统一等理念诉求，开始倡导以探究的方式去认识自然、认识世界，继而发现规律、驾驭规律，并通过对知识的追求促进创造性思维的完善和修养的提升。可以说，他所追求的科学探究是一种带有忘我性的致力于为人类带来至善的福祉的执着求索。② 随后，纽曼发表《大学的理想》（The Idea of a University），提出在高等教育中最终的结果是使学人的认识或思维获得自由。这种"知识本身即为目的"的认识论哲学激励学人去不断探究，力图在对普遍知识的追求中认识自然、认识世界、认识与丰富自我。到了 20 世纪 30 年代，赫钦斯（Hutchins）在反对大学放弃原有目的去适应社会各方面需求而办学的现实中，提出大学教育的终极目的应该是智慧和至善，应该是培养具有智性美德的真正的人。③ 纵观大学精神数百年的演进历程可以发现，大学精神这种认识论哲学演绎过程无疑可以从思维方式高度启示大学教育必须回归到人的本性关照上来，让大学教育的实施帮助人们更好地认识自我、丰富内心世界、完善理想人格，并增强责任意识。所以，大学精神自身的演进历程时刻在无形地指引和规制着大学

---

①　徐小洲，王晨．西方高等教育认识论的哲学基础 [J]．教育研究，2001，(8)：69-72，80.

②　徐小洲，王晨．西方高等教育认识论的哲学基础 [J]．教育研究，2001，(8)：69-72，80.

③　方展画．高等教育理论研究的认识论问题 [J]．教育研究，1997，(2)：33-38.

的发展方向，只要大学精神不被削弱，大学的基本发展方向也就不会偏移。

2. 大学精神通过精神气场为大学提供可操作的指导

大学精神引领下的大学教育作为理念的渗透是价值观念、道德意识、思维方式等方面的指引、启迪、涵化和陶冶过程，它通过形成一定的氛围，促使人与人之间相互影响，并推动人与环境之间进行趋向协调的反复对话。大学精神不仅会影响教师的精神追求和行为举止，使之具有坚持真理的执着和睿智洒脱的言行，尤其重要的是，它还会对学生产生潜移默化的涵养作用，这种涵养或许不能立竿见影，但是一定会具有厚积薄发之效，能长期促进大学人的人类担当意识、真理探索意识和美德养成意识的增强。所以，作为大学之魂的大学精神并不与大学中的各种存在进行显性接触，而是形成浓厚的人文氛围，通过隐性方式在大学中发挥指导作用，统摄指向大学的各种存在，然后再通过个体发自内心的自觉而作用于个体行为，① 给大学人和聚集于大学的知识分子们以精神慰藉，为大学人提供心灵栖息的港湾，指引大学的发展方向。

正如金耀基所强调的，"大学不是诗人的生地，但一间大学如果不能激起年轻人一些诗心的回荡，一些对人类问题的思索，那么，这间大学之缺少感染力是无可置疑的"②。所以，大学精神的指向就是在大学中形成具有自由与超越、批判与创新、求真而务实、争鸣但兼容、特色与多元、宁静而致远等特点的良好文化氛围，并借此为大学人和聚集于大学的知识分子们提供学术思想自由驰骋的广阔天地，引领学者批评、质疑他人的观点，重塑自己的认知结构，从而产生创造性成果，甚至促成新学派的形成；促使教师用自我反思的方法拓展学生的思维，引导学生从思维定式或定向中走出来，用自己的头脑去独立判断问题、分析问题，催生具有批判精神和强烈责任意识的创新型人才。③

以上述巨大功用提倡和引导对大学精神演进与传承的系统研究，有其必要性，更有其迫切之理由。

---

① 储朝晖. 大学精神与大学理念 [J].清华大学教育研究，2006，(1)：101-105.
② 金耀基. 大学之理念 [M].北京：生活·读书·新知三联书店，2001：17.
③ 方展画，颜丙峰，宋广文. 大学精神：大学生命的灵魂 [J].国家教育行政学院学报，2005，(1)：32-35.

| 第一章 |

大学精神溯源

如前所述，众多学者皆赞同大学教育起源于中国的商周或春秋战国时期和西方的古希腊时期，所以，研究大学精神演进的源头自然也要从这一时期开始。中国的春秋战国时期和西方的古希腊时期作为当时文化繁荣的两个典范，具有极强的文化与文明代表性，也正好是大学精神雏形渐现之时。因此，在证实大学精神起源于中国的春秋战国时期和西方的古希腊时期的基础上，结合中国宋代书院教育中彰显的书院精神，可以较好地诠释中国传统文化与大学精神的契合及其对大学精神生成的贡献，也便于让人们更好地认识中国的高等教育发展必须基于中华优秀传统文化精髓的客观规律，并明确一个基本道理，即只有实现中华优秀传统文化的继承与发扬，并实现对西方现代大学的选择性借鉴和与其的有机融合，才可能实现中国高等教育的崛起与中华文化的再次繁荣。

第一节　大学诞生之考与春秋战国时期的
大学精神蕴育^①

对于大学究竟诞生于何时，学界长期有人争论不休，且难以定论。但是，恰如本书绪论所言，并非当今意义上的大学早已有之这一结论已经了

---

① 孙刚成.大学诞生之考与春秋战国时期的大学精神蕴育［J］.宁波大学学报（教育科学版），2022，（1）：74-82.

无争议。所以，在此仅对大学诞生之考做一些简单论证，而重点在于引出春秋战国时期的大学精神蕴育话题。

一 大学诞生之考

东汉末年经学大师郑玄所注《礼记·王制》载："有虞氏养国老于上庠，养庶老于下庠。夏后氏养国老于东序，养庶老于西序。殷人养国老于右学，养庶老于左学。"郑玄则注解说："上庠、右学，大学也，在西郊。下庠、左学，小学也，在国中王宫之东，东序、东胶亦大学……"唐代杜佑所撰《通典·礼十三》记载："有虞氏大学为上庠，小学为下庠；夏后氏大学为东序，小学为西序；殷制大学为右学，小学为左学，又曰瞽宗。"

以上记载明确表示，在原始社会的虞舜时期已有大学和小学之分。不过，因为以上记载全是汉代及以后之人的记载，难以拿出当时的或更早的确切证据，所以，大学之说是否从虞舜时期起始仍无法定论。但是，时至商周，礼乐渐备，各项教育制度已日趋完善，对小学和大学的记载更趋翔实，基本可以确证。[①]《白虎通》记载："八岁入小学，十五入太学，是也。此太子之礼。"而《尚书大传》则记载："公卿之太子、大夫元氏嫡子，年十三始入小学……又曰：'十五入小学，十八入大学'者，谓诸子姓既成者，至十五入小学……"此处明显体现了不同层级的子弟入学年龄具有明显差异，这时有关大学的记载日渐翔实，而且已有不同等级的大学出现。例如，《礼记·王制》记载，"大学在郊，天子曰辟雍，诸侯曰泮宫"；不仅如此，不同记载中还出现了当时大学的三院制、四院制和五院制。例如，《文献通考·学校考》记载："盖周之学，成均居其中，其左东序，其右瞽宗，此太学也。"《江陵项氏松滋县学记》则载："周人并建四学，虞庠在其北，夏序在其东，商校在其西，当代之学居中南面，而三学环之，命之曰胶，又曰辟雍。"对五院制的记载则在《大戴礼记》中："辟雍居中，其南为成均，北为上庠，东为东序，西为瞽宗。"

由以上记载可见，西周时期已经有了大学的三院制、四院制和五院制之说，而且虽然存在入学年龄随等级不同而有别的情况，但是入学年龄划

---

① 齐鲁人. 春秋以前的教育制度考述 [J].教育评论，1986，(2)：74-80.

分清晰，且有明确的教学内容记载，基本可以认为，作为教授和研究高深学问的场所的大学在这一时期已经可考。

到了春秋战国时期，虽然官学衰落乃至颓废，但是，私学获得了迅猛发展，而且私学之中研究高深学问者甚众，这一时期私学的百家争鸣、百花齐放、自由讲学与游学等现象或做法刚好成了大学精神滋生的基础和人类精神的源头。所以，雅斯贝斯把公元前 800 年~前 200 年界定为"轴心期"（Axial Age）的根本原因就在于，中国以及在这一时期也处于文化繁荣和思想发生巨大跨越阶段的古希腊与古罗马、古印度等共同成就了人类文化的巨大繁荣和精彩绽放。这一时期"三个地区的人类都开始意识到整体的存在、自身和自身的限度。人类体验到世界的恐怖和自身的软弱。他探寻根本性的问题。面对空无，他力求解放和拯救。通过在意识上认识自己的限度，他为自己树立了最高目标。他在自我的深奥和超然存在的光辉中感受绝对"[1]。这一时期所形成的意识形态精华至今已经传承 2000 多年，但历久弥新，一直被看作人类的巨大精神财富和精神依托。正如雅斯贝斯所言，"轴心期的概念提供了借以探讨其前后全部发展的问题和标准"[2]。"直至今日，人类一直靠轴心期所产生、思考和创造的一切而生存。每一次新的飞跃都回顾这一时期，并被它重燃火焰……轴心期潜力的苏醒和对轴心期潜力的回忆，或曰复兴，总是提供了精神动力。"[3] 说大学精神自此发端，也正反映出这一时期恰好是不同大洲或区域的人类心灵通感暗合的精神共契时期，无论是巧合还是必然，都是世界史上目前为止的唯一一次跨越不同大洲的人类心灵契合现象，也是人性的本源契合的表现。这种必然的契合应该更多源于从奴隶社会到封建社会的过渡期对人肉体与精神的解放和对人性的解放，这一解放时期，人们因为没有经历过更好一点的物质生活而没有过多物欲的追求与困扰，没有多样性的物质生活选择，却有了更多自我追问与反思的哲学思辨时间，而且似乎是一下子集体走进了自

① 〔德〕卡尔·雅斯贝斯. 历史的起源与目标［M］.魏楚雄，俞新天译. 北京：华夏出版社，1989：8-9.

② 〔德〕卡尔·雅斯贝斯. 历史的起源与目标［M］.魏楚雄，俞新天译. 北京：华夏出版社，1989：15.

③ 〔德〕卡尔·雅斯贝斯. 历史的起源与目标［M］.魏楚雄，俞新天译. 北京：华夏出版社，1989：14.

己（自我），进入了人类自己的躯体（本我）和精神世界，确立了包括个体自我意识、学术自我意识和民族自我意识在内的自我意识形态①，明确了自我精神追求的方向。所以，这一时期形成的大学精神本源和特点，无论在后期发生和得到怎样的变革与完善，都没有（也无法或不可能）跳出其本原的特点和内在的表现，那就是对人性、自我和自由的深刻关注与追求，对自我内心的叩问与探索。

这一时期人类忽然"惊醒"，不再只是相信传说或神话，而是开始自我反思或反观内心，开始进行基于自我追问的哲学思辨，开始更多地相信自己的认识、自己的所见所感与所思，于是才有了差异和不同，当时诸子百家的众多学者们因此而"秉承日新又新，刚健有为的开拓精神，敢发前人所未发，提出了具有石破天惊意义的重要思想和命题，其反映了学者、思想家、政治家、教育家所应该具有的独立精神和高尚情怀，表现出他们的情理世界的丰富灿烂。可以说，这种原创精神就是春秋战国诸子百家争鸣的具有中华民族特色的时代精神，是中国古代学者具有的朴素的求真、求实的真精神"②。于是乎，思想上和精神上的巨大创造力喷薄而出，繁荣有序的文化争鸣和人文思想大爆炸自然发生。

二 春秋战国时期混乱社会秩序中的有序教育

如前所述，在中国迄今为止的历史长河中，以社会秩序混乱为突出标志的春秋战国时期，恰恰是中国思想文化极其辉煌灿烂，伟大思想家群体庞大、堪称群星璀璨的伟大时代。这一时期以诸子百家相互之间自由争辩、多样化的思想意识蓬勃共生为显著特征，他们在毫无私心或恶意攻击企图的前提下，基于学术思想的差异而相互辩难，因为思想追求而彼此异声共鸣，学术盛况空前。这一时期在中国思想发展史上占有难以撼动的突出地位，成就了中国历史上的学术思想大爆炸与大融合，也顺势成为中外教育史上的奇迹。具体来说，这一奇迹的出现主要得益于当时促进教育发

---

① 〔比〕希尔德·德·里德-西蒙斯. 欧洲大学史（第二卷）〔M〕. 贺国庆等译. 保定：河北大学出版社，2007：33.

② 杨冰，王凌皓. 论春秋战国之际的学术原创精神——以教育学说原创为视角〔J〕. 东北师大学报（哲学社会科学版），2010，（2）：166-171.

展的众多有利条件和应时而兴的私学。

（一）促进教育发展的有利条件

春秋战国时期促进教育发展的有利条件较多，主要有以下几点。

第一，春秋战国时期的经济发展为教育发展提供了物质基础。春秋战国时期经济上获得较好的发展，首先得益于铁制农具的发明创造和被广泛用于农业生产劳动，这大大增强了人的耕种能力，提高了劳动生产率；其次得益于私田的出现，无论是战争致使原有土地拥有权变更，还是开明奴隶主自愿分发提供土地让更多的人拥有私田，都客观上造成了私田的广泛产生，并极大地调动了人们的生产劳动积极性；最后得益于奴隶社会向封建社会过渡过程中对人的解放，以及社会混乱导致的对人管束的减弱或对人的放任，这两种情况共同提高了自由人比例。以上三个有利于经济发展的因素，分别在物质、制度和人的身心自由层面，给予经济发展以巨大的支持，加上人通过自身的积极主动发展实现了对三者的有机结合，大大促进了劳动生产率的提高，帮助一部分人进一步从繁重的体力劳动中解放出来，还有相当一部分人的一部分时间被解放出来，从而让更多的人有了接受教育的可能性或是物质基础。总的来说，春秋战国时期社会经济所产生的极大进步，奠定了良好的经济基础，为上层建筑的变化提供了十足的动力，是春秋战国时期思想文化产生变化的根本原因。

第二，春秋战国时期的政治混乱为思想自由勃发提供了契机。春秋战国时期王室衰微，诸侯割据争霸，王室已经失去了对各个诸侯的控制权，只余下名义上的王室地位，于是，令出诸侯之事频出，诸侯之间战乱频繁。而随着生产力的快速发展，新的社会阶层出现后，随着其经济实力的提升，也相应地开始谋求一定的社会政治地位。在这种情况下，新兴阶层与旧贵族之间的矛盾便日益激化深化，在这一矛盾日益加剧的过程中，统治阶级因为忙于处理内部矛盾，无暇进行思想文化控制，便给各种思想文化发展提供了自由勃发的机会。若是同原来一样"礼乐征伐自天子出"，那么，统治阶级必然会加强思想文化控制以巩固自身的统治地位，正是诸侯割据且社会动荡的社会背景才给各种思想文化大发展提供了适宜的条件和时空。

第三，统治阶级割据后重建各自的礼乐与制度的需要为文化繁荣提供了直接支持。统治阶级为了维护自己的统治，必然需要一种服务于自己的主流思想文化，其既可以用来进行思想与文化的控制，又可以作为自己的精神慰藉，这种各自不同的需要，既是对文化繁荣发展的需求又必然要求文化的多样化，自然成为当时的思想文化繁荣的内生动力和直接刺激。虽然春秋战国时期礼乐崩坏，统治阶级因为内部矛盾而放松了对人民的思想文化控制，但放松了控制并不等于没有控制，各个诸侯为了自身的统治发展都会采纳相应的思想文化来加以宣传和利用，这一点在春秋时期相对不明显，到了战国七雄割据时期便相对明显起来。此时，各诸侯首领四处招贤纳士，网罗方方面面有才之人和有识之士，一时间人才竞争激化，大大刺激了教育和人才的发展，成为春秋战国时期思想文化繁荣的一个不容忽视的原因。

第四，私学兴起和夏、商、周时期的思想文化积淀共同为新的文化繁荣打下了坚实的基础。在春秋以前的历史时期，我国的思想文化教育多由国家控制，是一种典型的"学在官府"的教育体制，"礼不下庶人，刑不上大夫"，奴隶和平民无缘于文化教育，全部文化典籍所有权、受教育权和大型礼仪活动享有权仅属于少数官宦和其子嗣亲属。春秋战国时期，战乱频出，所属诸侯派别被灭或因战被弃等，致使大批文官士人被迫另谋生路而流落民间，同时就把一些文化典籍带到了民间。他们迫于生计开始用自己的学术文化谋生存，这样就催生了各种私学，原来学在官府的僵化局面就消失了，教育和知识逐步趋向平民化和大众化，从而为文化繁荣的出现打下了坚实基础。

第五，不同民族和学派之间的文化融合与碰撞为新的文化繁荣提供了催化剂。春秋战国时期，各个诸侯国都在想方设法扩张势力和地盘，相互之间争斗频繁，在这样的争斗中，大量人口为了躲避战乱被迫四处迁徙，客观上增加了不同民族之间的融合机会和交流机会，所以，汉族和其他各民族以及其他各民族之间在冲突中实现了或长或短或实或虚的多元化相互融合。其间，思想文化、风俗习惯等的巨大差异自然会带来反复的碰撞，而文化恰恰就是在差异碰撞中产生创新和走向繁荣的。因此，各民族的碰撞、融合与交流客观上在文化繁荣和教育发展中起到了催化剂的作用。此外，原有各个学术门派之间或者是同一学派的不同流派之间也存在较大的或细微的差异，这种差异同样会引起学术上的辩论与争斗，并使各学派在这种反复的辩论与争斗中相互学习与借鉴，碰撞产生的火花不断飞溅，新的文化思想喷薄而出。所以，百家争鸣的文化繁荣现象自然出现。

（二）私学因思想和管理自由而勃兴

关于春秋时期私学产生的时间是春秋早期还是中期，目前尚无定论，但是，中期对私学的记载已十分明确。《吕氏春秋·离谓》记载了郑国人邓析创办私学的事迹，该私学用自著的《竹刑》作为教材，专门教人打官司"学讼"；《列子·仲尼》则记载了郑国伯丰子和邓析同时开办私学的事：这些都是在孔子创办私学之前发生的。另外，和孔子同时创办私学的还有鲁国少正卯，而且少正卯的私学名声很大，曾经有孔子的弟子投奔过去学习的传说。到春秋末期，私学日益兴盛，诸子百家纷纷兴盛起来，各门派纷争的态势日益明显。

第一，私学的发展。春秋战国时期百家争鸣，各个学派为了发展和宣扬自己的思想文化都相应地创办了自己的私学，但其中最重要的还是儒道墨法四大私学门派。儒家私学由大教育家孔子创始，主张孝悌、仁义等。儒家的教育理论和实践对中国的教育发展做出了不可磨灭的贡献。道家私学由老聃和庄周创始，提倡淡泊隐遁的人生观，主张无为而为的治理之道。道家以其独特的思维方式分析社会和教育问题，提出循自然而达天成的独到见解。墨家私学由墨翟创始，提倡兼爱、非攻，主张行侠仗义，注重在劳作中传授与学习生产和科学技术知识，坚持学以致用和理论与实践的密切结合，在自然科学方面取得了极大的成就。法家私学由李悝、吴起、商鞅和韩非等人创始，提倡变法、耕战，积极进取，实行法治。四大门派之外另有众多方家，无论是主流门派还是旁门或不入流之家，总的来说，各学派之间都长期处于互相渗透又互相争辩不休的状态，也恰恰是这种学派各异且能相争相安的状况极大地促进了中国古代思想文化的繁荣发展。

第二，作为官私合一治学机构典范的稷下学宫。稷下学宫是战国时齐国的学府、国家养士机构和研究机构三位一体的高等教育实体机构，因建于战国时齐国的都城临淄的稷门之下而得名，据记载应为齐桓公田午在位时（公元前374～前357年）创立，至战国末年废止，存续时间长达100余年。其中，在齐宣王在位时（公元前319～前301年）发展到最鼎盛阶段；到齐湣王在位时期（公元前300～前284年）后期，因战乱而衰落；湣王之子襄王在位时期（公元前283～前265年），学宫获得复兴机会；最后到齐王建在位时期（公元前264～前221年），学宫走向落寞并最终解体。稷下学宫是诸子百家思想文化聚集交互的中心，人们所熟知的儒、墨、法、道、名、兵、纵横、阴阳等各家学术派系都在稷下学宫谈学论道激辩学术的讲坛上留下了自己的思想光芒和学术印迹。据历史记载，去稷下者有荀子、孟子、邹衍、田骈、接子、慎到、环渊、尹文、彭蒙、田巴、鲁仲连等，包括道、法、儒、阴阳、名等家及"学无所主"的众多学者，弟子达数千人。政府为他们修建康庄大道和高大的府第以供他们行住，授予大儒们"列大夫"称号以彰其名、厚其实，并厚养其弟子，以示"尊宠"。到稷下学宫落脚讲学或临时设学、开展辩论的各学派的学者，因其拥有不同的政治倾向和不同的地域文化背景，以及由此衍生而来的不同的思维方式或价值观念等，使稷下学宫形成了多元文明共存的思想自由兼容并包格局，成为当时的文化教育中心，促进了百家争鸣和学术蓬勃发展。

三　春秋战国时期教育中内蕴的大学精神

"百家争鸣"能够勃兴和发展，关键在于人身心的自由绽放和因自由而迸发的巨大生命力，其中暗含的正是大学精神的精髓。

（一）自由著述

春秋后期，礼乐制度崩坏，太史乐官流散，典籍落入民间，文化下移。有幸接触到文化典籍者如饥似渴地广泛传阅和研习这些经典文献，有所悟有所成之后便开始发表自己的言论甚至著书立说，此一现象由潜滋暗长发展到迅速扩展、遍地开花，很快开创了众多门派自由著述自由表达的崭新局面，他们在继承旧礼的旗帜下对原有理论进行了很多改造、补充和创新。孔子在文献整理和著书立说方面贡献突出，尤其是在文献整理方面成绩卓越，为古代典籍的传播与创新发展做出了突出贡献。到了战国时期，儒墨两家逐步成为当时具有明显学术优势的显学，而道、法、名、农和阴阳等家也逐步崛起，学者们各自著书立说，丰富学术，并关注政事治乱、提出社会发展之计，以求在著书立说的同时施展各自的政治抱负，既繁荣了学术又实现了社会服务价值。此一时期著述之多，仅《史记》记载的就有孟子著述七篇，邹衍撰写《终始》《大圣》之篇十余万言，老子立说成上下之篇，慎到著述十二论，庄周撰写著述十余万言，荀子洋洋洒洒书写数万言而终老，等等。这足以说明当时的学术活动已经由简单机械地整理文化典籍正式转变为学术创作。① 随着文化的下移，私家著书立说日益普遍，可以说诸子学已经退却了贵族习气，开始朝民间化、纯粹化的学术方向发展。换句话说，没有数量可观且又凝结着各派学者独立思考结晶的各个派别大家的著作，没有丰富的思想成果和差异化思想的碰撞，百家争鸣也就无从演进和兴盛。所以，自由著述催生了丰富的文化思想，也自然成为大学精神的一部分。

（二）自由讲学

春秋战国时期，官学荒废，私学日益兴盛，文化下移于乡野坊间。各学术名家派系开始用自己整理并加工而成的文化典籍作为教材，开门办学，广揽门徒，自由论讲。孔子作为起步早、影响深、受众广的自由讲学典范，给后世带来了积极而深远的影响。所以，孔子之后自由讲学如雨后春笋般蓬勃兴起。这种自由讲学发展到鼎盛时期时，众学者不仅可以在本门派之内的讲坛上讲学，更可以云游四方，到各个不同的门派去游学或自由讲学论辩，堪称学术自由的典范。这种为师的独立和自由讲学的无章之约或无约之范既促进了各学术门派的诞生与发展，更彰显了大学精神的独特魅力和学术自由带给教育的巨大生命力。

（三）自由辩论与相互批评

战国百家争鸣之时，纷繁多样的名家与门派林立。当时虽有所谓的儒墨显学，但是，并不存在公认的主流意识或非主流意识的区分，而且根本没有统一的标准、办法或权威人物去宣判哪一门派的思想为统治思想或哪

---

① 赵世超，卫崇文．论战国时期的百家争鸣运动［J］．陕西师范大学学报（哲学社会科学版），2006，（4）：5-23.

一门派的思想为旁门左道之言。所以，各学派方家之间虽有派系人数多寡或声望显赫程度的差别，但地位平等、等级无别、相得益彰。每家每派"都可能通过'上说下教'，进入王者的殿堂，或在民众中产生重要影响。而且都没有取得绝对的统治地位，不存在不可摇撼、不可亵渎的最高权威，社会在多元文化的碰撞中，呈现出一种活泼动进的开放气象。因为不承认权威，所以诸子在开展批评时，便百无禁忌，常对被批评者提名道姓，毫不容情"①，但百家争鸣中的学术批评又是充分说理的，鲜有借学术之名而进行人身攻击之乱象。

另外，因为当时虽有所谓的儒墨显学，但其无权威之尊严或权威之威势，儒墨两派更易成为众矢之的，出现各家群起而攻之的现象。客观上，也正是这个众矢之的给了儒墨，尤其是儒家巨大的学术生命力，帮助其不断地在论辩与面对批评的过程中走向成熟和完善。在这种百家论辩的唇枪舌剑之中，表面上是一片混乱，实际上却暗中有章有序，属于真正的学术繁荣典范。也正是如此，才会有大量的新知、新解、新义和新作等，通过在不同观点激辩中的相反相成、相生相灭迸发或被激发出来，这种效果精准诠释了学术自由的最高价值。

同时，这种自由批评还体现在学者们不治而议论的政治批评之中，他们用犀利的言辞或笔锋去揭露社会之不公正，去抨击统治阶级的制度或行为不当现象，勇敢地承担起了知识分子的社会责任和推动人类精神与思想进步的神圣使命，诠释了知识分子敢于伸张正义、敢于为弱势群体代言的公正良心，亮明了他们的人道立场。也正是这样的公正无私让他们能够仗义执言，无私无畏。这又从另一个方面诠释了学术自由的立足点。

（四）自由流动

春秋战国时期礼崩乐坏，战乱频发，人员流动频繁。这一时期产生了一个新的阶层——士，他们"多能死守善道，不慕势利，崇尚直言正谏而不肯轻为附就"②。另外，他们迫于生计四处流动的现实与学术自由、辩论

---

① 赵世超，卫崇文.论战国时期的百家争鸣运动［J］.陕西师范大学学报（哲学社会科学版），2006，（4）：5-23.

② 赵世超，卫崇文.论战国时期的百家争鸣运动［J］.陕西师范大学学报（哲学社会科学版），2006，（4）：5-23.

自由的风气耦合，也就催生了他们四处游学、四处设学、遍地开花的生存模式。学生可以自由地到不同地点或不同师门寻师求学，教师可以自由地到不同地方或不同门派设坛讲学或招生讲学，呈现了学与教两个方面的充分自由。这些游学方式的应用，使学士们开阔了眼界，打破了私学界限，促进了学士们思想的兼容并包，促进了各种原有学说的发展壮大和新学说的创立与发展，大大加快了人才的培养和成长进度。

综上可见，自由著述和自由讲学是大学精神演进的基础和学术生命力增强的前提，而自由辩论是大学精神永葆活力的根本动力及学术创新的催化剂，自由流动则是大学精神传承与学术发展的润滑剂。四者内在的核心是自由，是大学精神的精髓与衍生点，也是学术繁荣的根本保障与不竭动力。

第二节　古希腊论辩教育中的大学精神蕴育

古希腊教育的繁荣和中国古代春秋战国时期的文化繁荣具有很多相通之处，在思想创新和文化集成方面做出了突出贡献，而且其教育的基本诉求和方式与中国的春秋战国时期有隔空对话的感觉和极强的相似性，尤其是当时以论辩和对话为主的教育教学方式不仅合乎教育基本规律，而且存在很高的教育立意，与大学精神在本质上具有极强的暗合性。

一　古希腊辩论术的产生与发展

公元前 5 世纪是希腊奴隶民主制繁荣的时代，随着民主程度的提高和公民申辩制度的普及，越来越多的人开始需要进行个人意见表达或申诉辩论，论辩术的社会需求日益强烈。于是，社会上出现了一批"教授智慧的教师"，即"智者"，他们向人传授以修辞学为主的说话的艺术、以雄辩术为主的争辩的艺术和以辩证法为主的据理论证的艺术，此即为古希腊辩论术发展的开端。

（一）智者派的辩论术与怀疑主义

智者派是指由公元前 5 世纪到公元前 4 世纪在古希腊各城邦从事辩论

指导与训练及相关活动的一些教师、演说家和作家所组成的思想派别。智者原指古希腊的哲学人，后泛指有智慧、有能力、技艺超群的以收徒授业为生的学术职业者。这些智者为满足公民的民主需求，广泛收徒传授以文法、修辞和辩证法为核心的雄辩术，兼顾教授数学、自然科学以及音乐等，从而获取学费并赢得人们的尊重。

　　智者派共同的思想特征主要表现为相对主义、个人主义、感觉主义和怀疑主义并存。他们认为一切的真理和所有的道德与知识都是相对的而不是绝对的，它们都有赖于每一个鲜活的感知者，所以，没有客观真理，只有主观意见。而且还认为，道德是可以控制和培养的，是教育的结果。智者们从分析挖掘事物对自己有利的各个方面的因素出发，突出有利因素并克服或掩盖不利因素，教人辩难的技巧和方法，提升人们辩难的能力。①另外，智者派中的智者们怀疑诸神的存在，深信人的力量能改善自己的处境，从而激发人们的思维和思想创生。特别是作为教师，他们深信人的素质是可以通过教育改变的，所以，他们把文法、修辞与逻辑引入课程，使人们认识到语言是人的特殊的力量，通过语言表达与交往可以丰富人的思想，并强大人的内心世界；他们还确信由专门人员实施高等教育具有必要性，并努力把正式教育推广到更广泛的年轻人中去，以提升他们的道德和知识水平，继而提升社会的文明程度。总的来说，智者派所开展的以雄辩术为主的教育活动，对受教育者个人的批判性思维品质建构、民主意识与民主能力提升和当时社会整体的民主政治生活改善，都具有较大的促进作用；另外，智者派在各邦国四处游学和讲学，对加强文化传播与交流、促进文化碰撞与创新发展都具有重要的意义。

　　（二）苏格拉底论辩法

　　古希腊著名的哲学家和教育家苏格拉底与他的学生柏拉图、徒孙亚里士多德合称"希腊三哲"。苏格拉底终身致力于研究法律、政治和伦理道德等与人们的生活切实相关的问题，从而扩大了哲学的领域，因此，培根和西塞罗等人一致认为是他把哲学"从天上带到了人间"。

　　苏格拉底因借鉴其母作为助产婆的鼓励引导之法教育人们，并认为知

---

① 滕大春，戴本博．外国教育通史（第一卷）［M］．济南：山东教育出版社，1989：226．

识本来就内在于个人之中，而被称为"助产术"的创始人。其基本方法是以提问的方式揭露对方所提命题和学说中的矛盾，动摇对方论证的基础，并让对方认可自己无知，继而将对方引向反思求证获知的内生之路。苏格拉底的这种方法将一般性从特殊事例中归纳出来，认为一般先于和高于特殊，是一种独立自存的东西，而且对于一般性的认识将引导人们走向智慧生成和美德外显。

作为苏格拉底教育教学主要方式的辩论术，通常体现为他通过与对话者之间的问答或辩论，帮助学生或辩论对手纠正或在领悟后主动放弃自己已有的错误观念，从而使他们在反思过程中获得新思想。这种辩论通常分为三步，即让人承认无知的苏格拉底讽刺式铺垫、帮助人走向归纳并阐明概念的定义式内生、让学生通过思考得出结论的助产式生成，其中苏格拉底恰如自己不去生育而帮人诞生新生命的产婆。

苏格拉底认为，只要有理性者敢于运用自己的理性，并坚持下去，都可以一步一步地走向善和美德，即使这种善和美德有时候被某些东西遮蔽了，继续坚持下去，善和美德终究是会彰显出来成为这个人耀眼的形象的。① 所以，教育即是"引出"，即作为一种诞生的过程引出一个有思想、有智慧、有德行的人来。苏格拉底这种论辩式教学方法最大的优点就是用启发性问题促进人的思考和批判性思维品质建构，这种方法通常可以启发人的思想，帮助对话者去主动分析和思考问题，并通过辩证的方法和批判性思考去验证真理，促进真理具体化，明白其相对性和客观性。苏格拉底通过论辩法教人求真向善、提升人的批判思维品质与能力的做法符合传递高深学问的要求，其本质追求正是大学精神的原初内容，属于大学精神的基本内涵。

（三）《理想国》中对对话式辩论术的推进

柏拉图（公元前 427~前 347 年）是生活在古希腊城邦制度趋向衰落的民主制危机时期的著名政治哲学家，其著作《理想国》采用对话录体，借苏格拉底与他人对话的形式，勾画了一个由哲学家治理的求真向善、美好公正的理想政体，即将高超的智慧、完美的德行、真实的知识和最高权

---

① 邓晓芒.古希腊罗马哲学讲演录（二）[J].西南政法大学学报，2007，（2）：3-18.

力相结合的理想政体，既成为人们的民主治理向往，又成就了历经 2000 多年而不衰的教育和哲学经典。

对话是柏拉图在《理想国》中叙事的主要方式，也是人们日常沟通的基本方式和辩论术的主要呈现方式，在对话中可以实现思维交锋，可以加深对话者之间的相互理解和促进对对话主题的深入理解，而且很容易碰撞出智慧的火花，形成创造性的发现和对事物新的建构。如果对话能够做到敞亮，"人就能通过教育既理解他人和历史，也理解自己和现实，就不会成为别人意志的工具"①，就可以促进文明与民主的理想国度的实现。所以，柏拉图借助《理想国》发展了对话式辩论术，推动了古希腊论辩教育的发展和人类文明的进步，这种做法和诉求同样符合大学教育特点和大学精神的原初内涵。

二　古希腊论辩教育中内蕴的大学精神

古希腊的对话式论辩教学立意于民主、平等和自由，致力于在以学生为中心的平等对话中辨明是非，扬善惩恶，建构美好的求善尚美社会；其精髓在于批判精神、人文精神和人本主义精神等的培育；其技巧在于蹲下身姿耐心倾听，并在恰当的时刻进行适切的引导，巧妙延伸话题，而且做到适度适时。

这种对话式论辩不仅是意义的表达与解读过程，更是意义转换与创生的过程和开放的真理探求方式。近代以来的实验科学对研究对象的征服态度导致人们对通过对话式论辩求知的遗忘，这是对真理探究的不负责任。从本质上来说，教育研究主体与研究对象之间本身就存在一组特殊的对话关系，在教育中理应保持自由的陈述、开放的聆听、谦卑的外推和自觉的反思，② 所以，遵循对话的逻辑，把教育变成能体现教育活动意义与方式特点的不断叩问和应答之过程，借以获得不断生成与创新的互动知识和经验总结，是教育回归对话式论辩和生活本身的必然选择。③

---

① 〔德〕雅斯贝尔斯. 什么是教育 [M]. 邹进译. 北京：生活·读书·新知三联书店，1991：2-3.
② 田欣. 苏格拉底对话式教学模式的课堂生成 [J]. 南昌教育学院学报，2014，(1)：51-53.
③ 柳夕浪. 对话：一种重要的教育研究方式 [J]. 当代教育科学，2006，(12)：10-13.

（一）追求理想人格，促进民主制度建设

古希腊时期，演说和辩论的价值逐步提升，以至于其变得能够影响甚至改变决策群体观念，并成为一种制定公共政策的重要民主方式和决策形式。① 所以，无论是希望获得支持的政客，还是希望自己的思想得到传播的学者，都会积极选择演说和辩论的途径去实现自己的理想或满足自己的需要，而这样一种公开、透明且相对公平、公正的表达诉求的方式本身就是一种民主的表现。加上真理愈辩愈明的道理，使这种对话变成了明辨事理、实现梦想、成就理想人格和促进民主制度建设的最佳途径。在这样的背景下，像古代雅典这样的城邦中，人们就慢慢习惯了遵照"民主"制度所规定的方式，通过"演说与辩论"来解决重要问题乃至生活琐事。经过日积月累，学者和政客们通过演说和辩论满足需求的过程，也逐渐将公民思维和政府体制推向了理性之路，促进了人的理想人格建构和民主制度的形成，这切合了大学教育的根本诉求和大学精神的原初导向。②

（二）在自由与平等论辩中彰显人文与批判精神

古希腊是人类民主文明的重要源头之一，今天人们追求的自由、民主、科学和真理在古希腊的智慧教育中都可以找到朴素的渊源或基础。在古希腊，辩论的实质是以辩明道、以论正言，以杯水之力促民主、以求是之心启民智、以德性之智化民俗，兼蓄悲天悯人之怀、囊括四宇归心之志、成就通辩无碍之才，促进善德彰显与社会文明发展。对于社会而言，辩论与对话是每一个人都应该具备的基本技能，因为良好的辩论能力体现的是一个人的批判性思维品质和心智的成熟，是每一个民主化的公民都应该拥有的一种鉴别真伪和区分善恶的基本能力，而且辩论中的批判性思维，对于个人的生活和国家、民族或社会的发展都是非常重要的。正如社会学家萨姆纳曾说过的话一样，"思维的批判性习惯要成为社会的常规，必须遍及其所有风俗，因为它是对付生活难题的一个方法"，批判性能力

① 姜国兵.古希腊演说和辩论与三次政府改革刍议［J］.广州大学学报（社会科学版），2010，（2）：90-94.
② 姜国兵.古希腊演说和辩论与三次政府改革刍议［J］.广州大学学报（社会科学版），2010，（2）：90-94.

"是人类福祉的一个根本条件"，而"批判性能力教育真正称得上是培养好公民的适性教育"。① 所以，古希腊的论辩教育彰显了自由与民主的人文主义批判精神，培养了大批优秀公民和哲学家，也为现代大学精神的产生打下了良好基础。

第三节　宋代书院兴盛中勃发的书院精神

一　宋代书院兴盛的时代背景

书院源于唐代私人治学的书斋和官府整理典籍的机构，是中国古代特有的一种文化教育组织形式，是以开展藏书、读书、教书、著书等文化传承活动为主的组织和场所。清代学者袁枚在《随园随笔》一书中写道："书院之名，起于唐玄宗时，丽正书院、集贤书院皆建于朝省。为修书之地，非士子肄业之所也。"② 后世普遍采信此言，认为中国最早的书院出自唐朝，一名丽正，一名集贤。但是，光绪年间形成的《湖南通志》中收录的唐代文献《司空山记》则有"司空宅在山之西……宅左有光石山书院，故基尚存"的记载；另据雍正年间成书的《陕西通志》记载，"瀛洲书院在（蓝田）县治南，唐学士李元通建"，而李元通为隋末农民军首领，所以，此二书院产生年代皆早于官办的丽正与集贤，进一步印证了书院始于唐朝初年的观点。③ 不过，当时的书院并不是今日所说的教书育人之场所或者类似于现代高等学校的地方，其真正的职责是收集整理、校勘修订图书，更类似于古代皇家的图书馆与资料室。说起修书，这一传统实际源于唐玄宗的大臣名儒褚无量，他认为内库旧书自唐高宗以来，一直藏在宫中，历时久远，逐渐丢失、损坏，所以奏请派专人缮写、刊校。经数十年努力，四部经籍得以充备，玄宗十分高兴，命褚无量于丽正殿再续前功。④ 而集贤殿则是由集仙殿改名而来，主要希望从原来的充满道教气息变得具

---

① 武宏志，刘春杰 . 批判性思维——以逻辑论证为工具 [M].西安：陕西人民出版社，2005.
② 王炳照 . 中国古代书院 [M].北京：中国国际广播出版社，2009：18.
③ 邓洪波 . 中国书院史（增订版）[M].武汉：武汉大学出版社，2012：3-5.
④ 王炳照 . 中国古代书院 [M].北京：中国国际广播出版社，2009：10.

有儒家文化的色彩。自古以来，儒家的思想就一直被当权者所青睐，建立大型的图书馆收录、修复儒家的各种名著典籍也成为当权者尊孔崇儒的标志。不过，唐代的丽正书院、集贤书院较前代的藏书、校书机构职能有所扩展，新增了咨询、顾问、侍读、侍讲的职能。① 正是由于这些功能的出现，唐代最初的书院虽然与高等学校在功能上相差甚远，但已经在藏书和修书之外开辟了传道授业之职责，有了成为实体性高等教育机构的端倪。另外，藏书阅读与知识传承从来不分彼此，所以，书院的出现与发展极大地刺激了当时读书人对于藏书学习的兴趣，为后世书院的兴盛与繁荣打下了较好的基础，也可以说是发展高深学问、促进高等教育发展的良好契机。

如前所述，书院教育基本可以确定起源于唐初，兴于唐末五代，盛于宋代。书院可以说是私学的高级表现形式②，其直接起源是古代的私人书斋和官方办学的精舍，再往前推则是春秋战国时期发端的私学。说它是私学的高级形式，是因为书院在本质上已经跟现代的大学有几分类似，它不仅是名师、大家授课解惑的地方，也是一个学术研讨的聚集中心，更是藏书之地，可见，当时的书院类似于大学，甚至可以说是比部分大学功能更为齐全的综合高等教育机构。唐代书院的出现和当时社会生产力的跨越发展与科学技术的较大进步有着密切的关系，雕版印刷术的发明使得民间私人藏书成为可能是其直接原因。唐代前期的书院多以个人名字命名，藏书数量有限，只是具备了书院教育的雏形；至唐末，作为"士子肄业之所"的书院的教育开始初具雏形，但规模尚小，且不甚稳定，不过，书院的文化教育活动已经囊括了辑书与藏书、编撰与出版、论道与讲学等，书院已具备较为全面的高等教育功能③；而在五代时期，由于战乱，百废待兴，士人洁身自好、厌倦世俗而遁入山林之中潜心读书成为一种社会风气，其中更有一些有志之士创学馆、建书堂以延四方之贤士，这些聚书成千上万卷的学馆、书楼虽然没有用书院命名，但是实际上已经发展成为具有综合教育功能的书院了。

① 王炳照.中国古代书院［M］.北京：中国国际广播出版社，2009：11.
② 杨荣春.中国封建社会教育史［M］.广州：广东人民出版社，1985：169.
③ 邓洪波.中国书院史（增订版）［M］.武汉：武汉大学出版社，2012：38-44.

　　到了宋代，书院得以兴盛有其特定原因。朱熹在《衡州石鼓书院记》中对宋代书院兴盛的分析给后人留下了宝贵的指导意见。他指出，由于唐末五代时期社会混乱、战争不止、官学衰落，读书人想要学习研究却苦于没有立身之地，因而他们选择了创建书院精舍这种可以免受干扰、能够清静读书做学问或授学的场所，来满足众多对读书求学有强烈追求和需要的人的愿望。这一时期，社会上再次出现学术下移现象，为中国古代私学的又一次兴盛提供了良机，书院教育遍地开花之迹象已经在孕育之中，从而为宋朝书院发展奠定了基础。另外，宋代书院的兴盛也和宋初统治者刚刚统一王朝，资源匮乏而又百废待兴，无法着手大肆建立官学以开民智有着密切的关系。任何一个国家都不能缺少教育，社会也不能没有知识传递的场所与途径，所以，在这种情况下政府大力扶持私学，以补官学之不足，不仅是明智之举，更是利国利民之事。至此，天时地利人和皆备，书院教育勃然兴起，遂成胜景。虽然宋初的书院通常规模并不算大，组织机构也很简单，而且尚无完善的制度和规程，活动内容比较单一，稳定性也较差，但是，这一新的教育形式在人类的教育发展史上却表现出了极强的生命力。

　　宋初的统治者在励精图治50余年后，政权基本得到巩固，社会比较稳定，经济得到初步恢复与发展，为文教事业的发展提供了一定的条件。当社会稳定时，古代任何的王者都希望自己的江山能够永世长存，所以，崇文抑武必不可少，帝王心术让文人得以用三寸不烂之舌杀三尺之剑。宋代统治者更是着手颁布一系列措施，在强化科举考试制度与书院教育关系的基础上，大力扶持私人办学，客观上为书院教育的兴盛提供了便利条件和发展契机。但是，科举名额的增加让更多的读书人只会死读书而不务实，读书人为功名利禄，而不为浩然正气、不为黎民百姓，其中的得失功过难以简单说清。

　　宋代书院兴盛的另外一个重要原因与社会生产力的进步息息相关。书院其实与现代的大学有很多类似之处，任何一所大学无论好坏都有一栋重要的建筑，那便是图书馆。书籍是人类进步的阶梯，读书可以让今人与古人对话、明理开智，怎么强调它的重要性都不为过，尤其是对书院这种教育机构来说，藏书更是必不可少。而古代的生产力低下，书籍珍贵无比，想要拥有大量私人藏书无疑是痴人说梦。但是，印刷术的大规模应用却让其成为可能，书籍不再只是那些尊贵人物的私享物，民众也可以得到书籍和受教育的机会，书院更是可以拥有大量珍贵藏书，这是宋代书院兴盛的重要基础，更是书院真正成为公共教育场所的美好契机。所以，两宋时期，书院总量达到了 720 所，是唐和五代时期书院总数的 10 倍还多。①

二 宋代社会发展与书院兴盛的协同共进

宋代书院的兴盛绝对不是偶然的，而是有着深刻的社会因素和历史必然性的。通常来说，在四海升平、经济向好、制度宽松的社会环境下，文化教育事业才能迅速健康地发展，而文化教育事业的繁荣又会反过来促进社会的进步。所以，当时社会和书院的发展是相互促进、互利共赢的。

（一）宋代的社会发展促进书院的兴盛

宋初的统治者经过几十年的努力，实现了政权基本稳固、百姓安居乐业、经济不断发展，这些都为宋代文化教育的发展奠定了良好的基础，更为宋代书院教育走向鼎盛做好了铺垫。

第一，国家鼓励和支持民间办学，强化科举考试制度。960 年，赵匡胤发动陈桥兵变建立起大宋政权，宋太祖为了达到长治久安的目的，削弱武将的势力，确定了"兴文教，抑武事"的基本国策。为了贯彻这一基本国策，宋朝采取了一系列措施，其中最重要的就是鼓励和支持民间办学与鼓励科举。宋真宗"富家不用买良田，书中自有千钟粟……"的《劝学诗》就很有代表性地反映了宋朝强化科举考试，告诉世人要想衣食无忧且实现自己的远大志向就要勤于读书，提倡"万般皆下品，唯有读书高"的宣传导向。宋初时政府还不断扩大科举录取名额，宋太祖曾经因为见到未及第者众多，决定对诸科十五举以上终场者 106 人"并赐出身"，使登第名额猛增 10 余倍;② 不仅如此，政府还通过提高士人及第后的待遇增强科举与接受教育的吸引力。在政府如此优渥的政策引领下，士人们积极读书

① 陈谷嘉，邓洪波 . 中国书院制度研究 [M].杭州：浙江教育出版社，1997：355；邓洪波 . 中国书院史（增订版）[M].武汉：武汉大学出版社，2012：65.
② 王炳照 . 中国古代书院 [M].北京：商务印书馆 .1998：55.

学习，埋头苦学，一心追求科举中试。但是，这时的官学十分衰落，地方教育陷入困境，根本不能满足士人读书考试的热切需要，也不利于政府养士和政权的维系。在这种情况下，私人开办的书院就发展起来。民办书院既可以为政府培养大量的知识分子，也可以满足人们受教育的愿望，故而政府因势利导，为一些办学优良的书院赐牌匾以进行表扬，赐学田以提供经费支持。比如应天府书院就成为科举考试的准备场所，书院的学子在考场上取得功名者较多，发迹成名者不绝于时。

第二，宋代经济的繁荣和印刷业的发展进步为书院发展提供了物质基础。经济基础是上层建筑的决定性因素，宋朝的土地私有制大发展，生产力水平获得了极大的提高，社会经济欣欣向荣，人们的物质生活得到了改善，于是，人们转而开始重视起了精神文化生活，许多商人利用自己的资金开办书院。书院和书籍是不可分开的，书院提供丰富的藏书给学生阅读是其教育活动的重要方面，所以，为了迎合当时社会对图书极大的需求和文化知识的传播速度，宋代印刷术的发展起到了至关重要的作用。宋代的政府、地方和民间都推动着印刷业的发展。比如，国子监刊刻印刷发行的图书被称为监本，各地官府以及当时的书院、家塾也刊印图书，而民营书坊刊印的图书被称为坊本。① 到了南宋时期，刻板印刷术的进一步发展大大提升了出版发行图书的效率，降低了书籍生产成本，书院的藏书越来越丰富多样，保障和改善了书院的基本办学条件。同时，这使书院的社会影响范围进一步扩大，使得民办书院有了更高的社会地位，也加快了私人办学的步伐和激发了民间办学的积极性。所以，宋代繁荣的社会经济，尤其是印刷术的快速发展，为宋代书院的兴盛打下了较为坚实的物质基础。

第三，士人阶层壮大，思想文化进一步交流融合，加上理学的出现，进一步推动了书院发展。宋初奉行比较开明的文化政策，朝廷鼓励士人读书科举，所以，大批的士人求学应试，士人阶层壮大起来。另外，日益繁荣的文化交流引发了各种思想交汇碰撞，涌现出一大批学说流派，其中的理学就是吸收融合了儒释道发展而来的一个学术成就超群的学派代表。理

---

① 张晓荣，叶美兰．宋代书院发展的背景及其特性［J］.南京邮电大学学报（社会科学版），2014，（3）：113-118.

学奠基于北宋时期，到了南宋发展成熟，这种新的思想学说出现后需要扩大影响力，但是，这种学术思想又不可能在官学中大肆宣讲，书院讲学恰恰适应这一需求而成为最好的理学传播途径。因为书院不仅承担教育教学的工作，同时也是学术研究的场所，尤其是书院推崇的自由的讲会制度，非常有利于思想学说的研讨。理学的每一门派都各具特色，理学大师们亲自修复旧的书院或者新建自己的书院，并且在其中收徒讲学，传播自己的思想主张，例如朱熹修复白鹿洞书院、张栻在岳麓书院进行讲学等，他们都是当时赫赫有名的学术大师，也是书院教育的积极倡导者和推动者。一方面，理学依赖于书院，"理学通过书院获取了在民间知识界的舆论权利，同时还建构了相当的知识空间"①；另一方面，书院也依赖理学得以发展，理学的发展助推了宋朝书院的兴盛，促成了书院繁盛的局面，这一点是非常肯定的。

（二）宋代书院兴盛对社会发展的贡献

早在先秦时期，智者们就已经把教育的社会作用放在了十分重要的位置上。《学记》作为世界上最早的教育专著，其中讲到"古之王者，建国君民，教学为先"，意思就是说古代的君主，如果建立国家、统治百姓，就必须首先对人们进行教育。这足以看出教育对于国家和社会的重要作用。

第一，书院广泛推行文化教育，教化百姓，有利于社会的和谐发展与政权的稳固。宋代大力提倡科举考试，政府也十分支持民间办学，这就让书院代替了官学的角色，强化了书院的教育教学功能，对书院的发展方向产生了重大的影响，书院和科举制度结合在一起就是书院强化了教育教学职能的最大体现。书院教学参考着科举考试的内容进行，科举考试所考的内容旋即成为书院学术研究和典籍整理之外最重要的教学内容。依据白新良先生的研究，宋代新建的 71 所书院中，有 21 所以上具有教学职能，却只有 10 余所书院还像初期书院那样以个人藏书、修书与读书为目的而存在。② 自古以来教育就是为社会发展而服务的，所以，考试的内容和书院

① 葛兆光. 中国思想史（第二卷）[M]. 上海：复旦大学出版社，2001.
② 白新良. 中国古代书院发展史 [M]. 天津：天津大学出版社，1995：7-8.

的教学内容都是根据社会发展的需要而设置的，士人们学习了这些知识，就会受到政府导向的教化，进而心甘情愿地为国家与社会发展做贡献。

宋代的理学家们认为，虽然刑法和教化都在维护社会稳定和预防犯罪中发挥着不容忽视的作用，但是，就其重要性而言，还是教化最为重要。朱熹曾经十分赞同教育大于刑罚的观点，他认为刑罚只能使人们从外部受到行为上的约束，但教化却可以使人们从心理上接受圣贤，激励自己向善，这样就能形成良好的民风，稳定社会环境，实现社会的德治与文明化。

第二，书院传播和发展文化，有利于社会文明程度的提高。宋代对于学术教育极其重视，其朝廷重视奖赏，士大夫率先垂范，学子们热心向学，自然在全社会形成了尊师重道、乐于学习的良好社会风气。当时，民办书院的入学门槛并不如官学那样高，一般的平民百姓皆可以入学接受知识教育，所以，书院不仅承担着为国家培养管理人才的使命，也担负着传播和发展文化、提升民族文化水平和社会文明程度的责任。比如，宋代四大书院之中的岳麓书院就不是以科举中试为主要目的而进行讲学的，书院的主讲张栻主要教授人们如何治心修身、提高自身思想境界，书院致力于化民成俗，实现社会文明与和谐。

当时书院的讲会活动在形式和实质上都相当于现代的学术交流会议，甚至比现代的学术会议更加开放、自由、活跃。在讲会活动期间，各个学派的专家学者或者师生们聚集在一起，自由讲学、自由辩论，而且这些讲会没有门槛限制，不受地域或门派的影响，甚至会有讲会不向与会者收取任何费用，并免费提供食宿，只要人们想学习就可以加入。这就使书院承担起了重要的社会教育职能，对社会文明程度的提高有着显而易见的作用。

第三，书院帮助人们学习文化，有利于提高劳动者的生产技能，促进经济社会发展。社会的进步发展在很大程度上需要教育的推动力和创新力的帮助，教育不仅可以维护社会政治的稳定、提升人民的文化素质，更能对经济社会发展起到巨大的推动作用。早在战国时期，墨子就曾在《墨子·尚贤下》中说过，"是以使百姓皆攸心解体，沮以为善，垂其股肱之力，而不相劳来也；腐臭余财，而不相分资也；隐匿良道，而不相教诲也。若此，则饥者不得食，寒者不得衣，乱者不得治"，也就是说，如果不重视教育，政治就会不稳定，经济就会不发展。^① 所以，当时的书院不仅起到了社会教育的作用，提升了人民的文化素质，还有利于发展生产力，提高生产效率，从而促进经济社会的快速协调发展。

三　宋代书院的办学特点

宋代书院兴盛的一个标志就是产生了一大批哪怕时至今日人们依然熟知的著名书院，如白鹿洞书院、应天府书院、嵩阳书院等，它们代表当时书院最先进的教育模式与最为活跃的思想聚集地，从它们的诞生与办学方法中可以窥见宋代书院教育的办学特点。

第一，书院多由政府资助办学，资金来源多元且较为充足。当时比较典型的书院——白鹿洞书院，前身起源于唐贞元年间，洛阳人李渤与其兄李涉在该地隐居读书时，李渤养了一头通人性的白鹿日夜与他相伴读书，他们隐居读书的地方也就因此而得名白鹿洞了。后来李渤担任江州刺史，出资在庐山他读过书的地方建筑学馆。北宋初年，这里正式被称为白鹿洞书院。宋太宗重视书院教育，赐予书院《九经》，书院受地方官员重视并得到扶持，逐渐兴盛起来。应天府书院源于杨悫，他长期在将军赵直家任教，去世后，戚同文继其事。赵直为感谢杨、戚师生，特加礼待，为其筑室聚徒，初步奠定了应天府（睢阳）书院的基础；到了宋真宗时，曹诚为其修筑扩建学舍达150间，并购买或收集图书1500多卷，帮助书院广招学生，应天府书院由此逐步发展成了北宋时期最具影响力的书院，成为北宋四大书院之首。可见宋代这些书院的发展多离不开政府的背景，书院生存的基础便是经费，有了政府资助田产或金钱，就有了基本的办学经费，加上富人捐助等来源，书院的教育经费就实现了以学田供给、民间筹集和官府资助为主的资金来源多元化。经费的充足便保证了学子可以安然学习知识、专心于学问，不再需要为温饱而奔波、花费时日了。

第二，书院通常采取山长制度，山长全面负责治学事宜与重大事务管理。山长是唐、五代时对山居讲学者的敬称，如唐代刺史孙丘于阆州古台

① 朱永新．中国古代教育思想史［M］．北京：中国人民大学出版社，2012：79．

山置学舍，延尹恭初为山长；五代蒋维东隐居衡岳，受业者称其为山长。宋元时，为官立书院置山长，讲学兼领院务；明清时山长改由地方聘请；清末改书院为学堂，山长制度才被废除。山长通常既是书院的最高管理者，又是书院重要的授学者，而且通常都是著名学者，这样就保证了书院能够与官学拉开距离，不直接受官府管辖，学者们可以自由交流而不必曲意迎合古板的科举制度。书院制度的逐渐完善代表着书院的管理逐渐走向成熟，任何一个组织只有具备了严格而规范的规章制度才能长久存在，才能更加高效，书院的教学管理正是在山长制度确立的基础上逐渐走向了规范化。

第三，古代书院自身的育人职能与学术研究职能是相互结合的，它既是一种教育机构，也同时是一种学术研究机构。在这一点上，书院和现代大学具有很多共通之处，现代大学也不仅是向大学生传授知识的机构，它还肩负着研究产出新的专利、创新科研成果和推动学理进步的责任。当然了，书院自身还是一种具有一定规模的图书馆或藏书地，因为书院刚开始诞生的时候，本身就是作为藏书机构而存在的，其分内之事还普遍包括印刷出版等事务，所以，中国古代的书院实际是综合一体的多元高等教育机构和场所，不仅是教书育人的机构，而是很贴近于现代的专业学术研究所或者研究型大学。

第四，书院以讲学、质疑、辩难为主的教育方式也是其重要特点之一。在现代教育中，一直为人所诟病的就是中国古代的封建主义教育，人们认为它是在摧残学生的创新能力，让学生盲目地死记硬背四书五经，培养出来的才子在他者的眼中就是一身酸腐之气的书呆子。但这种认知在书院教育中其实是不恰当的，中国古代书院的教育方式是多种多样的，而且更多的是讲学、质疑、辩难。这种严谨治学、辩难求真的学风使书院成为引领时代学术思潮、促进学术进步创新的理想场所，甚至可以说书院比当代教育更加注重培养学生的创新思维。宋代程朱理学、明代心学、清代朴学等每一种学说都不是靠死记硬背产生的，都是在前人学说的基础上通过不断的探索与求知发展而来的。当时的书院教育并不会拘泥于四书五经去实施教育，而是经常在批判和辩论中改善教学内容，追求一种不断查漏补缺的灵动教育。中国古代书院的教育方法就是学生质疑老师解答，鼓励学生援疑质理、格物致知，理越辩越明，真理往往在思想的碰撞中产生。另外，书院教育长期提倡学生独立学习和主动探究，山长和讲习者重视对学生自修学习和独立探究的适时启发与指导，一些山长或讲习教师更是把指导学生进行读书修身和探究学问的技巧与方法作为研究课题去研究，并形成了极具参考价值的研究成果。

第五，书院里师生关系融洽且学风开放。中国有句古话叫作"一日为师，终身为父"，这种尊师重道的传统，在书院中尤为突出。当然，这在某种程度上也是由于书院的规模较小，教师有足够的时间关照每个学生。另外，书院的学风开放，表现于书院之间的交流极为频繁，不同书院、不同学派的教师之间经常进行交互讲学，学生之间也经常进行游学中的切磋，在很大程度上继承和发扬了百家争鸣的自由精神和优良传统，从本质上讲和现代大学具有较多共通之处。

四　书院精神与大学精神的耦合

宋代书院教育是我国教育史上一颗璀璨而耀眼的明珠，它虽然历经沧桑与变迁，却仍然拥有强大的生命力和影响力。作为一种独特的教育机构，书院在办学和教育教学工作方面积累了许多宝贵经验、取得了丰硕的成果，这些已经成为中华教育优良传统的重要组成部分，与大学精神之间存在较强的耦合性，应该被视为大学精神演进成果的一部分，而且对当今大学发展也有许多启示，值得传承和发扬。

（一）自由自治，开放活跃

宋代书院拥有相对宽松的学术环境，并且广延大师讲学，[①] 坚持开门办学，盛行讲会制度，前来听课的生徒不受地域或者学派条件的局限，可以自由听讲，如果有不同学派的名师到讲，其他学派或者书院慕名而来的学生都不会被拒之门外。如果有不同的看法，学者们还可以相互提问，彼此交流。例如，"鹅湖之会"就是一次非常有名的学术辩论，当时，朱熹和陆九龄以"为学之方"为论题进行辩论，两个人都表达出自己的主张，各自据理力争，甚至都为此有些神色黯然、不太高兴了。但是，这也加深

---

① 朱汉民. 书院精神与儒家教育 ［M］.上海：华东师范大学出版社，2013：37-39.

了二人的朋友情谊，同时，他们通过辩论也展现出了各自的长处和缺点，促进了二者的反思和学术水平提升，成就了古代学术争鸣的一段佳话。由此看来，当时的讲会制度充分做到了"走出去和引进来"相结合，充分发挥了学术的自由性以激发学术内生活力，关注学生的自律自学和创新科研能力的发展，定期开办学术研讨会，允许不同专业的人士听讲，包容听取不同的声音和观点。

（二）注重德育，德智结合

良好的道德品质有助于培养学生的学习能力和促进他们的智力发展。书院重视道德教育和人格培养的特点在其"学规"中体现得淋漓尽致，《白鹿洞书院揭示》提出"观古昔圣贤所以教人为学之意，莫非使之讲明义理以修其身，然后推以及人"①，要求教育学生明礼修身并推己及人，而且对于修身，要求坚持言而有信、待人诚恳，能够知错并且改过。书院不仅是教育和学习知识的地方，更是教师和学生相互学习探讨道德、修养身心的场所。道德修养不是与生俱来的，其形成也不是一蹴而就的，而是通过在书院的学习一点一滴慢慢积淀的，这是一个逐渐从外化于行到内化于心的过程。宋代书院还注意书院的物质文化环境对于学生人格的影响，人们不但要选择环境优美僻静的地方设置书院，还会在门楹、牌匾、箴碑上刻写一些激励学生奋发向上、向善养德的言辞，在建筑设计方面体现文化风格，全方位打造良好育人环境，学生学在其中，耳濡目染，潜移默化，自然而然会养成良好的人格。

小　结

从以上论述可以看出，中国的春秋战国时期、后面的宋代书院时期和西方的古希腊时期，无论是在基于人性反思而出现的文化繁荣方面，还是在大学精神核心思想建构方面，都存在高度的共契性。在春秋战国时期和古希腊时期，中国和西方的人们都开始对人类的整体性存在、人类自身和自身的限度等方面进行哲学思考和追问，开始探寻哲学的根本性问题。这

---

① 朱熹. 朱熹集（卷七十四）［M］. 成都：四川教育出版社，1996：3894.

一时期所演进的意识形态精华至今已经传承 2000 多年，但是历久弥新，一直被看作人类的巨大精神财富和精神依托，共同被称为"轴心期"的原生点。直至今日，人类无数次被其重新点燃思想火焰，并不断因其获得新的精神动力。① 轴心期是一个人类通感暗合的精神共契时期，无论是巧合还是必然，都带来了世界史上唯一一次跨越不同大洲的人类心灵契合现象，这也是人性的本源契合的表现。这种契合中的必然应该更多地源于从奴隶社会到封建社会过渡时期对人的解放和人性的解放，这种解放时期，人们没有太多物欲的困扰，没有多样性的物质生活选择，也就形成了对人本身长时间的专注与专一，人们似乎是一下子集体走进了自己，进入了人类自己的躯体和精神世界，找到了自我本原。所以，这一时期衍生的大学精神本源和特点，无论在后期发生和得到怎样的变革与完善，都没有（也无法或不应该）跳出其本原的特点和内在表现，那就是对人性、自我和自由的深刻关注与不懈追求，对自我内心的不断叩问与持续探索。其与由此而生的人文关怀和生命珍视，以及在此基础上演化出来的，以自由讲学、自由辩论、自由流动为主要表现的较高程度的学术自由与自治，共同构成了大学精神的基本内核。

至于东西方思想文化的差异，其主要表现在思维方式和价值取向两个核心维度上，东方在思维上重抽象与感性思维，重视人的直观感受与判断，演化形成了重视人治、人脉和人为的社会观念，致使在春秋战国时期与西方共通的大学精神后来偏离本原，在很长时间内演绎变化为一种官本位和人际关系网络形态，背离了大学精神的本原追求，但是，在进入 21 世纪之后，其正在进行基于继承传统的重构；而西方重逻辑与理性思维，重视人与人之间平等的辩论和思辨理性分析，其演化为以民主、制度和秩序为突出特征的现实存在，致使大学精神为努力保持原有优良特质而不断进行斗争，虽然没有失掉大学精神引领的精神乐土，但也受到了很大的冲击，同样需要进行反思与重构。从价值取向上看，古代中国重视整体与奉献，讲究克己复礼，遇事反躬自问、内省于心，这种中庸的忍学价值取向

---

① 〔德〕卡尔·雅斯贝斯. 历史的起源与目标 [M]. 魏楚雄，俞新天译. 北京：华夏出版社，1989：14.

不利于创新而有利于服从，所以，随着古代中国中央集权体制的逐步完善，大学教育也随之发生变化，形成权力控制式教育管制模式，以学术自由与自治为核心的大学精神自然被排斥和边缘化；西方在价值取向方面重视个体与自我实现，希望通过对善和美德的追求与它们带来的约束走向自我控制和自我实现，这种个人本位与扬善崇美的追求相结合而产生的个性张扬有利于个人潜能的激发和自我的实现，会更好地培育为保护个人权利起而抗争的民主精神，所以，在这种思维模式下形成的分权制管制方式不可能完全控制大学的学术自由与自治，大学内部治理也不容易形成独断专行的官僚体制，以学术自由和自治为核心的大学精神能够在较大程度上得到传承、发扬和发展。但是，在市场经济和个体享乐主义的冲击下，大学精神中专注于尚善求真的美德与恬淡心境受损较大，西方和东方一样开始进行学以为人的价值重构。

总的来看，中西文明在古代共契的精神文明和大学精神内核必将重新得到继承和弘扬，必将结合新的时代特点和人的发展诉求实现与时俱进的螺旋上升式回归与升华，在对人类社会更大更好的发展梦想的追逐中，实现伟大文化的复兴与再造。

第二章

大学精神的继承与发展

大学精神的基本内核起源于中国春秋战国时期和西方古希腊时期已无异议，但是，对现代大学制度却不能做同样的类推，只能认定其起源于欧洲中世纪大学，而且这一时期的大学对大学精神的继承与发扬做出了很大的贡献。所以，对欧洲中世纪大学弘扬的大学精神、洪堡大学精神的奠定和剑桥大学学院制中蕴含的大学精神等做深入探究非常必要，可以帮助人们更好地认识现代大学精神的精髓。在此基础上，本章将研究西方现代大学制度传入中国之后中国的大学精神演进与传承，找到中国教会大学、西南联大和共产党在延安时期创办高等教育时对大学精神的遵循、在形成自身的大学精神并引领大学发展中取得的先进经验，意义深远。

第一节 欧洲中世纪大学弘扬的大学精神①

欧洲中世纪大学曾被定义为"教师和学生自治的共同体"②，其通过发展与积淀，为现代大学的发展与繁荣提供了坚实的理论根基和可靠的合规律性经验，堪称世界文明史上的辉煌创造。可以说，"它的产生与发展为现代大学的形成奠定了重要的历史基础……现代大学学术自由和学术自治

---

① 孙刚成，田玉慧，王学普．欧洲中世纪大学成为经典的本质特征与启示［J］.山东高等教育，2016，（3）：39-44.
② 〔瑞士〕瓦尔特·吕埃格．欧洲大学史（第三卷）［M］.张斌贤等译．保定：河北大学出版社，2014：123.

的基本原则，也是直接源于中世纪大学而形成和发展起来的"。① 这一时期的大学教育对大学精神的继承与发展具有很强的先导性，有助于正确引导世界各国现代大学制度的建立与完善。

在欧洲中世纪大学从产生到发展的过程中，有大量直接或间接形塑大学精神的突出特征，在其成就大学精神的本质特征中，最重要的是当时大学高度的学术自由与办学自治权，也恰恰是这个最为突出的特征，强有力地保障了欧洲中世纪大学能够拥有至高无上的学术权力与办学权力，并在不断演进的过程中保持强大的自我更新与修复能力和极其旺盛的学术生命力。

一　欧洲中世纪大学高度自治权的表征

大学高度的学术自由性与学术自治权，是欧洲中世纪大学留给现代大学及未来大学最为宝贵的优良基因，是当时的大学利用宗教权力和王室权力相互争斗的机缘，通过较长时期坚持不懈的抗争和强烈呼吁而获得的"不受国家、教会及任何其他官方或非官方法人团体和个人，如统治者、政治家、政府官员、教派官员、宣传人员、市民或企业主侵害或干预的自治权利和学术与人身自由"。② 这一高度自治权，为学术自由、教授治校、办学自由等众多大学的优良传统和真正的大学之道的传承与实践，提供了学理性和制度性保障。

（一）大学内部高度的学术与办学自治权和部分司法权

"大学是由教师和学生组成的享有特权的机构"，欧洲中世纪大学拥有高度的学术与办学自治权和部分司法权，以及一些特别的保护措施。③ 首先，这表现在上述权利主要被赋予教师行会和学生行会方面。欧洲中世纪

---

① 安心. 构建我国现代大学主体性的核心及其保障——基于欧洲中世纪大学的启示 [J]. 煤炭高等教育，2007，（4）：8-10.

② H. Perkin. History of Universities [M]//L. F. Goodchild, H. S. Wechsler. The History of Higher Education. Boston：Pearson Custom Publishing，1997：3-32，转引自陈学飞. 美国、德国、法国、日本当代高等教育思想研究 [M]. 上海：上海教育出版社，1998：87.

③ 〔比〕希尔德·德·里德-西蒙斯. 欧洲大学史（第二卷）[M]. 贺国庆等译. 保定：河北大学出版社，2007：178.

大学的师生通过组建属于他们自己的师生行会和其他的各级各类自治性组织机构，在拥有学术与办学自治权的基础上，按照相应的专业或职业需求传授知识与智慧，按照所在学校的层次、标准和特色要求，颁发学校的毕业证书或学位证书。① 所以，欧洲中世纪的大学自治可以追溯到当时的行会自治组织，在这些行会组织中，教师行会与学生行会共同拥有大学学术与办学的自治权成为当时社会的一个显著特征和当时大学发展的基本保障。

其次，当时大学的内部自治表现在许多方面，具体包括延聘教师、招收学生、制定教育内容和学术标准的自由，独立颁发毕业证书或学位证书的自主权，管理大学教学与行政等众多大学内部事务的自主权等；当时的大学治理权利，除了大学的内部自治权，还包括大学通过参与地方管理以更好地发挥自己的社会职能并保护大学自身利益的教授参政权等诸多附属权利，这众多的权利使大学自治主要具有自治范围广泛和自治权强大两个方面的突出特征。

最后，在当时大学的所有自治权中，大学的司法权是当时大学获得的最重要的特权之一，这项权力看似普通，但实际上使当时的大学拥有了自主管理大学自身的组织和学校成员的最高权限。这项特权始于 1231 年，当时教皇颁布法令，使巴黎大学作为一个高度自治的学术团体拥有了众多权力，其中就包括司法权，而这项权力意味着在大学内部可以设置特别法庭，校长和教授拥有特别裁决权，可以裁决针对本校师生员工的诉讼案等涉及学校师生利益的案件。到了 1395 年，这种权力再次升级，时任教皇波尼法斯九世（Boniface Ⅸ）下诏宣布牛津大学校长拥有不受任何大主教或主教以及常任法官监管的独立自主处理涉及学校的案件的权力，同时拥有对拥有教会豁免权人士（如托钵修道会成员和寺院修士）的判决权，以及对原本需要教会的特别豁免才能进行审理的案件（如侵犯教会人员案件等）的审理权等，只要案件涉及了学校利益，校长就可以不受限制地进行处理。② 到了 15 世纪时期，当时的剑桥大学经过争取也摆脱了伊利主教对

---

① 冒荣，赵群. 学术自由的内涵与边界 [J]. 高等教育研究，2007，(7)：8-16.

② 〔英〕海斯汀·拉斯达尔. 中世纪的欧洲大学——博雅教育的兴起 [M]. 邓磊译. 重庆：重庆大学出版社，2011：79.

学校的司法控制，获得了独立行使学校司法权力的自由。① 经过这一系列权力扩张之后，大学的司法权得到了充分保障，大学"有权逮捕犯罪的人，在大学的法庭进行审判，并根据犯罪的轻重判处罚款或监禁"。② 这种独立的司法权让当时的大学能够自主建立学校的司法体系，使得欧洲中世纪大学的成员们不再受到城市普通司法体制的干预与管辖，最大化地保障了当时的大学不受外界干扰的学术自由与自治权利的实现，以及当时的大学师生员工们各种合法权益的充分落实，使当时的大学和教职人员有机会和权力按照高等教育规律办学，能够在自由得到最大化的学校空间里潜心追求学术、自由发表见解。

(二) 必要而充分的学术自由权

大学的学术自由作为大学最经典的办学理念并不是其与生俱来的特征，而是大学通过不断的争取和不懈的实践努力获得的。这种学术自由源于欧洲中世纪大学建立初期，而其趋向完善则得益于德国大学的努力。德国于 1694 年创办的哈勒大学，由于最先倡导学术自由，被史家誉为不仅是德国的，而且是欧洲的第一所具有现代意义的大学；而作为基本办学准则的学术自由原则在大学的学术活动中正式被确立下来，则是以 1810 年柏林大学的建立为标志的。这一权利的制度化则要归功于美国大学，具体来说，是美国大学教授协会 1915 年发表的《原则宣言》及其后来发表的《学术自由与终身教职的原则声明》，它们把大学中教师的教学自由、研究自由等基本权利推向了制度化，为大学的学术自由和赢得维护学术权利的斗争提供了制度化保障。③

现实之中，人们对学术自由的解释经常各不相同，其中，安德鲁·F.韦斯特认为，学术自由就是选修制、科学课程和信教自由④，意味着大学

---

① 张斌贤，李子江. 论学术自由在美国的制度化历程 [J]. 沈阳师范大学学报（社会科学版），2003，(5)：6-10.

② 王挺之. 欧洲中世纪的教育 [J]. 四川大学学报（哲学社会科学版），2001，(3)：107-115.

③ 王保星. 美国大学教师终身教职与学术自由的关系 [J]. 北京大学教育评论，2005，(1)：81-86.

④ Andrew F. West. What Is Academic Freedom? [J]. North American Review, 1885, 140 (342)：432-444.

的教师可以依据自己的研究和学生的培养与发展需求设置课程，学生则可以依据自己对教师与其所设课程的认可程度确定是否修习等；《大英百科全书》则认为学术自由是"教师和学生不受法律、学校各种规定的限制或公众压力的不合理的干扰而进行讲课、学习、探求知识及研究的自由"①，从而把学术自由上升到不受法律、学校规定和公众意识干预的高度。但是，各种定义都遵循了一个大致趋同的原则，那就是它们共同关注的学术自由的重点普遍落在大学的教师、学者以及学生们身上，即保障他们可以在各个学术领域自由地教、学和发表言论而不受外在因素的干扰和强制，从而让学术思想自由传播，给予大学的教师、学者以及学生们足够的时间与空间去表达原创思想和验证它们，而且允许错误的思想在辩论与人们认识深入的过程中自生自灭。充分落实这一原则的典范是柏林大学的创始人威廉·冯·洪堡，他在创立柏林大学时就确立了大学享有充分的学术自由的原则，并在这一原则指导下网罗了一大批有学术热情的高水平学者，帮助他们在毫无拘束与负担的前提下去追求真理、发表言论，赋予他们足够的学术研究与传播的自由，并认为自由是纯粹的科学研究开展的必要条件，从而坚持反对政府对大学的强制或干预，帮助柏林大学成为了现代大学学术思想自由及其实践的策源地。②

从本质上看，欧洲中世纪大学的学术自由与自治和它们所拥有的特权是分不开的。当时大学的学术自由主要表现在他们所拥有的特权方面③，这些特权主要包括当时的大学自主处理与世俗政权、教会、城市等外部社会机构或组织的关系，并免受它们干预、干扰和限制的权限。学术自由与自治既是当时大学自治的最重要特点和发展的最重要保障，也是现代大学孜孜不倦的追求目标和学术创新与发展的基本保障，是遵循教育规律办大学的必然取向。

（三）提供最后保障的罢课权与迁徙权

罢课权和迁徙权是欧洲中世纪大学彰显和保障学术自由的一柄撒手

① 林杰.西方知识论传统与学术自由［M］.北京：北京师范大学出版社，2010：7.
② 张斌贤，孙益.西欧中世纪大学的特权［J］.北京师范大学学报（社会科学版），2004，（4）：16-23.
③ 和震.西方学术自由：走向自觉的历程［J］.清华大学教育研究，2003，（1）：23-29.

铜。对于当时的大学来说，"如果大学师生同城市当局或教会发生矛盾，或者教学、学习活动受到干扰时，可以举行罢课，以示抗议；如果问题得不到满意的解决，大学可以自行迁校"①。当时的大学能够比较容易地行使这项权利，主要得益于那时的大学没有众多仪器设备等辎重之累，当他们的权益受到市政当局或者教会的侵犯而难以得到维护时，他们就会采取学校整体搬迁的办法对敌对势力造成沉重打击。因此，罢课权和迁徙权是当时的大学在权益受到侵犯且这一问题难以妥善解决时经常使用的撒手锏。

另外，欧洲中世纪大学的自治权还体现在居住权、免税及免役权、参政权、颁发许可证和授予学位权，以及其他特权和特权涉及的诸多领域等方面，这些权力或权利共同维持着当时大学的独立自主，保证它们能够自主办学，能够作为学者栖息的净土为广大师生提供安身立命和专注学术探讨的理想环境，使大学自治、学术自由和文化繁荣成为可能，使大学精神得以彰显和传承。

二　高度学术自治之于大学的重要价值

市场经济早期快速但不规范的发展极大地促进了教育的快速发展，但也对教育提出很多附加需求，从而助推了教育的功利化和知识传递式教育的非正常发展，在一定层面上对高等教育的独立与健康发展提出了严峻挑战。在此种情况下，更需要重新认识欧洲中世纪大学，因为其彰显的大学精神及其预示的改革取向告诉人们，高度的学术自由与适度的大学自治是大学健康有序发展的必然要求。

正如威廉·冯·洪堡所言，"国家在整体上……不应就其利益直接所关系者，要求于大学，而应抱定这样的信念，大学倘若实现其目标，同时也就实现了，而且是在更高层次上实现了国家的目标，由此而来的收效之大和影响之广，远非国家之力所及"②。因此，在较高程度上落实大学办学

① 杨天平，潘奇. 欧洲中世纪大学的特色 [J]. 现代大学教育，2009，(1)：52-56、111.

② Wilhelm v. Humboldt. Über die Bedingungen unter denen Wissenschaft und Kunstin einem Volk gedeihen [M]//A. Flimer W. v. Humboldt—Schriften zur Anthropologie und Bildung. Frankfurt：Klett-Cotta im ullstein taschenbuch，1984：85，转引自陈洪捷. 德国古典大学观及其对中国的影响 [M]. 北京：北京大学出版社，2002：35.

自主权，实现大学的学术自由与适度的大学自治，既是现代大学的基本诉求，也是适应社会变化的需要，同时还是培养创新型杰出人才的必然选择。基于这一发展取向可以断言，大学在政府与社会层面需要的是政策保障、资金支持和宏观调控，是服务而不是强制干预，赋予学校自主发展权，给予具有高度学术与文化自觉的学者们学术自由才是实现高校自治、学术自由的正确选择。

古今中外的高等教育史无一例外地印证了一条基本的高等教育规律，那就是，所有的世界一流大学都产生在学术研究最为自由的国家，并且也都是学术研究最为自由的大学。由此可见，大学办学水平的高低与大学自身的实力总是和大学的学术自由程度呈高度正相关，它们相辅相成、互相促进。① 只有赋予了现代大学高度的学术自由与自治的权利，现代大学才可能更快地向世界一流大学靠近，才会再次带来学术的空前繁荣、文化的巨大进步和科技的创新突破。自由意味着精神、躯体与思想的巨大解放、自主发展和自觉创新，大学要想快速发展和进步，必须赋予学者自由，为学术环境赋予自由的氛围和适宜的空间。只有赋予大学自主管理内部各项事务的权力，让大学师生自由地学习、研究和探索，才可能保证大学高效、健康地发展。

"大学作为一种能够自我生存、自我生长、自我控制、自我调整的社会组织，应该发挥其作为主体的创新意识，积极探索自我发展、自我导向与自我调节的改革模式。"② 因此，落实大学办学与学术自主权，扩大大学的管理自主权，捍卫大学的学术自由，逐步实现大学的独立自主，应该成为现代大学改革的根本取向。

总之，以欧洲中世纪大学的优良传统及其合规律性先进经验为基本依据，在科学论证的基础上，保障大学的学术自由与自治性和建立以学术自由与自治为突出特征的现代大学制度，是大学精神演进与传承的必然选择。

---

① 李子江. 学术自由：大学之魂 [M]. 北京：中国社会科学出版社，2012：46.
② 吴慧平. 西方大学的共同治理 [M]. 北京：北京师范大学出版社，2012：3.

第二节　洪堡大学精神的奠定及其对学校发展的引领

在当代社会加速转型和变迁的背景下，高等教育被赋予了新的历史使命和时代责任，也正是在这日新月异、物欲横流的时代，大学及其学人被期待能够继续保持在知识殿堂里自由开展学术活动的"象牙塔"精神。但是，在全球化、经济化、市场化狂潮的冲击下，高等教育往往会受到来自外界的种种影响，偏离高等教育的本质和使命。如何在复杂的国内国际环境下坚守大学精神已经成为高等教育改革关注的焦点。而在同样的"内忧外患"的形势下，洪堡大学却成为世界高等教育发展的里程碑，其中的原因和经验理应成为现代大学深入探索并借鉴的宝贵精神财富。

一　洪堡大学建立的历史文化背景

德国于 1810 年建立柏林大学，由时任普鲁士内政部文化教育司长的著名教育家、语言学家和政治家威廉·冯·洪堡作为主要创建人主持该校的建设工作，因洪堡其人对该大学的深刻影响，人们总是习惯于将柏林大学与洪堡联系起来，把该大学称为柏林洪堡大学，简称洪堡大学（后文中的洪堡大学特指原柏林大学或原柏林洪堡大学，区别于二战后成立的柏林洪堡大学和柏林自由大学）。该大学是世界上第一所将科学研究和教学相融合的新式大学，被誉为"现代大学之母"，也是欧洲最具影响力的大学之一，对西方大学精神的形成和发展做出了突出贡献。

历史上产生重大影响的变革往往与当时社会的转型、人们思想的解放以及变革主体自身面临的危机分不开，而且变革主体通常是在"临危受命"的形势下毅然承担起改革创新的重任，洪堡大学的创建也不例外。

（一）外部环境的冲击

教育领域的改革往往是以社会改革和政治改革为引领的。席卷了整个欧洲的法国大革命，不仅在摧毁法国的封建专制制度、促进资本主义经济发展等方面做出了贡献，它所传播的资本主义自由、民主的进步思想，对于当时正长期处于分崩离析状态、大小邦国无数的德国而言，无疑也是一枚"重磅炸弹"。18世纪的德国正处于四分五裂的局面中，国民的民族意识、国家观念可以说非常微弱，有人认为"当德意志遭受外来的侵略或者外国将其国土当作战场时，几乎没有任何德意志人具有这种国家遭受蹂躏的意识"①。在这种危难时刻，一个国家的觉醒和强盛首先来自该国国民的憬悟和自强意识的被唤醒，而法国大革命正是激起这种憬悟和自强意识的一剂"猛药"；此外，在普法战争中的失败进一步刺激了德意志国民的国家意识和危机意识，一场致力于实现民族觉醒、国家统一富强的改革运动由此展开。毋庸置疑，国家发展，教育先行，在解放思想、传播先进理念、增强爱国意识等方面，教育的力量不可小觑。

（二）大学自身的处境和危机

11~15世纪的欧洲正处于所谓的"黑暗时代"，虽然可以用"黑暗"来形容，但这一阶段仍然产生了具有进步意义和历史价值的遗产，中世纪大学就是其中之一。当时的大学发挥着"传播科学文化知识，推动人类文明进步，活跃思想文化活动，促进城市发展和繁荣"②的重要作用。在随后的时间里，文艺复兴、宗教改革运动等历史性事件都对大学的改革和发展产生了巨大的影响，而这些影响既有积极的也有消极的，既有对大学规模和数量上的影响，也有对大学课程设置与教授和学术自由与繁荣的影响。其间虽然也有大学进行了相应的改革和尝试，并取得了一定的成效，如哈勒大学和哥廷根大学的改革和创新，但是大学发展的整体趋势是逐渐走向衰落的，人们对大学脱离实际、故步自封，"造出了无能的学究，无视教育和成功的职业间的内在关系"③等落后于时代发展要求、违背教育发展规律的现象进行了猛烈的抨击和强烈的谴责。甚至有一些在当时颇具影响力的学者、知识分子也都表达了对大学的失望和抵触。到18世纪晚期，许多大学甚至面临被关闭的危机。围绕大学对整个社会有哪些价值和功能、大学是否应该被取消等问题的关系大学生死存亡的讨论此起彼伏。

---

① 〔英〕C.W.克劳利.新编剑桥世界近代史（第九卷）［M］.中国社会科学院，世界历史研究所译.北京：中国社会科学出版社，1992：503.
② 贺国庆，王保星，朱文富等.外国高等教育史［M］.北京：人民教育出版社，2006：53.
③ 〔美〕约翰·W.奥马利.西方的四种文化［M］.宫睿译.北京：北京大学出版社，2012：142.

传统大学弊端重重，已经不再适应社会需求，大学急需改革和创新，以寻找新的出路和发展前景。

洪堡大学就是在这样的历史背景下建立起来的，并且发展成为世界高等教育的里程碑。在国家危亡、形势紧迫的情况下能够迎难而上，破旧立新；在面临困境的情况下能够锐意改革，绝处逢生；在"孤立无援"的情况下能够勇于担当，不惧艰险：这些构成了洪堡大学能够勇立潮头的精神基础。

二　洪堡大学的发展历程

洪堡大学的建立与洪堡的大学理念的形成是紧密相连的，不过，它们都依赖于当时的历史背景。洪堡大学从创建开始，一直到走向辉煌，其中有繁荣也有困顿；就是这段被后世认为在大学发展史上具有里程碑意义的历史本身，也是大学发展史上必然与偶然的共同产物。

（一）洪堡大学的创立与繁荣

1807 年，普鲁士在普法战争中成为战败国，被迫与法国签订了屈辱的《梯尔西特合约》，把易北河以西的大片领土割让给了胜利的法国，国家全面陷入危机之中，当时主政的拿破仑下令关闭了耶拿大学和哈勒大学，[①] 但这一变故却为在柏林建立大学提供了新的契机。1807 年 8 月，被拿破仑关停的哈勒大学的原校长带领其原有学校的部分教授要求面见普鲁士主政的国王威廉三世，代表原学校师生请求国王批准以原哈勒大学的教师为基础在柏林重新创建一所大学，国王同意了这一请求。[②] 于是，内阁大臣拜默开始着手筹建一所与已有的科学院保持联系和职能协调的高等教育机构。不过，在此需要指出的是，他所计划建立的"高等教育机构"并非大学，也不沿用大学的名称。按照拜默的思路，在未来的高等教育体系中，原有的大学进行专业教育，为国家培养各种实用型的专门人才，而设立于柏林的高等教育机构则主要属于研究科学的学术机构，仅接受优秀的大学

① 别敦荣，李连梅. 柏林大学的发展历程、教育理念及其启示［J］.复旦教育论坛，2010，（6）：8-15.

② 孙周兴. 威廉姆·洪堡的大学理念［J］.同济大学学报（社会科学版），2007，（2）：7-12.

毕业生到此从事纯粹的科学研究和发展学术。此外，这种机构不同于传统的行会性质的大学，它不采取学院的划分方式分设机构，也不进行考试，旨在建成纯粹的自由科学研究机构和纯粹科学家的培养机构。设想固然是美好的，但还没来得及实施，拜默就离职了，因而，整个计划就被暂时搁置了。在这样一个改革的关口，威廉·冯·洪堡临危受命成了新的普鲁士内政部文化教育司司长，并开始着手对普鲁士的教育实施全面的改革。威廉·冯·洪堡把大学看作民族文化最崇高之所在，并因此赋予大学改革以重要意义。正如他在《立陶宛的学校计划》中所讲的，"只有大学才能使人通过自身并在自身中获得一切，即对纯科学的认识。对于这种真正意义上的自我行动来说，自由和有益的独立性是必不可少的"①。从这一观点出发，便产生了对大学在整个外部组织方面的要求。在内部管理方面，威廉·冯·洪堡认为，在大学中，学生听课只是次要的事情，重要的是使大学生与情趣一致、年龄相同或相仿以及具有文化自觉性的人紧密合作起来形成学习与科研共同体。这需要集聚和造就一批卓越而有教养、肯担当的优秀人才，并帮助这种人才形成只为发展和传播科学而献身的观念，而且使他们在有生之年或至少是身体健康精力较好的时候，能够做到只为自我的实现和科学的突破而活着。②

1810 年 10 月，威廉·冯·洪堡接替拜默的工作，在原哈勒大学可用之人和物的组合基础上创办了柏林大学（洪堡大学），其延续了哈勒大学和哥根廷大学被解散前在德国大学改革运动中开创的新教育模式③，还改变了大学为政府训练高级官吏的传统任务，转而更加专注于学术研究。在学院设置方面，学校仍由传统的神学、哲学、医学和法学等学院组成④，在这些学院之中，集聚了众多具有科学献身精神和学术追求执念的著名学

① 〔德〕威廉·冯·洪堡. 立陶宛的学校计划［C］//瞿葆奎.教育学文集（第 21 卷）.北京：人民教育出版社，1991：3-8，转引自熊华军.洪堡的大学教学价值取向：由科学达至修养［J］.大学（研究与评价），2008，（1）：39-44.
② 瞿葆奎. 教育文学集（第 21 卷）［C］.北京：人民教育出版社，1991：7.
③ 别敦荣，李连梅. 柏林大学的发展历程、教育理念及其启示［J］.复旦教育论坛，2010，（6）：8-15.
④ 王一军. 大学课程：发展学生"个人知识"的必要与可能［J］.高等教育研究，2011，（4）：64-75.

者，其中，哲学院著名的哲学家黑格尔、叔本华、费希特、马克思和恩格斯，神学院著名的神学家施莱尔马赫，法学院著名的法学家萨维尼等人，分别成为当时洪堡大学各学院的精神符号和洪堡大学整体的精神标识。在洪堡对大学办学的哲学基础的强调与其核心理念的指导下，学校于1818年聘请著名哲学家黑格尔出任洪堡大学哲学系主任，并在1830年晋升他为该校校长。在黑格尔的带领和影响下，德国各派哲学家相继来到洪堡大学或柏林，使洪堡大学和柏林很快发展成为德国乃至整个欧洲的哲学中心。①到了19世纪中期，洪堡大学开始进行新一轮的改革，重点加强了部分薄弱学科的建设，尤其是在自然科学方面的改革极其成功。这一时期，在以亚历山大·冯·洪堡（Alexander von Humboldt）为首的改革倡导者推动下，洪堡大学开始打破长期重视社会学科和人文学科发展的局限性，加大自然科学的发展力度，掀起了自然学科研究高潮，吸引和集聚了诸如著名化学家霍夫曼（August Wilhelm Hofmann）、赫尔曼·埃米尔·费歇尔（Hermann Emil Fischer），著名物理学家阿尔伯特·A. 迈克尔逊（Albert A. Michelson）、阿尔伯特·爱因斯坦（Albert Einstein）和赫尔姆霍尔茨（Helmholtz），著名数学家恩斯特·库梅尔（Ernst Kummer）、克罗耐克尔（L. Kronecker）和魏埃施特拉斯（C. Weierstrass）等一大批重量级科学家在此讲学或求学。②

此外，洪堡大学在继承和发扬中世纪大学优良传统的同时，也消灭了中世纪大学的封建残留，抛弃了以前大学的僵化与保守等陋习。1817年4月26日，主要由施莱尔马赫负责起草的《大学章程》为洪堡大学开启正规办学之路奠定了基本框架，其主要内容包括，按照学院制运行大学，实施教师等级制度，全面实行教授会制度、教授讲座制度以及利益商谈制度等。其中的学院制和教师等级制度基本保留了传统的大学治理结构模式；教授会制度则是吸纳全体正教授为教授会成员，让教授会享有很大的学术权力和学校治理权力，决定校长选任和教授选聘等重大内部治理事务，演绎为典型的教授治校模式；教授讲座制度是在中世纪大学讲座制的基础上

---

① 别敦荣，李连梅. 柏林大学的发展历程、教育理念及其启示 [J].复旦教育论坛，2010，(6)：8-15.

② 国务院学位委员会办公室. 透视与借鉴——国外著名高等学校调研报告（2008年版，上册）[M].北京：高等教育出版社，2008：1067.

改进而成的，主要是按学科和专业设置若干讲座，由正教授全权主持；利益商谈制度是指每位讲座教授要直接与州政府通过利益交涉确定自己的薪资待遇，这种交涉需要定期进行且不是与大学方面单独交涉。以上五方面制度塑造了洪堡大学的组织结构和权力结构。综上所述可以看出，洪堡大学的创立和发展之于德国的意义并不是单纯地增加了一所大学，而是更多地在于它创造出了一种全新的高等教育理念和模式。当时洪堡大学制定的《大学章程》中确定的大学组织结构模式首先在洪堡大学全面实施，并取得了成功的实践经验，随后，德国各地众多大学纷纷效仿，最终将这一模式演变成了德国所有大学的基本组织模式，而且影响到了随后上百年中世界著名大学的治理模式。①

在以上先进的教育理念和制度引领下，在众多优秀管理者和大师级人物带动下，洪堡大学获得快速发展，在较短的时间内就成了当时欧洲乃至世界最优秀的大学之一，奠定了它在世界高等教育史上的里程碑地位；其办学方式成为欧洲乃至世界大学的典范，洪堡大学也被称为"现代大学之母"。

（二）洪堡大学的变革与发展

20世纪初，德国逐渐演变成法西斯化的国家，洪堡大学也随之演变而成了德国"第一帝国大学"，这样的被迫改变和两次世界大战给洪堡大学带来了巨大损失。② 仅仅在1933~1935年，就有230多位著名科学家被赶出洪堡大学校门。在短短3年的时间里，洪堡大学就丧失了百余年间确立起来的世界科学文化中心的地位。整个二战期间，洪堡大学70%的建筑遭到了破坏，战争后期学校还曾一度被迫关闭。③ 1945年5月2日苏联军队占领柏林，5月8日德国法西斯宣布投降，法西斯战争宣告彻底失败，德国及其首都柏林分别被美、苏、英、法四国分割占据，洪堡大学也随之遭难，被分割为东西两部分，在原有基础上分割成立了两所大学，即民主德

① 张小杰.关于柏林大学模式的基本特征的研究［J］.华东师范大学学报（教育科学版），2003，（2）：69-77；穆小燕.新人文主义大学观及其对19世纪德国大学改革的影响［D］.河北大学，2006.
② 别敦荣，李连梅.柏林大学的发展历程、教育理念及其启示［J］.复旦教育论坛，2010，（6）：8-15.
③ 杨焕勤，张蕴华.柏林洪堡大学［M］.长沙：湖南教育出版社，1986：72.

国的柏林洪堡大学（Humboldt University of Berlin）和联邦德国的柏林自由大学（Free University of Berlin）。① 20 世纪 90 年代，伴随着德国的重新统一，两所大学的联系也日益密切，并凭借其卓越的历史成就和新的创新发展赢得了令世人瞩目的地位。

洪堡大学成立至今已过去了 200 多年，在其基础上成立的新的柏林洪堡大学与柏林自由大学不仅保留了部分学校初建时期的古老建筑，而且继承并发扬了洪堡大学最初的教育理念和办学风格。虽然如今的柏林洪堡大学与柏林自由大学不足以与原来闻名世界的洪堡大学相提并论，但洪堡大学在世界高等教育发展史上的地位却是不可忽视的。

1945 年，约翰纳斯·施特洛克斯教授作为新的柏林洪堡大学的第一任校长，在开学典礼的祝词中提到："新生的柏林洪堡大学是一所真正的人民的大学，面向全国人民开放。柏林洪堡大学的力量源泉在人民之中，因此，要有一个新型的民主秩序和与工人阶级合作的局面。同时，柏林洪堡大学也要继承和发扬它的奠基人威廉·冯·洪堡提倡的人道主义精神。"② 自此，德国的高等教育开始慢慢向工农子弟开放，大学不再是某些特定阶级的特权。据统计，到了 1948 年，来自工农家庭的学生约占柏林洪堡大学总人数的 17%。从 1968 年起，柏林洪堡大学开始全面改革，开始了轰轰烈烈的民主教育革命，科学委员会、社会委员会和师生员工委员会成为最重要的民主管理组织，共产党的组织及社会团体在学校中发挥着重要作用。1990 年德国统一，柏林洪堡大学迎来了发展的新转折点，政府投入大量资金大力扶持柏林洪堡大学的重建工作，学校科系设置得到了调整，教学力量也得以充实和增强。近年德国科研联合会的一份报告显示，柏林洪堡大学的科研能力排名在 1990~2010 年上升了 20 个位次，这充分证明了它的转制过程是成功的。

三 洪堡大学的办学特点及其传承的大学精神

大学精神是大学的灵魂，能否坚守和传承正确的大学精神关乎一所

---

① 别敦荣，李连梅. 柏林大学的发展历程、教育理念及其启示 [J]. 复旦教育论坛，2010，(6)：8-15.

② 杨焕勤，张蕴华. 柏林洪堡大学 [M]. 长沙：湖南教育出版社，1986：77-78.

大学的成败与兴衰。洪堡大学能够成为世界高等教育史上的里程碑，其自身先进的教育理念和长期坚守的大学精神发挥了不可磨灭的重要作用。它在创建及发展过程中结合时代背景进行创新的独特成果，凝结成了先进的洪堡大学理念和稳定的大学精神。洪堡大学在不同阶段的办学特点和精神原则，也随着时间的变化，逐渐升华为洪堡大学不变的精神和先进的理念。

（一）教研合一

在中世纪大学中，学位制度得以确立，学生修完大学安排的全部课程，经考试合格，便可获得"硕士""博士"学位。这时的大学作为一种新的教育机构和形式初具雏形，但由于中世纪的社会性质，其慢慢被教会所控制。此外，当时的教育类似于现在的职业教育，主要培养教会人士和专职人员，大学的职能仅限于教学。17世纪末18世纪初的哈勒大学和哥根廷大学虽然将科学研究的职能赋予了广大教师，但教师的主要职能仍然是教学。洪堡大学创建以后才把教学与科学研究有机结合起来，秉承了哈勒大学学术自由和科学研究的传统，并将之进一步发扬光大，这对大学的发展与职能的转变而言是一个巨大的飞跃。在洪堡大学，师生之间是平等的研究者与合作者关系，教师不再单纯地为学生的学习与身心发展而存在，学生也不再为单纯的知识追求而学习，两者都转向为科学与人类发展而共处和共生。[1] 大学开始把科学研究作为主要任务，大学教师的职能由单纯教学转向把教学与科研结合起来的有机活动，科研为教学提供服务，教学为科研提供成果展示平台和思想碰撞与进步的机会，促使科研活动自然而然地成为一种教学活动的必要延伸，而新的教学活动也成了科研活动的重要推动力。由此，学生也要把学习和科研有机结合起来，在科研过程中去学习，通过科研学会学习和研究，通过学习提升科研能力和水平，促使科研活动自然过渡成为一种全新的混合式学习活动。[2] 师生进行教学活动的场所不再局限于教室，实验室、研讨班和研究所都演化成了师生共同

① 刘宝存. 洪堡大学理念述评 [J]. 清华大学教育研究，2002，(1)：63-69.
② 詹春燕. 洪堡的大学思想及其对我国高校办学理念的有益启示 [J]. 现代教育论丛，2007，(9)：49-53.

研究学问的地方。所以，大学教授的主要职能不再是简单地教或传递僵化的知识，大学学生的任务也不再是机械地接受或识记冰冷的知识框架与细枝末节。大学变成教学与科研有机整合的策源地，大学生逐步转变为具有独立研究能力的科研工作者，教授的工作则演变为在引导学生确定与增强研究兴趣的基础上，不断指导并帮助学生开展研究工作，向独立研究者的目标迈进。① 除此之外，洪堡大学的学院结构也很好地体现出它对科学的重视。洪堡大学建校之初只有神学、医学、法学、哲学四个学院，在发展过程中，洪堡大学在职能整合的基础上保留了四个学院的办学模式，与此同时，也改变了各个学院地位不平等的最初传统。洪堡认为，哲学是能统领一切学科的知识，是一门纯粹的学科，应将其置于大学的核心。这样，神学院长期占据主导地位的日子就一去不复返了，哲学院的地位日益突出。这样的发展与启蒙运动和新人文主义运动的影响是密不可分的，封建主义、教权主义遭到批判，理性得以发展，在这种氛围下，洪堡大学的变革是符合历史潮流的。所以，洪堡大学在坚持给予科学知识足够重视的同时，还把科学探索精神的培育和良好科学探究品质的养成作为高层次人才培养的重要手段，而且这种优良传统在洪堡大学后来的发展中得到了很好的继承和发展。②

洪堡大学在办学过程中，确立并长期坚持的教学与科研相统一的办学原则，既是一种优秀的大学办学理念，又是一种良好的教育形式。在这一理念指导下，洪堡大学重点采用了以学生互助研讨和辩论为主的习明纳（seminar）教学模式，因为该模式是对教研合一理念的精确诠释，可以说，习明纳模式使大学的师生关系发生了质变。与传统大学教学模式不同，习明纳模式下，教与学不再是已知经验的机械传授与识记式学习，更多的是师生共同探求未知和生成新知的互动或对话过程。这样，教师与学生之间的关系就发生了翻天覆地的变化，二者不再是具有尊卑之分的主动者和被动者，而变成了相互平等的参与者和合作者，这种相对自由平等、鼓励论辩求新的氛围为研究的开展创造了良好条件。在这一过程中，师生双方都

① 冯增俊. 现代研究生教育研究 [M]. 广州：广东高等教育出版社，1993：22.
② 别敦荣，李连梅. 柏林大学的发展历程、教育理念及其启示 [J]. 复旦教育论坛，2010，(6)：8-15.

能够获得新知识、新体验，并实现认知和求道方面的不断创新。所以，习明纳研讨式教学活动实际上同时承担了大学教学和科研的双重任务，而且实现了双重任务的无缝对接，让这一教学模式在成为师生进行自由开放的学术交流和真理探索性科研活动的同时，演变为培养学生和教师独立的创造精神以及自由的学术批判精神与能力的互动式、共生型教学组织形式，成功地将教学与科研有机地统一起来。① 综上所述，洪堡大学能够在办学过程中不断进步和成长，并取得以上诸多的成就，在很大程度上，需要归功于它长期坚持和践行教学与科研相统一的原则。另外，因为洪堡对哲学的高度重视，洪堡大学经研究决定把马克思的名言"哲学家们只是用不同的方式解释世界，而问题在于改变世界"② 直接借鉴过来确定为洪堡大学的校训。③ 与洪堡大学以前的高等学校大不相同，洪堡提出，大学不是高级中学，也不是专科学校，而是要承担起纯粹科学研究责任的高等教育机构和高等学术机构，属于学术机构的顶层部分。这一机构总是把纯粹的科学研究当作一个永远在前方的核心追求来看待，以使大学始终处于研究探索的专注状态之中。④ 正如鲍尔生所言，教研合一是洪堡大学办学理念的核心，洪堡大学是专心致志于真正科学研究的科学教育机构的典型。⑤

（二）由科学达至修养

洪堡大学在发展过程中，明确了大学办学的双重任务，即大学需要进行科学的探究，并在这一过程中完成人的个性与道德品质的培养。⑥ 而"由科学达至修养"这一原则精确地概括了大学的双重任务，并阐述了两大任务之间的依存关系，即大学基本的实践活动是科学探究，而科学探究

① 别敦荣等.世界一流大学教育理念［M］.厦门：厦门大学出版社，2016：167.
② 马克思恩格斯文集（第1卷）［M］.北京：人民出版社，2009：502.
③ 别敦荣，李连梅.柏林大学的发展历程、教育理念及其启示［J］.复旦教育论坛，2010，（6）：8-15.
④ 〔德〕威廉·冯·洪堡.论柏林高等学术机构的内部和外部组织［J］.陈洪捷译.高等教育论坛，1987，（1）：92-98；杨兴林.关于创业型大学的四个基本问题［J］.高等教育研究，2012，（12）：33-41.
⑤ 〔德〕弗·鲍尔生.德国教育史［M］.滕大春，滕大生译.北京：人民教育出版社，1986：126.
⑥ 詹春燕.洪堡的大学思想及其对我国高校办学理念的有益启示［J］.现代教育论丛，2007，（9）：49-53.

活动的根本目的则在于完善人的个性与提高人的道德修养，这也是威廉·冯·洪堡的大学教学价值取向。众所周知，科学活动并不是其他目标的从属物，它有其自身的独立价值。正如威廉·冯·洪堡所言，科学研究不是为了提高人的修养而刻意安排的，但是，纯粹的科学研究天然适用于人修养的培育与提升。① 也就是说，大学和大学人只要能够专注于纯粹的科学研究，乐于开展科学研究活动，就能够实现大学与学术的繁荣；与此同时，提升师生修养的目标也必然得以实现，从而达成科学研究与养德修身的和谐统一。大学是高等学术机构，是研究高深学问之地，是最应该从事纯粹科学研究的实体性学术机构，并不是一般意义上的人才训练或培育基地。所以，威廉·冯·洪堡认为大学应"唯科学是重"，将科学研究置于大学的核心地位。但他在这里所谈的科学研究并非人们通常所言的无所不包的广义层面上的科学研究，而是指纯粹的科学研究活动，即建立在深邃的观念领悟与认同基础之上的科学研究，不追求任何科学研究自身以外的功利性目标，其主要指的是类似于哲学研究这种纯科学研究的纯知识和纯学理性科学研究活动。基于这一认识，威廉·冯·洪堡认为，社会上所言的众多应用型科学不是大学里的科学研究所应该研究的东西，应用型科学研究只能是应用型本科院校或职业技术型院校和企业技术研发部门之类实体机构所从事的事情，真正的大学能够为社会发展与经济生活所做的贡献，就源于它通过探索纯粹的学问和真理为人们提供的精神依托、纯学理性原理与知识启发和让人倍感高大而时刻景仰的形象价值。②

　　大学所追求的修养是师生个性全面而充分发展的结果，是个体人或社会人的基本文化与文明素养的暗存与外显的综合，与细枝末节的技能价值无涉。换言之，这里的修养是指大学希望大学师生所要形成的一种符合人类文明发展需要和精神追求取向的道德和人格上的理想境界，也就是高层次人才培养的基本人文诉求，以及培养这类人才所要经历的过程和所要采取的途径。③ 就像德国社会史家维勒所说的，"19 世纪的德国大学虽然没

　　① 陈洪捷. 德国古典大学观及其对中国的影响（修订版）［M］.北京：北京大学出版社，2006：30.
　　② 刘宝存. 洪堡大学理念述评［J］.清华大学教育研究，2002，（1）：63-69.
　　③ 刘宝存. 洪堡大学理念述评［J］.清华大学教育研究，2002，（1）：63-69.

能排除职业性专门教育，但一般性修养教育过程贯穿在长年累月的投入、执着的科学工作之中"①。洪堡大学精神与理念中所强调的修养主要包含两方面的意义，其一是指人的全面而又自由的发展，也就是要尊重和培养个体的相对独立性；其二是指除人自身的发展之外那些没有受到其他的社会性、功利性目标驱使的纯粹人文理性的发展。这种个人修养的提高从根本上来说是有益于人类与社会整体利益实现的，换言之，"大学倘若实现其目标，同时也就实现了，而且是在更高的层次上实现了国家的目标，由此而来的收效之大和影响之广，远非国家之力所及"②。这种发展科学和人才培养之间的关系用威廉·冯·洪堡自己的话来说就是，大学的作用从内涵上来说，就是把客观的纯科学研究和个人的修养教育统一起来；从外延或形式上来说，就是把已经结束的中学学业教育与正在开始的大学的独立科学研究有机联系起来。③ 所以，在他看来，发展科学与人才培养是内在而天然统一的，不存在单纯追求科学研究而忽视人自身健全发展的教育，也不存在单纯实现人的发展却不进行科学研究的大学教育；这样的教育如果存在，就只能是那种因为功利主义追求，而对人进行机械化培养的功利主义教育。

（三）学术自由

自由的理念由来已久，但是，把自由和学术有机结合起来则是现代大学发展的结果。19 世纪，洪堡大学创造性地把学术自由作为科学研究和人才培养的基本原则去践行，不仅促进了科学文化的革命性进步与跨越式发展，而且彻底改变了古典大学呆板的面貌，促进了现代大学的发展和现代大学制度的建立。④ 首先，自中世纪以来，国家和教会一直妨碍着大学的学术自由；其次，大学内部的思想对其他学术思想的发展亦有压制。所以，大学的发展要想取得长足进步，就要摆脱国家和教会的制约以及来自

---

① 詹春燕.洪堡的大学思想及其对我国高校办学理念的有益启示［J］.现代教育论丛，2007，（9）：49-53.

② Wilhem v. Humboldt. Über die Bedingungen unter denen Wissenschaft und Kunstin einem Volk gedeihen［M］//A. Flimer W. v. Humboldt—Schriften zur Anthropologie und Bildung. Frankfurt: Klett-Cotta im ullstein taschenbuch，1984：85.

③ 〔德〕威廉·冯·洪堡.论柏林高等学术机构的内部和外部组织［J］.陈洪捷译.高等教育论坛，1987，（1）：92-98.

④ 别敦荣等.世界一流大学教育理念［M］.厦门：厦门大学出版社，2016：172.

社会的种种压力和影响。洪堡大学在发展过程中强调不再将大学的活动纳入政府的行为系统，即大学运行应该独立于政府管理系统和社会发展与经济生活之外①，应该完全以知识及学术发展和人的养成为最终目的，而不是整天为实务型技能人才的训练而绞尽脑汁。用威廉·冯·洪堡自己的话来说，就是大学是"独立于一切国家的组织形式，大学应独立于社会经济生活"②。这种教育独立思想从其本质上来讲是追求学术的自由，大学的职能在于探究学问、追求真理，而不是简单而急功近利地满足社会的实际需要。在这一层面上，学术自由也包含着学术寂寞的大学组织原则，也就是大学要能够不为政治、经济或其他社会利益所左右，能够与它们保持适当的距离，坚守大学在学校治理和学术发展方面的高度自主与独立性。③

洪堡大学的学术自由理念早在 19 世纪就被其很好地贯彻执行了，当时的洪堡大学没有教学大纲之说，更没有必修和选修课或相应学分要求之说，大学只是规定最低限度的必修科目，在此基本界限之内师生们在科研与学习上的自由度极大，学生可以在很大程度上根据自己的兴趣、爱好和需要自由随性地选择自己喜好的学习科目，还可以根据自己对教师水平或讲课风格的了解，自由地选择授课教师或指导教师，甚至可以自由地调换学科专业。④ 大学教师也同样享受着这种高度的自由，他们在学术共和国里无拘无束，可以在其职业范围内研究和讲授自己认为正确或好的内容、发表自己认为符合人类发展需求的研究成果。这样的洪堡大学真正成为了研究高深学问之地，各种思想在此相互碰撞，自由的学术氛围造就了跨越时空的西方式"百家争鸣"学术繁荣局面。

（四）教学自由

在人类发展史上，教与学在很多时候都会被想象或实际界定为简单的知识传递或机械性的知识搬运。但是，洪堡大学在众多勇于担当和改革的教育

---

① 李春萍."春风化雨"：蔡元培与中国现代大学制度 [J].高等教育研究，2010，（2）：83-92.

② 陈洪捷.德国古典大学观及其对中国的影响（修订版） [M].北京：北京大学出版社，2006：31-32.

③ 徐晓飒.洪堡德与蔡元培大学改革思想与实践之比较 [D].河南大学，2006.

④ 别敦荣，李连梅.柏林大学的发展历程、教育理念及其启示 [J].复旦教育论坛，2010，（6）：8-15.

家或社会学家与科学家带领下，大胆赋予了教与学崭新的内涵与意义，在新的教与学和谐且有机统一的教育模式下，师生们共同通过科学研究活动探求真知，共同成为学理性知识和寄托性精神的创造者与学习者。① 师生在平等的对话关系中共同完成教学任务，提升知识水平和道德修养。国家可以制定关于教师任命的规章制度，但是，在整个传道授业解惑的过程之中，教师可以完全自由而不受任何限制地选择自己认为合适的方式方法，整合与讲授自己确定的教学专题或组建关于某一专题或论点的研讨班与研讨会等。

从洪堡大学开始，教的自由和学的自由便成为大学教育的基本原则及其重要标志之一。

所谓"教的自由"，即教师可以不受社会经济利益的牵制，不受国家的束缚，根据科学的指引，自由地通过纯粹的科学研究去探索未知。这种教的自由不受任何权力限制，也不需要听从任何所谓的权威的指挥②，任何政治、阶级、党派都不得加以干涉。在这种环境下，大学教师在从事学术研究时，可以自由发现、探索、讨论、出版、传授本专业中人们所发现的真理性知识。教师在大学里从事的教学活动，也是对自己的科学研究成果的宣讲或发布，而且这种活动是不受任何外界的其他因素限制的。③ 正如《牛津法律大辞典》对学术自由的解释一样，"一切学术研究或教学机构的学者和教师们，在他们研究的领域内有寻求真理并将其晓之以他人的自由，而无论这可能给当局、教会或该机构的上级带来多么大的不快，都不必为迎合政府、教会或其他正统观念而修改研究结果或观点"④。

与教师一样，大学生作为大学这一学术共和国或共同体的合法成员，同样可以自由地选择符合他们自己兴趣和需要的专业和课程。⑤ 大学里的

---

① 别敦荣，李连梅. 柏林大学的发展历程、教育理念及其启示 [J]. 复旦教育论坛，2010，(6)：8-15.

② 别敦荣，李连梅. 柏林大学的发展历程、教育理念及其启示 [J]. 复旦教育论坛，2010，(6)：8-15.

③ 孙周兴. 威廉姆·洪堡的大学理念 [J]. 同济大学学报（社会科学版），2007，(2)：7-12.

④〔英〕戴维·M. 沃克. 牛津法律大辞典 [Z]. 邓正来等译，北京：光明日报出版社，1988：1421.

⑤ 詹春燕. 洪堡的大学思想及其对我国高校办学理念的有益启示 [J]. 现代教育论丛，2007，(9)：49-53.

学习者都已经是成年公民了，他们为了追求知识和探求真理而进入大学，希望通过在大学里的科学研究与学习找到通向人生幸福和科学真理的道路，或是获得今后享有幸福生活的基本能力与手段。① 他们有选择教师和学习内容的权利，在学习过程中拥有探讨、质疑、挑战权威的自由，即所谓的"学的自由"。

洪堡大学的教师和学生能够享有充分的教与学的自由，与威廉·冯·洪堡关于大学与国家关系的论述不无关系。他认为，大学是一个从事纯粹学术研究与科学传播的实体机构，是以促进个人修养提升和人类文明发展为目的的。国家应该遵从科学自由与人的发展自由原则，认可并维护纯粹科学研究活动的自主性，为纯粹科学研究活动提供足够的经费支持和制度保障。大学则要按照纯粹科学研究活动本身的需要，以科学的原则开展合规律性的活动，根本不需要依据大学在社会中的某种功能去证明大学及其所从事的纯粹科学研究等存在现实意义。②

（五）教授治校

在学术自由的办学理念以及大学自治的办学经验指导下，从新人文主义思想出发，威廉·冯·洪堡认为，大学的一切事务均应该由大学自己管理和决定。另外，进行围绕纯粹知识的研究、达到较高的人性道德修养境界，必须依赖具有极强科研能力和高深学术造诣的众多学者与教授。因此，在大学治理方面，洪堡大学成立了教授会，"赋予教授权力，使他们成为大学管理主体，借助教授组成学术同盟体管理大学，最大程度保证大学按学术逻辑和组织特性运转，使大学的发展目标和路径符合大学的本质要求"③，并由此形成了教授治校的大学治理模式。虽然大学在资金、资源等方面与国家和政府存在利益关联，但是，作为追求真理、探索学问、培育人才的学术组织，洪堡大学极力避免受外界因素的束缚和管制，建立了以教授为中心的学校内部运行和发展机制，此种举措在当时有效地保障了

---

① 孙周兴. 威廉姆·洪堡的大学理念 [J].同济大学学报（社会科学版），2007，（2）：7-12.
② 刘宝存. 洪堡大学理念述评 [J].清华大学教育研究，2002，（1）：63-69；刘宝存. 何谓大学——西方大学概念透析 [J].比较教育研究，2003，（4）：7-13.
③ 方泽强. 洪堡大学理念：阐释、发展与思考 [J].煤炭高等教育，2011，（2）：14-18.

大学的自治权以及师生教与学的自由。虽然由教授把控大学的运转和治理的模式在当今社会已经很难实现，但是，教授治校的办学经验仍然为今天大学的校长治校提供了宝贵的经验和思想财富，仍然应该成为大学精神的必然追求和大学精神对大学进行价值引领时的基本导向。

四 洪堡大学对大学精神的补充

德国在历史上是一个后起的资本主义国家，在高等教育发展史上，德国一开始也是一个较为落后的国家。17～18 世纪，德国大学的现代化迈进了一大步。而德国大学真正有起色则是在高等教育第二次革命以后，也就是 19 世纪初威廉·冯·洪堡改革高等教育、创办洪堡大学以后。这时，德国高等教育进入了全盛时期，德国大学一跃成为全世界现代大学的楷模。[①]在教育史上，学者们习惯于把德国 19 世纪初改革以后的大学称为"洪堡传统"的大学。[②] 这一传统的主要特点一是提倡教学与科研自由，二是提倡教学与科研相统一。前一特点可归结为学术自由，它与大学理念有密切的关系，也正是大学精神的核心。洪堡大学在学术自由精神指引下，发展知识、追求真理，为教师提供了一个自由教研的安身立命之地，为学生自由研学提供了宽松和谐的优雅环境。若非如此，大学的理念就无从彰显，大学的功能就难以发挥。这一精神在知识界构架起了一座桥梁，通过这座桥梁，学术得以彼此沟通，文化得以互相欣赏，学者之间更是得以增进了解与互重。后一个特点则在于追求科学研究与人才培养和人的养成的有机统一，遵循教育规律，实现人的教育养成。

在以上两个特点的规制下，寂寞与自由自然就成了洪堡大学的基本组织原则，也是洪堡大学在发展过程中所彰显的大学精神。威廉·冯·洪堡认为："对于纯科学活动，自由是必须的，寂寞是有益的；大学全部的外在组织即以这两点为依据。"[③] 经过洪堡大学在办学过程之中的实践验证，

---

① 时敬华.高等学校科学研究的历史探讨 [J].济南大学学报（社会科学版），2001，（4）：70-73.

② 国家教育委员会教育发展与政策研究中心.当代国际高等教育改革的趋向 [M].北京：高等教育出版社，1988：189.

③ 周丽华.德国大学与国家的关系 [M].北京：北京师范大学出版社，2008：74.

寂寞和自由成为德国古典大学的核心概念和精神追求。其实，自由与寂寞是相互联系、互为依存的，耐不住寂寞也就没有真正的自由，真正实现自由之后的寂寞也将不再是煎熬、不再难耐。

首先，寂寞包含以下三方面的含义。第一，大学要独立于社会经济生活而自由地存在。大学所从事的纯粹科学研究活动与社会发展或经济生活对知识技能的直接要求大相径庭，纯粹科学活动的直接目的在于探索学问、追求真理，而不是满足现实的或功利性的社会需要①，不应包含功利性目的；至于社会发展的推动和经济的驱动，只能是纯粹科学研究之外的衍生价值，实际上纯粹科学研究的本体价值充分发挥之后，其衍生价值也才可能得到最大化的实现。第二，大学应该独立于国家的政府管理系统之外。无论古代还是现代，就大学自身之于人类进步的意义来说，国家始终有义务为大学提供较为充足的经济支持和组织保障，但绝不能干预大学内部的自由治理和正常运行。换言之，大学必须保持高度的办学自主性和学术自由性才能够更好地为国家和社会发展做出贡献。第三，大学里的教师和学生要能够甘于寂寞，专心和沉醉于纯粹的科学研究。

其次，自由也包含三层意思。一是大学独立于国家行为之外的自由。国家应给予大学充分的自由，应尊重科学活动的特性，不要试图将大学的活动纳入政府的行为系统之中。二是研究与教学的自由。这两种活动是大学的主要活动，应不受国家任何权力的管束，不受社会任何利益的制约，只服从或绝对服从纯粹科学发展的内在要求与人类文明化的发展规则。②三是学生学习的自由。此种自由如前所述，最为基本，最为直观，无须进一步解释。

综上所述，洪堡大学从创建开始，就以其独特的理念在实践中创造了一个又一个的成功范例，培养了一批又一批的杰出人才。洪堡大学是"世界高等教育发展史上一座无与伦比的里程碑，它所焕发出来的光芒，照亮

---

① 刘智运. 弘扬大学精神 提升大学品位 [J]. 中国地质大学学报（社会科学版），2004，（5）：47-52.
② 李曼丽. 学术的尊严及重拾大学的责任 [J]. 群言，2012，（3）：8-10.

了世界高等教育现代化的道路"①，它的辉煌是德意志社会进步和世界现代文化科学发展相结合的产物，它的巨大贡献不仅表现在历史性成绩之上，更表现在基于大学精神给人们带来的巨大鼓舞和慰藉上，表现在对人类文明发展的巨大推进作用上。

第三节　剑桥大学学院制中蕴含的大学精神②

成立于 1209 年的剑桥大学拥有 800 多年的发展历史，不仅是英国也是全世界最顶尖的大学之一。英国和世界其他国家的一大批著名科学家、作家、政治家都毕业于剑桥大学。剑桥师生曾获得过 80 多项诺贝尔奖，科学界的许多重大发现也都源于剑桥，剑桥大学被冠以"科学家的摇篮"之美誉。在这些伟大的成就背后，剑桥大学长期坚持且具有一定神秘色彩的学院制具有不可小觑的作用，也成为现代大学精神传承和创新的源泉。

剑桥大学刚刚成立时办学规模很小，但是，学生与教师的教学、生活等活动场所又相对分散，因为他们都住在自租的小客栈（hall）里，这种情况对学生的管理造成了极大的不便，更不利于师生交流讨论。为解决这一突出问题，剑桥大学的"学院制"便应运而生了。1284 年，艾利（Ely）修道院的休·德·巴尔夏姆（Hugh de Balsham）主教将一大批穷学生收容到圣彼得（St. Peter）教堂附近的两个客栈中，并订立规矩，创办了剑桥大学的第一所学院——彼得豪斯学院。至今，剑桥大学先后共设置了 31 个学院，其中有 27 个被称作"college"，4 个被称作"hall"。剑桥大学 31 个学院各具特色，作为学校的基本组成部分，相对独立地为培养优秀的人才而不断发展。其中，特别著名的有国王学院、三一学院、基督学院、唐宁学院等。

从学校的管理体制上看，剑桥大学堪称一所多个学院组合而成的联邦制高等教育机构，因为剑桥大学的 31 个学院各有其自己的成立历史，各有

---

① 别敦荣，李连梅. 柏林大学的发展历程、教育理念及其启示 [J].复旦教育论坛，2010，(6)：8-15.

② 孙刚成，曲歌. 剑桥大学学院制探秘 [J].延安大学学报（社会科学版），2015，(4)：120-123.

相对独特的学院文化和风俗习惯等，而且每个学院都享有很大的自治权。总的来说，剑桥大学主要由三个部分组成，一是大学本身，也就相当于国家的中央行政机构，负责日常的学校事务；二是学术学院，类似于中国大学中的"院、系"，主要从事教学、研究及社会服务与科技开发等学术活动，在实际的权利和机构运行方面则相当于一个国家中不同的联邦或州，具有较强的相对独立性；三是"college"，通常被称为"书院"，主要是进行人才培养教育活动的学院，类似于大不列颠及北爱尔兰联合王国中的北爱尔兰，拥有更大的自治权和相对独立性。一般来说，学术学院和书院是平行的关系。① 与此相对应，大学的各种设施也包括三个部分，以图书馆为例，大学本身有中央图书馆，每个学术学院有其相对应的藏书库，各个书院都有自己的跨学科图书馆。

在剑桥大学母体，大学主要负责设置课程，组织教学、考试，授予学位等；而学院则主要负责录取本科生、向学生提供住宿、组织小型辅导课和安排课外活动等。学生入学不仅要经过大学同意，也要经过其所在学院的同意。学生入学之后属于其所在的学院（college）。事实上也可以这样说，是学院而不是大学负责学生的招收以及录取。学院招收学生的专业不同，但他们在同一个学院学习、生活。每个学院独立为学生提供住宿、膳食、学习场所，其中包括学院的图书馆、文体活动室和进行宗教活动的教堂。②

剑桥大学作为住宿学院制度的首创者，尽可能地发挥了这一制度的特色，培养出众多的名人志士。格腾学院院长史翠珊（Marilyn Strathern）这样解释"学院制"："大学的各个系，主要是以讲课的方式介入学生的生活，而对许多学生来说，学院的教师才更好地起到了督学的作用，各系的图书馆是学生们的专业需要，各学院的图书馆则是学生们自学的需要或拓展视野的需要，学院对学生起到'看不见的教育作用'，不同专业的学生住在一起，分享各自的兴趣，划船队、晚餐、戏剧社都是由学院来组织的，生活从来不应该是统一步调和统一框架的，学院制就是要让学生们生

---

① John Ziman. The College System at Oxford and Cambridge [J]. Minerva, 1963, 1（2）: 191-208.
② 冬婷. 剑桥的学院制 [J]. 科学大观园. 2010, (14): 9-10.

活在一种'复杂性'之中，要让学生们有一种在不同场合转换自己的能力，一个人有许多侧面，但还是一个完整的人，学生们必须在一种'复杂性'中生活，才能认识一个超越大学的世界。"①

一　无边界的内部专业融合精神

剑桥大学的学院制有一个突出的特点，即将不同专业的学生安排在同一个学院或区域进行共同学习与生活，这种模式将不同专业的学生融为一体，最大限度地为学生提供了一个便捷舒适的无边界交流场所和环境，有利于更好地在碰撞与融合中激发学生的潜能。

剑桥大学除了 31 个学院（college 和 hall）以外，现有 150 个院系部门，分别被归入 6 所学术学院（schools）：艺术与人文学院、人文与社会科学学院、科技学院、物理科学学院、临床医学学院以及生物科学学院。在教学安排上，剑桥大学每学年分 3 个学期，每个学期平均有 8 个星期的教学日，学期较短，以至于学生在每个学期的休假时间中也要进行功课的学习。因此，剑桥学生的学习模式主要包括课堂学习和课余自主或监督学习两种。剑桥学生上课的教室以及实验室等教学地点由大学（university）以及学术学院（schools）来统一安排，课余自主或监督学习则由各个学院（college 和 hall）来负责进行。学院负责的监督课通常每周安排一次，以小班形式来开展。在教师或博士生的带领下，学生可以倾诉自己在一周内所遇到的烦恼以及学习上的困难。除此以外，学生要完成由导师设计的问题工作纸或论述题，对学过的知识进行综合巩固复习或创造性整合。②

剑桥的每个学生都有两个导师：一个生活导师，一个学业导师。在导师的指导下，不同专业的学生聚集在一起讨论、生活、学习，碰撞出思想的火花。俗话说，"三人行，必有我师焉"，在这种学习环境下，每个学生所接触到的人或物不仅仅局限于自己所学的专业，他们对各个领域的知识都能有所涉及，这种学院制模式实现了一种无边界的内部专业的融合。世界知名学者李约瑟曾经说过这样一段话："你也许是一位学习英国文学的

---

① 冬婷. 剑桥的学院制 [J]. 科学大观园. 2010，（14）：9-10.
② 维基百科. 剑桥大学 [EB/OL]. http://zh.wikipedia.org/wiki/% E5% 89% 91% E6% A1% A5% E5% A4% A7% E5% AD% A6.

英国青年，同对面房间学习生物化学的爱尔兰人相善，同楼上宿舍学法律的尼日利亚人和学神学的苏格兰人友好。大家在一起谈天说地，喝喝咖啡，这种不经意的思想交流活跃了人们的思想，开阔了人们的眼界。"① 剑桥就这样不经意地营造出了一种高度自由与充满碰撞机会的良好学术氛围，不同专业、不同国家、不同文化背景的学生及教师平等自由地交流各种问题，活跃的思想激发了师生的创造性思维，促进了创新能力的发展。

剑桥大学的学院制将各个专业的学生的教学与生活自然地融合在一起，产生的积极影响是不言而喻的。教师和教师之间、教师与学生之间以及学生与学生之间能够在上课以外的时间，对某一话题进行自由讨论、漫谈，做到畅所欲言、各抒己见、互相研讨、寻求共识、共同提高。在无边界专业融合的氛围下，教师与学生的智慧和思想发生美丽的碰撞，助推实践与探索，实现亲切的交融，天然而精妙地诠释了大学精神所倡导的自由状态。

二　学习、工作、生活、娱乐四位一体的终身愉悦学习精神

剑桥大学作为世界高等教育界的典范，不仅是学识的国度，更是精神生活的天堂。剑桥浓郁的人文气息吸引着广大学者前往，这里是学习、工作、生活、娱乐四位一体的乐园。

剑桥大学设有 31 个学院，但各个学院与大学之间的联系并非很密切。这些学院有着自己的收益和财产，是完全区别于剑桥大学的独立法人团体。各个学院的历史背景不同，风格各异，他们拥有自己的建筑群，包括宿舍楼、食堂、图书馆、体育中心、教堂、咖啡厅等。学院负责每个学生的生活起居，如住宿、餐饮、娱乐、学习、宗教活动等。学院制下，每个学院的各种资源原则上只能由该学院的学生享用，除非学院之间达成某种资源共享的协议，常见的主要是餐厅的共享、图书馆的共享和体育中心的共享。

在剑桥大学，人们不仅能够感受到其浓厚的学术氛围，还能深深体会到其独具一格的人文关怀。剑桥学生在学业导师的指导下不断地在学习上

---

① 周建明，贺康静. 剑桥大学创新能力培养模式及其启示 [J]. 教育与现代化，2007，（1）：70-75.

取得进步，在生活导师的引领下不断地实现精神的丰富。剑桥学子平日里学习忙碌，但除此之外，他们把闲暇时间都花在了体育、戏剧、音乐以及政治活动上，希望借此来增强每个人的思维发散性，并提升思维品质、增加灵感与灵性。学院之下，各个学院为学生举行各种各样多姿多彩的活动，使学生的各个方面都得到发展，甚至发展到最好。例如，剑桥在每年的复活节学期期末有个节日叫作"五月周"，有划艇比赛、舞会等活动；在7月有剑桥莎士比亚节，会持续到当年的8月底；12月在国王学院礼拜堂有九组器乐曲和颂歌音乐会。[①] 各种各样的活动丰富了剑桥学子的课外生活，也让他们在活动中领略到剑桥的魅力。不仅在学校内，剑桥大学每年3月会与牛津大学的学生进行划船比赛。两所大学的八人划船队在泰晤士河上进行决斗，这既是英国两所最古老大学之间的私人比赛，又是英国规模宏大的每年一度的重大活动。至今，这已不再仅仅是划船比赛，而是早已演变成两所著名大学精神的一种表现形式。还有剑桥大学传统的下午茶时间，在这一时段，学生们之间或师生之间一起悠闲地喝喝茶或咖啡，谈天说地，畅所欲言。这种随意自由的交流方式，加上优美的环境，给思想碰撞与灵感火花迸发提供了一个无与伦比的优越条件，为师生提供了温馨氛围和休憩港湾。[②]

剑桥的学院制长期秉承"让学生深入社区生活，得到个人生活和思想智力的学习成长"[③] 的教育理念，这种学习、工作、娱乐、生活四者融为一体的大学教育，把学习和工作融入生活和娱乐之中变成乐趣，把生活和娱乐学习化或变成工作本身，在无意间使学生养成终身学习习惯或使学习、工作、娱乐、生活均成为学生生命不可或缺的组成部分，让学习不再局限于课堂，使每个学生随时随地都尽可能地得到最大限度的全面发展。著名教育历史学家塞缪尔·埃利奥特·莫里森曾说过："光是学习书本，只要上课和读书或许就可以做到，但是，只有成为同一间学院社区的成员，一起学与辩、

---

① 〔德〕彼得·扎格尔. 剑桥历史和文化 [M].朱刘华译，北京：中信出版社，2005：205-208.

② 周建明，贺康静. 剑桥大学创新能力培养模式及其启示 [J].教育与现代化，2007，（1）：70-75.

③ Robert O'Hara. American Higher Education and the "Collegiate Way of Living" [J]. Community Design，2011，30（2）：10-21.

食与饮、嬉与祈，通过学生以及师生间不断亲近交流，无价的品德才有可能被传授到年轻人的身上。"① 正是这种教育理念，把剑桥大学变成了学习、工作、生活、娱乐四位一体的乐园，造就了一批又一批优秀的人才。

三 取舍自如的舍得精神

剑桥大学在 800 多年的发展历程中，不断继承与创新、发展与进步，发生了很大的变化，但处处流露出对历史的传承，弘扬了大学面对诱惑取舍自如的舍得精神，坚守了大学精神的本质内涵。人们随处可见剑桥大学建筑的变化，随时可闻剑桥大学创新性的发展与创造，但是，唯一不变的是其内在的优秀品质和与时俱进的剑桥精神，当然，这其中不可或缺的仍然是对学院制的坚守与传承。

从外部建筑来看，剑桥大学时时刻刻都在发生着变化，但又保留着传统的经典。剑桥大学坐落于剑桥城的中心位置，大学校园中保存并拥有着英国近 8 个世纪以来各种风格的建筑，很多浅金色的建筑林立于校园之中，使整个大学风景如画、熠熠生辉。剑桥大学的各个学院也都拥有其独特的传统建筑，例如，考伯斯·克里斯蒂学院拥有一座英国最大的中世纪手写本珍藏室；唐宁学院的体育设施在剑桥较具规模；耶稣学院 1140 年建造的小教堂为整个剑桥城最古老的建筑；国王学院拥有剑桥著名的国王教堂；皇后学院拥有剑桥最好的迪斯科广场……这些富有特色的建筑与高贵典雅的校园气质和丰富的教育资源融合在一起，组成了多姿多彩、富有魅力和传奇色彩的剑桥大学。

在漫漫历史长河中，剑桥大学所不变的就是其独特的精神血统和道德力量。剑桥坚守着它难以撼动的精英教育理念，坚守着它根深蒂固的特权意识，坚守着它独特的学院制，坚守着永远在周末的康河上为下一次牛桥对抗备战的赛艇队……"对城堡的执着，正是对物质的无执。剑桥作为文化奇观的秘密恰恰在于它以城堡形象表达出的极致的边缘化，因为能够安居于此的只有那些以学术本身安身立命的纯粹者。"② 剑桥的永恒时刻宣示

① Robert O'Hara. American Higher Education and the "Collegiate Way of Living" [J]. Community Design, 2011, 30 (2): 10-21.
② 毕会成. 保守着前卫——写在剑桥大学建校八百年之际 [J]. 读书, 2009, (10): 111-117.

着唯有亘古不变的精神才能与时间抗衡，才经得起时间的考验。

时任剑桥副校长安妮·朗斯代尔（Anne Lonsdale）曾经说过："剑桥的传统没有拖我们的后腿，我们为剑桥的传统和特色感到骄傲和自豪。"① 剑桥大学在发展中长期追求学术至上的办学理念和大学精神。无论是学生还是教师，剑桥大学中人们的一切行为都体现着剑桥精神的坚韧与浑厚。独特的学院制管理模式营造了学术自由的大学氛围，在任何时间、任何地点，剑桥学子都以不同的形式进行着学习活动。在这种不经意间，新的思想不断产生。如若剑桥大学并未始终如一地坚守其办学理念，那么它根本无法取得今天这样的成就。

在历史的发展中，变与不变只在一念之间。剑桥大学用其成功的模式告诉人们，坚守正确的教育理念和长久不变的大学精神，不断推陈出新，定能培养出一流的人才，在发展中经久不衰、屹立不倒。

四 学院在大学之中的高度自治精神

剑桥大学的学院制并非在建校之初就存在，而是在不断的发展中逐渐形成的。剑桥大学最早的教学并不是正规的集体教学，相对来说比较随意和分散，以至于教师和学生长期不愿意为了追求学术目标而进行教学活动。为了改善这种情况，学院开始发展各自的教学活动，其主要是作为大学教学活动的补充而存在。14~15 世纪学院教学经历了"先是同大学的公共讲演体系相抗衡，随后超过了它"的发展过程，并不断得到扩充。② 之后，学院制在 16 世纪晚期以分权模式为基础最终形成，针对本科生的学院教学体系在剑桥大学中建立起来。③ 学院制的最终确立使剑桥大学成为典型的"联合王国式大学"，而学院就成为了大学中类似于北爱尔兰的自治组织。剑桥大学的学院独立性相对来说很强，各个学院作为独立的个体，享有独立的财政权以及行政管理权，每个学院都可以独立运作。大学和学

---

① 刘永章. 剑桥大学学生培养与服务的经验及启示 [J].国家教育行政学院学报，2005，（9）：104-107.

② A. B. Cobban. The Medieval Universities：Their Development and Organization [M].London：Methuen & Co. Ltd，1975：139.

③ Rosemary O'D. Education and Society 1500-1800 the Social Foundations of Education in Early Modern Britain [M]. New York：Longmam，1982：84-85.

院在教学工作领域各司其职、互不干涉，但又互相交织、互相补充。例如，如若学生不被学院录取，那么大学也不能录取。

这种组织结构给予学院强大的自治权和无限的发展空间，在学院制发展中自然而然形成的导师制，也对大学的发展和人才培养起着至关重要的推动和定向作用。学院会根据学生的具体情况为每个本科生分配两个导师，设置课程，使学生能够实现个性化的发展而不是统一的同质发展。为保证学生专注于学习，学院通过寄宿制为学生提供了良好的生活条件和生活环境，使学生能够将注意力集中于学术研究，得到全面的发展，各学院犹如联合王国中的高度自治体，独居一隅，安享自己的学术生活。另外，学院数量的不断增加也在客观上将学院在大学中的地位提升得越来越高，并一步步强化了学院的教育教学中心地位，使唯学术至上的教育理念和为自由而不惜一切努力的大学精神彰显出来，并使其源远流长。

五　学院与大学之间张弛平衡的中和精神

如若将学院作为联合王国中的高度自治体，那么大学则是由这些自治体构成的联合王国。大学与学院之间的关系可以说是隶属与自治的双重制衡关系。虽然每个学院都是剑桥大学的一部分，但是，每个学院各自形成一个独立自治的法人团体，并不由剑桥大学进行整齐划一的管理。各个学院拥有自己的领导机构、章程、财产以及收入，在剑桥大学总章程的约束下，它们可以按照自己的章程来管理学院事务。学院对大学的正式义务只有两条，那就是将学院的财富按比例上交一部分给大学，以及在学院内为大学教授和高级教学人员保留一定的院士名额。[①] 虽然学院是独立的个体，但是，学院的教师以及学生首先是剑桥大学的一员，其次才归属于各个学院，这一点是毋庸置疑的。剑桥大学的学院制在发展中，越来越重视学院与大学之间的沟通与联系，这是追求学术发展的必然趋势。大学给予学院最大的自治权，学院秉承大学以学术为重的教育理念发展，二者密不可分。

---

① 严燕，耿华萍. 学院制在西方大学中的发展脉络以及其共性研究 [J]. 苏州大学学报，2005，(5)：112-115.

从本质上来说，是对教育的热爱之情把学者们集聚在了一起，是共同的目标把他们集聚到了以科学研究和其他教育教学活动为中心的活动场域或学术组织之中，而不是单纯作为单位符号的"剑桥大学"这个名字。大学作为学术共同体只对学生统一进行一小部分教学活动，而学院更加关注学生的个性化发展，这是共性与个性的结合。弗莱克斯纳曾经说过："这样分设的、自主的和独立的各院所不但不可思议地相互交织在一起，而且与由它们所构成的大学也相互交织在一起。当这一切合在一起时，它已超出了学院模式的意义。"① 剑桥大学正是科学而中和地处理了"自治体"与"联合王国"之间的关系，内在暗合了中和精神，才能一直处于世界领先的地位。

第四节　中国教会大学传承的大学精神②

中国教会大学发展历程如果从登州文会馆算起，大约有 60 年，虽然时间并不算长，但是对中国现代高等教育影响深远，尤其是在引入国外优质教育资源和发展大学精神并实现其本土化方面积累了很好的经验。

一　中国教会大学的缘起与发展

一般人会认为，中国最早建立的现代大学是后来改制为北京大学的京师大学堂或者后来更名为天津大学的北洋大学堂，如果继续上溯的话实际上可以将历史拉得更久远，也就是可以追溯到始创于 1864 年、开设大学预科始于 1881 年的登州文会馆；③ 再迟一点就是创办于 1879 年、开设入学课程始于 1892 年的上海圣约翰书院等。④ 从 19 世纪末到 20 世纪初，由西

---

① 〔美〕亚伯拉罕·弗莱克斯纳. 现代大学论——美英德大学研究 [M]. 徐辉，陈晓菲译. 杭州：浙江教育出版社，2001：235.

② 孙刚成，曲歌. 中国教会大学本土化的经验及启示 [J]. 当代教育与文化，2015，(6)：104-108.

③ 百度百科. 登州文会馆 [EB/OL]. https://baike.baidu.com/item/%E7%99%BB%E5%B7%9E%E6%96%87%E4%BC%9A%E9%A6%86/7047601?fr=aladdin.

④ 百度百科. 圣约翰大学 [EB/OL]. https://baike.baidu.com/item/%E5%9C%A3%E7%BA%A6%E7%BF%B0%E5%A4%A7%E5%AD%A6/71477?fr=aladdin.

方教会在中国各地创建的这一批新型的高等教育机构，后来被统一称为中国的教会大学，这些高等教育机构均按照现代大学制度运行，为中国现代高等教育发展注入了新鲜的血液。这些教会大学多数伴随西方列强的外来侵略而来，而且最初都有文化侵略和思想控制意图，但同时，它们也属于最早的在中国本土诞生的现代大学，而且为中国现代高等教育发展带来了较多的积极影响，促进了中国现代大学精神的诞生。

19世纪末，西方列强大肆侵略中国，而且在武装侵略之余，借助以传播基督教教义为基础的教会学校的开设实施了文化侵略。起初的教会学校多为中小学校，当他们感觉中小学校无法满足他们传播宗教思想需要的时候，就开始了在中国创办教会大学的活动。教会大学的办学目的在于借助培养传播宗教的人才扩大西方宗教对中国社会的影响。起初的教会大学多为办得好的书院和教会中学合并改制而成的教会大学，到了20世纪初教会大学开始快速发展，其中主要的教会大学包括上海圣约翰大学、金陵大学、协和医学院、岭南大学、金陵女子大学、燕京大学、北京汇文大学、华西协和大学、文华大学、沪江大学、之江大学、东吴大学、福州协和大学、华南女子文理学院和齐鲁大学等。① 伴随教会大学在中国的快速发展，高等教育的专业性不断增强，教会大学开始由最初的以传教为主逐步转变为以正规的教育为本，这一转变促使众多教会大学成为后来的正规现代大学。到了20世纪20年代，社会上快速兴起了"非基督教"运动和"收回教育权"运动，以这些运动为基础的抗争活动彻底改变了教会大学的组织建构和办学体系，促成了教会大学的中国化与本土化，直接导致了原有教会大学的消失。②

中国教会大学从创办到消失历时约60年，虽然存续时间不长，但是对中国高等教育的影响却十分深远。这些教会大学同时具备了中国和西方教育的双重特色，在很大程度上冲击了中国传统的科举教育，在一定程度上促进了中西方文化的交流，带来了西方先进的办学理念、教育模式、教学方法，为中国现代高等教育的萌芽做出了积极贡献，也为中国现代大学精

---

① 刘海峰，史静寰．高等教育史 [M]．北京：高等教育出版社，2010：145．
② 陈才俊．华人掌校与教会大学的"中国化"[J]．高等教育研究，2008，（7）：97-103．

神的形成奠定了一定的基础。

二 中国教会大学对大学精神的诠释

中国教会大学开办初期主要是照搬或复制西方的现代大学模式，在一定程度上促进了中国现代大学的建设。但是，这种机械照搬的模式很快就出现了水土不服现象，于是，就有了中国教会大学结合中国传统文化对教育进行本土化改造的实践尝试，这一尝试很快获得了成功，之后，本土优秀传统文化和外来优质教育资源与先进办学理念实现融合，促进了大学精神在中国的发展与传承。

（一）国外优质教育资源的引入

教会大学兴起之初，作为西方传教士开办的高等教育机构，多是完全按照西方原有的教育模式办学的。从办学的硬件设施、办学经费和师资力量等方面看，教会大学都拥有相对优越的办学条件和优质的教育资源。它们的办学经费主要来源于国外的教会。也因为经费充足，教会大学能够在硬件设施上给学生提供优越的学习条件。学校建设的校舍和教学楼以及配备的实验设备等，在当时的中国都是十分先进的。而在师资力量方面，早期教会大学的教师主要是西方的传教士，他们不仅要向学生们传授知识和技能，而且客观上为新式教育在中国的发展培养了一大批教师。从洋务学堂到清末新学堂的兴办，大量的师资来源于教会学校培养的学生。[①] 随着教会大学的本土化，学校开始增加中国本土的教职员工，接受中国政府的监督与管理，开始将国外优质的教育资源与中国特色有机结合起来，为更好地培养人才提供了机会。中国教会大学史研究的奠基人章开沅先生曾说："西方传教士来华兴教办学，目的当然是为了'化中国'，亦即是使中国'基督化'，但结果更为明显的却是自身的'中国化'。"[②] 实际上也正是这样的中西合璧，才使教会大学在中国现代大学的发展道路上起到了举足轻重的作用。

---

① 张雪蓉，马渭源. 中国教育十二讲［M］. 重庆：重庆出版社，2008：126.
② 章开沅. 章序［M］//吴梓明. 基督宗教与中国大学教育. 北京：中国社会科学出版社，2003：3.

（二）国外先进教育理念与大学精神的融入

来华兴办教会大学的传教士们在把西方的文化价值观传入中国的同时，带来了他们先进的高等教育理念和较为成熟的大学精神，为中国带来了新学、新知。尤其是他们最初照搬西方办学模式建立的学位课程和学制标准，在中国运行后很快暴露出一些水土不服的弊端，学校随后进行了反思，并对这些机械照搬的办学模式与课程和学制进行了改进，此后，这些学校的教育与中国文化的融合度开始提升，发挥的作用也就开始增大了。

教会大学的传教士们用他们西方自由、民主、平等的思想观念来办学，恰好营造了一种宽松自由和谐的学校氛围和大学精神旨归。与传统的中国高等教育相比，教会大学十分注重将教学、科研以及实践相结合，学校的主要功能则是培养人才和传播文化，符合现代大学的教育理念诉求。在思想观念上，教会大学实行兼容并包、海纳百川的教育原则，任何社会思潮和政治主张都可以生存在学校之中，不管是教师还是学生，都能够畅所欲言，自由地发表言论。虽然教会大学传教的目的很重要，但其并不强迫学生信教，在宗教信仰上给予学生极大的自由。例如，燕京大学校长司徒雷登说过："我所要求的是使燕大继续保持浓厚的基督教气氛和影响，而同时又使它不致成为宣传运动的一部分。不应要求学生去教堂做礼拜，或强求他们参加宗教仪式，不应在学业上优待那些宣誓信教的学生，也不要给那些拒绝信教的人制造学习障碍。它必须是一所真正经得起考验的大学，允许自由地讲授真理，至于信仰或表达信仰的方式纯属个人的事。"① 毕业于金陵女子大学的甘克超曾经回忆道："教会大学尊重学生的自由选择，既不强迫信教也不歧视不信教的学生。尽管教徒学生很多，但自我六十二年前进入学校后，直到今天都不是教徒。"② 在当时半殖民地半封建社会的大环境中，教会大学可以说是一个思想言论相对自由、文化传播相对开放的优良处所。在师生关系上，教会大学也采取了十分开明的态度。师生之间可以平等对话，友爱和谐，打破了传统教育中学生必须完全遵从教

---

① 陈学恂.中国近代教育史教学参考资料（下册）[M].北京：人民教育出版社，1998：194.
② 岱峻.风过华西坝：战时教会五大学纪[M].南京：江苏文艺出版社，2013：168.

师意愿和思想的刻板观念，为新型师生关系的构建打下了良好的基础。倡导学术自由成为教会大学的显著特征和精神诉求，这样就和现代大学精神崇尚的学术自由实现了有机融合。

（三）用先进办学理念弘扬民族文化的大学精神

近代中国兴起的教会大学在传播基督教精神、培养教徒和布道人才的同时，承担了培养高层次人才的教育职能。而其本土化倾向主要表现在办学理念上的中西结合方面，主要是将办学方向由传播教义转变为沟通中西文化、促进中西文化的交流与融合；在课程设置上也开始彰显出中国特色，融入中国传统文化课程；在学术研究领域则开始注重中国思想文化研究。从根本上看，这种办学模式的目标更多地在于用先进办学理念弘扬民族文化而形成大学的核心竞争力。例如，燕京大学比较重视中西文化的交流与融合，强调理论与应用并重，尤其注重研究中国的现实问题，以增强课程设置的先进性和适用性。① 另外，由于当时社会正处于转型期，教会大学的发展与社会发展需求形成了自然而然的契合，恰好满足了国人对西方知识的需求与渴望，促使教会大学中西结合、理论与实践并重，这有助于增强中华民族的凝聚力，使人们能够团结起来，为了中华民族崛起而读书。

教会大学起初十分强调宗教和英文课程，并不重视中文。到了20世纪初，伴随着中国人民的民族意识逐渐觉醒，这种办学方式开始遭到抵制，教会大学开始不断吸收、融合中国传统文化中的内容。在这种演进模式下，教会大学经过本土化实现了蜕变，其以西方先进教育模式为主，同时具有中国传统教育办学特色。同时，无论是教会大学的课程设置还是校园物质与精神文化建设，均体现了中西兼容、注重实际的特点。在现代大学发展中，大学文化是大学的核心竞争力所在，文化性是大学的根本属性，如若失去了大学文化，那么，这所学校也就失去了存在的意义。虽然教会大学是西方国家在中国进行文化宣传的产物，但在中国的土地上要求中国人单纯地学习西方文化并不现实。教会大学正是认清了这一事实，用先进的办学理念弘扬中华民族文化，做到文化开放、自由平等，才在中国高等教育事业发展历程中发挥了重要的作用，彰显了大学精神的本色。

① 刘海峰，史静寰. 高等教育史［M］.北京：高等教育出版社，2010：146.

三 中国教会大学国际化中内蕴的大学精神

高等教育国际化是为了加强国际高等教育的交流与合作，在教育内容、教育方法上适应国际交往和发展的需要，积极向各国开放本国或本校教育市场、资源与机会，并抓住一切机会和机遇充分利用国际教育市场的丰富教育资源，促进国内外高等教育资源的融合发展。当今世界，高等教育国际化是全球高等教育走向现代化的必然选择，也是现代大学的重要特征之一，而对作为高等教育国际化基本内核的开放与包容，以及其和本土文化结合走向文化繁荣的根本诉求也是大学精神的诉求之一。

高等教育国际化意味着要吸取各国教育模式与办学理念等方面的优秀经验，抽取合规律性的部分，做到取别人之长补自己所短，并通过与国外的大学互派学者访问、交换留学生、合作研究等方式进行学术交流与合作。但是，高等教育国际化并不是国外办学模式的复制或机械移植。中国教会大学的发展历史已证明，简单复制别国办学模式是行不通的。在推进高等教育国际化的过程中，不能盲目地模仿国外的办学模式，不能说美国、英国的高等教育办得好，就把它们的方法完全照搬过来。另外，用西方的教育观念来衡量中国传统文化背景下的教育发展水平，并不能很好地促进中国教育发展。只有一切从实际出发，结合中国的国情，依托中华民族的传统文化优势，立足中国教育背景和学校的实际情况，将国外的先进成果与中国实际有机地融合在一起，才能使国外先进成果更好地为国内大学所用，起到事半功倍的效果。

（一）开放和包容的大学精神是高等教育国际化的核心

每个国家的国情不同，所拥有的文化与教育也是不同的，只有不同的文化碰撞在一起，才会不断地创造出新的事物，教育也是如此。美国作为一个并没有多少历史积淀的国家，能够在文化界、教育界屹立在世界之林的顶层，其秘诀就在于其开放、包容、多元而充满活力的社会特性。正如中国春秋战国时期因为充分彰显开放包容的胸襟而成就的百家争鸣一样，高等教育国际化的核心正是作为大学精神内涵之一的开放与包容。开放包容的气度、博采众长的格局也是中国教会大学获得良好发展、培养出众多人才的关键。要从思想观念、多元文化等方面循序渐进地促进教育的国际化。大学只有以促进民族优秀文化传播为宗旨，创设多元共生的校园文化，促进师生对世界各国文化的认同理解和包容，只有吸纳来自不同国家、不同地域的人才，结合本国的地域特色让他们实现有机融合，才能真正使不同文化产生共鸣。可以说，开放与包容是符合大学精神内涵的现代国际教育的两大主题，在高等教育国际化的道路上，只有坚持这一原则，才可能建成世界性的一流大学。

（二）弘扬优秀民族文化是大学精神和高等教育国际化的共同追求

无论教育国际化的道路走得有多远，其最终归宿一定是符合大学精神诉求的优秀民族文化的最大限度发展，而且通常民族特色最鲜明的文化恰恰是对世界吸引力最大的文化成分。借鉴国外的经验很重要，但是，只有结合本国教育的现状和本国学生的特点以及社会的需求不断进行创新，以发展本国教育文化为落脚点，以弘扬传统文化并做到与时俱进为突破口，才可能实现民族文化的腾飞。

首先，高等教育国际化要完成促进民族文化腾飞的历史使命，要通过借鉴西方高等教育的经验，改变本民族的高等教育传统劣势，生成新的更高级形态的民族化高等教育。19 世纪末，教会大学发展初期，中国提出了"中体西用"的政策，当时教会大学完全照搬西方教育模式，并未得到很好的发展。直至 20 世纪初，教会大学本土化之后，其发展才越来越好。由此可见，在借鉴学习他国教育模式、教育制度的过程中，要认真考虑怎样能使其与民族文化传统更好地适应与融合。其次，民族化只有不断开放，不断接受国际化的洗礼，才能始终充满生机与活力；国际化只有与民族化结合，取得民族化的形式，才能合法生存并内化于民族化之中，从而在根本上促进民族文化向更高层次发展。[①] 所以，中国在今后高等教育国际化的进程中，始终要坚持以本民族文化的繁荣发展和不断创新为根本。

中国的教会大学在竞争中不断进步，在中西结合的道路上取长补短，建立起重视教学质量，严抓学校管理，注重知识与实际相结合、强调知识

---

① 栾凤池．国际化与民族化在高等教育发展中的不平衡性之反思 ［J］．山东师范大学学报，2008，（5）：41-44.

的社会应用的办学模式，有其自身独特的办学思路和实践经验，尤其是在人才培养和学科发展、科研建设等领域取得了傲人的成绩，为中国高等教育国际化提供了可借鉴的经验以及宝贵的资源，为中国现代大学精神的发展注入了新鲜血液。在世界高等教育国际化和现代化的发展进程中，在世界高等教育竞争加剧的背景下，中国高等教育更应该站在中华文化传统优势的基础之上，合理借鉴已有先进经验，创造后起但厚积薄发的奇迹，实现中国传统大学精神与现代大学精神的有机融合。

第五节　西南联合大学现象中彰显的大学精神[①]

在战争时期，总会涌现出许多不同凡响的人或事，此时的教育不仅发挥着特殊的作用，还可能创造奇迹。因为战争而产生、在战争中发展起来的西南联合大学就是一个中外教育史上的奇迹。抗日战争全面爆发后，国立北京大学、清华大学和私立南开大学被迫南迁，迁徙过程中，先以国立长沙临时大学的名义在长沙组建联合大学；一学期以后，由于战争不断向南推进，学校被迫继续向西南迁徙直至昆明，遂改称为国立西南联合大学，简称西南联大。西南联合大学（从其前身长沙临大算起）成立于1937年8月，于1946年7月宣告停止办学，存续8年有余。办学期间，学校继承和发扬了原来三所学校大度包容的精神、思想自由的精神、为国为民的牺牲精神等，[②] 整合原有资源，全校设立共计5个学院26个学系，并有两个专修科（电讯和师范）和一个先修班。到1946年联大停办为止，先后在联大执教的教授有290多人，副教授有48人。[③] 前后在校学生总计达8000人，正式毕业的本科生、专科生和研究生共3882人。[④]

恰恰是这样一所临时组建的"短命"大学，创造出了大师云集、人才

① 孙刚成，曲歌．西南联大何以成为中国大学之巅［J］．现代教育论丛，2015，（3）：31-34.

② 杨东平．大学精神［M］．上海：文汇出版社，2003：13-15.

③ 西南联合大学北京校友会校史编辑委员会．国立西南联合大学校史资料［M］．北京：北京大学出版社；昆明：云南人民出版社，1986：77-132.

④ 西南联合大学北京校友会．国立西南联合大学校史［M］．北京：北京大学出版社，2006：前言．

辈出的世界一流大学教育典范,维系起了中华民族的文化血脉。在短短 8 年多的办学过程中,西南联合大学为中国培养出许许多多一流的人才,其中包括诺贝尔奖获得者李政道和杨振宁,8 位为两弹一星做出杰出贡献的专家,此外,众多中国科学院院士和中国工程院院士等优秀高层次人才皆在西南联大生活或学习过。在 1948 年中央研究院公布的 81 名院士中,有 27 名(占当批院士总数的 1/3)专家曾经在西南联大学习或工作过;[①] 1955 年中国科学院公布的 470 名学部委员(院士)中西南联大的师生再次占到了 118 名和总人数的 25.1%。[②] 世界著名科学史学家李约瑟就称赞西南联大可与牛津、剑桥、哈佛相媲美。[③] 美国弗吉尼亚大学教授约翰·依色雷尔也说:"西南联大是中国历史上最有意思的一所大学。在最艰苦的条件下,保存了最好的教育方式,培养了最优秀的人才。其最值得人们研究。"[④] 细品西南联大的发展历程,人们不难发现其中闪耀着大学精神的光芒,也正是在大学精神的引领下,西南联大形成了鲜明的办学特色,散发出了独特的大学魅力。

一 三校融合辐辏而成的和而不同精神

历史上,冠以"联合大学"之名的学校甚多,但是,这些学校大多是"联而不合",很快就成为"乌合之众"或者一哄而散了。"只有由北大、清华和南开三校组合而成的西南联合大学,能够维持长达八年多之久,并且在这八年多时间里奠定了长期合作的基础。"[⑤] 所以说,西南联大三校的融合是内在学术精神取向的统一协调,也是兼容并包之下个性不变的多元碰撞与和谐共生。

西南联大虽说以"联合大学"为名,但它既不是"联合王国"式学校,也不属于"合并办学"。总的来说,联大虽然在教师招聘、设置办事处等方面有着三校各自独立的成分,但在院系设置、办学经费、文凭、聘

---

① 西南联合大学北京校友会.国立西南联合大学校史 [M].北京:北京大学出版社,2006:前言.

② 杨立德.西南联大的斯芬克司之谜 [M].昆明:云南人民出版社,2005:2.

③ 竺可桢.竺可桢日记(第二册)(1943—1949)[M].北京:人民出版社,1984:807.

④ 王荣德.西南联大培养杰出人才的成功经验 [J].高等工程教育研究,2001,(3):70-72.

⑤ 特约记者.西南联大·任务完成·化整为零 [J].观察,1946,(6):17-18.

书发放等方面实现了明显的合并。郑天挺先生回忆说："联大成立后，三校不再单独招生。三校学生均为联大学生，联大学生均为三校校友。三校学生学号仍旧，但按校名分别加 P、T、N 字于前，以避免重复。联大学生用 A 字。但四种符号对内外全无差别。"① 这较为全面地体现了联大的联合与兼容。

从联合办学的角度来讲，西南联大的成功之处正在于融合了三校原有的大学精神、优良传统、优秀制度和优越资源，并形成了自己的特色。北京大学一直贯彻"思想自由，兼容并包"的办学精神，学术自由的氛围使得学者受到充分的尊重，学生们也可以相对自由地进行学习；清华大学则受到欧美"自由教育"思想的影响，提倡"通才教育"，主张全面加强教育基础②；而作为三所大学中唯一一所私立学校的南开大学，以人员精干、工作效率高为特色，并提倡勤俭治学③。可以说北京大学是"自由"的，清华大学是"民主"的，南开大学是"活泼"的，而这三校还有一个共同的特点，就是都具有光荣的革命传统。另外，蔡元培、蒋梦麟、梅贻琦和张伯苓这几位校长在教育上的看法都具有很多的相通之处，他们都提倡"通才教育""民主管理""教授治校"等治校理念。西南联大正是以此为基础，在追求自由、民主、科学的过程中，对三校原有的优良传统进行了内在的融汇与升华，形成了以"精神独立，学术自由，以人为本，兼容并包"为核心价值的大学精神。④ 正如西南联大纪念碑上所写的，"三校有不同之历史，各异之学风，八年之久，合作无间，同无妨异，异不害同，五色交辉，相得益彰，八音合奏，终和且平"⑤。一所一流大学的核心是它的精神内涵，可以说，西南联大的办学理念的核心就是"兼容并包"，只有坚守正确的教育理念，在此基础上不断推陈出新，才能经受起时间的考

---

① 冯友兰等．联大教授［M］．北京：新星出版社，2010：1-2．
② 西南联合大学北京校友会．国立西南联合大学校史［M］．北京：北京大学出版社，2006：6．
③ 西南联合大学北京校友会．国立西南联合大学校史［M］．北京：北京大学出版社，2006：8．
④ 江渝．"教授治校"制度与西南联大校园民主文化的形成［J］．中华文化论坛，2010，(3)：76-81．
⑤ 西南联合大学北京校友会．国立西南联合大学校史［M］．北京：北京大学出版社，2006：73．

验，培养出一流的人才，凝聚出强大的精神。

二 学院制模式下的大学精神诠释

在世界教育上处于领先地位的牛津、剑桥大学以学院制闻名中外。学院制能够最大限度地推动教师与学生形成以学术为重的学风，培养出众多优秀的人才。西南联大虽然没有能够创造学院制的奇迹，但是，由客观条件限制导致的学生和教师相邻或在同一建筑内住宿，以及不同专业学生混住的客观现实，不经意间创造了一种原生态的学院制氛围。

西南联大形成于抗日战争时期，不论是对于教师还是对于学生而言，教学条件、生活条件都十分艰苦。联大在西迁进入昆明后，经费奇缺，办学硬件设备十分缺乏，校舍多是借用或租用当地的房屋临时设置而成，摆上一些桌椅就是教室。住宿的地方更是十分简陋，多数宿舍没有床，就用纸箱拼凑作为睡榻，箱子同时作为书柜和衣柜使用，既加固了床铺，又节省了空间。因为房间数量极其有限，学校无法做到按专业或其他划分方式来统一分配住宿，往往是不同专业不同文化背景的学生学习和生活在一起。教师住所经常紧邻学生宿舍区，甚至会安排很多教师和学生住在同一栋建筑里面。这种简陋条件限制下无奈的安排，恰恰为师生交流、生生交流或集体讨论等自由的学术碰撞活动创造了条件。除了上课时间的交流，师生之间还可以在课余随时随处进行交谈或讨论问题，可以说教师与学生同吃同住，师生教学与生活混为一体。正是这种由于条件限制而出现的无心插柳柳成荫的状况，使师生无论在课中还是课余，时时处处皆有交流讨论、激辩学术的机会，而且耳濡目染的潜在影响实现了最大化。教师之间、学生之间、师生之间，不论年资和地位，可以说谁也不怕谁。教师与学生相处，亲如朋友，经常促膝而坐，在一起平等学习交流，讨论新材料、新问题。同学之间的竞争一般也光明正大，不伤感情，而且往往共同讨论问题，以增进对彼此所从事科学研究的了解，天然形成原生态的学院制。

另外，联大的教授学者大多都是北大、清华、南开三校的著名教授，很多人具有留学经历，具有文理兼修、学贯中西、博古通今的特点，学术造诣很高。早期联大的学生多为北大、清华、南开的肄业生，之后的学生也因为竞争激烈而属于非常优秀的学生，整体学生素质较高，学生的质量在全国范围内名列前茅。此外，联大实行"教授治校"的管理方式，充分发扬了学术民主。这样的优秀师生置身于这种师生融洽共处、唯学术至上的氛围之中，自然就使西南联大成为学术自由激辩和新观点竞相争鸣的乐土，而拥有坚定学术追求的师生们也相应找到了自己的精神归宿。

一流大学是知识传承的地方，更是学术人才养成和知识创新的地方，必须以学术为本。西南联大正是本着这样的理念，将不同研究领域、不同文化背景的教师与学生为了促进其不断争论和创新学术而聚集在一起，实现了学术发展。西南联大就这样不经意地营造出了一种高度自由与充满碰撞机会的良好学术氛围，教师与学生的智慧与思想不断发生美丽的碰撞，实现无边界的融合，激发出无限的实践与探索灵感。这种原生态的学院制达到了通过合作、合并，实现理工交叉、文理渗透、多学科并举、中西文化合璧的效果，同时也是高水平大学的基本格局。① 好的学术氛围的特点是，不管是教师还是学生，一进学校就能在这种氛围的影响下自觉地进行学术研究，西南联大很好地诠释了这一定律，它为学术发展营造了优良宽松的环境，很好地保证了学术研究的自由和思想驰骋的自由，很好地彰显了大学精神的魅力。

三　远离中央政府控制的高度自由与自治

西南联大偏居祖国西南边陲，当时既无战争困扰，又属"天高皇帝远"的政府过问偏少的贫困落后地区，中央政府对西南联大的办学自主权干预甚少；更值得庆幸的是，时任云南地方长官龙云极其支持与关照西南联大的发展，所以，西南联大既有相对宽松的外部环境，又有很好的地方政策和一定的物质支持，为其高度自由与自治的学术环境营造赢得了得天独厚的保障，从这一角度看，真可谓占尽天时、地利、人和。②

从内部来看，蒋梦麟、梅贻琦、张伯苓三位校长最为突出的办学理念

---

① 罗能勤，朱继洲. 西南联大的办学经验对创建高水平大学的借鉴意义［J］. 江苏高教，2002，（5）：111-114.

② 文胜利. 从西南联大的办学经验看我国的一流大学建设［J］. 现代大学教育，2006，（5）：95-111.

就是对高度的学术自由与自治的追求和践行。在他们看来，自由主要指的是学术自由，主要包括教师聘任的自由、教师选择教学内容和方法的自由，以及学校招生的自由；微观层面主要表现为学生学什么、怎样学的自由，教师教什么、怎样教的自由。梅贻琦在办学方面始终坚持蔡元培先生倡导的"兼容并包之态度，克尽学术自由之使命"①。学术思想的活力在于交流，在于学术论争，在于不同学术思想的碰撞，这是学术进步的基本保障和核心需要。联大充分继承和发扬了三校的学术民主精神，充分创造了自由的学术氛围，使得教师和学生能够真正为了学术而做学问，并因此产生了许多新思想，创造出许多新的科技发明等。

作为大学，拥有一定的自治权对其良性发展有着至关重要的作用。梅贻琦先生曾说过："所谓大学者，非谓有'大楼'也，有'大师'之谓也。"② 西南联大在坚持学术自由的基础上，继承和发扬了三校的优良传统，在联合办学的过程中全面推行以"教授治校"为核心的民主管理制度，形成了特有的常务委员会、校务委员会和教授会制度。因为教授们自己在研究学术、追求学术，知道如何做才真正对学术发展有利，他们制定的规章制度可以说是最有利于促进学术发展及学校学术地位提高的，也更容易获得利益相关者认同。这一制度最大的好处就在于它具有科学性、民主性和灵活性，给予了大学无限的发展空间。周培源先生曾经说过："学校是一个搞学问的场所，而学术活动的特色乃是它的独创和革新、它的追求真理的大无畏精神和尊重实际的科学态度。"③ 联大的"大师"并不是"评比"出来的，也不是按照学历、职称来聘用的，而是依据学术水平得到认可的、根据其能力而"聘用"的。在这种平等、民主、和谐、无私利驱动的环境下，西南联大真正把教师招聘、招生等方面的自治权力用得恰到好处。教师和学生能够根据自己的研究兴趣和特长进行教与学的活动，能够最大限度地发挥其优势，提高学习效果；同时，学生也能够实现个性化的发展而不是统一的整齐划一式发展。在西南联大，自由研究、自由讨

---

① 梅贻琦.教授的责任［M］//刘述礼,黄延复.梅贻琦教育论著选.北京：人民教育出版社，1993：132.
② 高平叔.蔡元培教育论著选［M］.北京：人民教育出版社，1991：18.
③ 杨立德.西南联大的斯芬克司之谜［M］.昆明：云南人民出版社，2005：278.

论是教育的主要方法，尊重个性、尊重人格是教育的主要目标，这里没有强迫，只有循循善诱；没有盲从，只有坚定的信仰。

四　大学精神栖居的学术"桃花源"

西南联大在昆明偏居一隅，远离战争，远离国家的干预，这种良好的外部环境很好地保障了它的学术自由与自治。在这种外部环境和学术自由与自治制度联合构建的良好氛围中，西南联大的教师与学生能够静心研讨纯粹的学术，陶养智慧人格，在"桃花源"中静心读书。这也是西南联大成功的重要原因之一。西南联大的师生充满爱国热情，具有强烈的革命精神。他们把追求国家富强当作自己的理想，把实现民族的整体复兴看作个人幸福的基础，把形成科学理性的思维方式当作完善自我的目标。这种特有的追求被张曼菱总结为一种情结，即"他们'万里长征，辞却五朝宫阙'，含着深重的国恨家仇，为国教书和读书于昆明"的南渡情结①；同时，"联大知识分子群体形成了视学术创造为安身立命的重要方式，忧患世事的人间情怀，自由洒脱、达观智行的文化气质"②。留在西南联大读书学习的师生是纯粹为了做学问、追求学术而从事科学研究的，他们已经拥有了坚定的学术信念或信仰。

联大的教师集教学与科研于一身，学术造诣深，同时具有强烈的责任心与敬业精神。比如说联大的教授周培源等，由于空袭的原因居住在郊区，离学校很远。但是，他们为了帮助同学们提高学习效果，不辞劳苦，进行数小时的辛苦跋涉，将3学分的课程坚持按每周3次进行分解授课，坚决不采用每周一次连续三小时的集中授课方式，受到同学们的爱戴。又如外文系的教授吴宓，反对照本宣科，在讲课时，经常将自己全身心融入作品之中，营造出极富感染力的氛围。这样的教师在联大比比皆是。联大的教师本着对学术负责的态度，虽已名扬天下，却从不满足于现状，而是精益求精，不断完善自己的学术体系。联大教师严谨治学的态度也深深地感染了联大的学子，他们多数是靠着自己坚强的毅力和不懈的拼搏获得继

---

① 韩小蕙. 读人记［M］. 北京：文化艺术出版社，2001：279.
② 刘晓林. 动荡与困厄中的精神守望——西南联大知识分子文化性格论［J］. 延安大学学报（社会科学版），2004，（3）：52-57.

续求学机会的，为珍惜这种来之不易的机会，他们抓紧一切时间进行科学研究，非常认真刻苦。由于战争的原因，不可能获得安静舒适的学习环境，但是学生们都十分自律，尽量将宿舍变成安静的自习室，有的学生也会去茶馆读书。他们从自己的教师身上看到了学术本身和学术自由独立的重要性，从而愿意把自己的一生都奉献给学术研究事业，用自己的实际行动为学术研究添砖加瓦。

总之，作为战时联合大学的典范，西南联大拥有实力雄厚的师资队伍，聚合了众多著名的大师级人物以及跻身世界学术前沿的青年学者，经历了战火的磨砺和层层严格的考验，培养了一大批优秀的人才。西南联大的历史只有短暂的 8 年多，但是，它却永远地屹立在中国大学之巅，在中国教育史上写下了光辉的一页，传承了不灭的大学精神。

第六节　延安时期的高等教育对大学精神的遵循

延安时期是指从 1935 年 10 月 19 日中央红军到达陕北吴起镇，到 1948 年 3 月 23 日毛泽东、周恩来等人在吴堡东渡黄河、离开陕北迎接胜利曙光的 13 年时间。在此艰难时期，中国共产党历经艰苦卓绝的岁月，形成了优良的作风和先进的革命理念，并且在高等教育办学实践中形成了一系列新民主主义的教育理念和方针，使得延安时期的高等教育事业实现了史无前例的发展，为革命和根据地的建设奠定了坚实的基础，更为今天高等教育的改革与发展提供了思路和途径。综观这一时期共产党在科学社会主义与共产主义思想引领下创办高等教育的成功经验，不难发现当时高等教育办学中对大学精神的遵循、继承和发扬。

一　坚持理论与实践相结合的教育原则

理论与实践相结合，是中国共产党的一项优良传统，也是解放区高等教育办学的基本原则和对大学精神的遵循。抗战初期，边区高等教育学校在践行理论联系实际的教育原则中普遍表现突出，而且收效很大，然而，在此后的一段时间内，出现了理论脱离实际的偏差，随后整风运动纠正了干部教育中存在的教条主义倾向，使得这一原则的践行又取得新的进步。[①]
1941 年 12 月，为切实贯彻落实理论联系实际在高等教育学校中的应用，
中共中央出台了《关于延安干部学校的决定》，这一决定指出："学校当局
及教员必须全力注意使学生由领会马列主义实质到把这种实质具体地应用于
中国环境的学习。"随后，解放区的各个高等学校都谨遵党中央和毛泽东的
指示，认真贯彻并运用了理论联系实践的办学原则。在具体操作方面，延安
时期中国共产党创办的大量高校很好地诠释了理论与实践相结合的教育原
则，丰富了坚持理论与实践相统一、学用一致、学以致用的大学精神。

中国人民抗日军事政治大学特别强调要使理论灵活地融入实际中，做
到"原则化，通俗化，具体化，中国化"[②]。在讲授时，要求"每一抽象的
概念的说明，都必须证之以具体的例证，每一具体经验的讲述，应当引导
向一定的原则"；在讲述任何革命理论时，"都必须特别注意到与当前中国
革命运动相联系，以及与学生所切身经验过或者所能体贴到的许多实际工
作实际斗争相联系"。[③]

延安自然科学院更是把培养目标确定为"理论与实践统一的人才，一
方面是技术的专家，另一方面又是革命的通才"[④]，在具体办学问题上，自
然科学院的领导和教师们一致讨论提出了将理论与实际相结合、学以致
用、一切从实际出发、理论与实践不可偏颇、近期和远期兼顾的教育方
针。[⑤] 在理论联系实际的教育原则指导下，延安自然科学院的地矿专业更
是把教学直接放在了地质考察实践之中进行。地矿系地质专家武衡和地矿
系师生先后进行了三次边区地矿的考察性教学活动，在师生的学用结合活
动中提升了学员的综合实践能力和科学素养。1941 年 9 月 17 日至 10 月 9
日进行了第一次考察，对延川、延长、安定等县的地质构造、矿产分布、

① 刘宪曾，刘端棻.陕甘宁边区教育史 [M].西安：陕西人民出版社，1994：180.
② 《抗大动态》动员社集体创作.抗大的教育方法 [G]∥中国延安干部学院编.延安时期资
料选编（干部教育卷）（试用本）.延安：中国延安干部学院，2010：235.
③ 罗瑞卿.抗大工作的检查总结与今后方针 [J].八路军军政杂志，1939，（5）.
④ 曹青阳，陈泽伦.培养革命科技干部的摇篮——延安自然科学院 [G]∥北京工业学院高
等教育研究室.延安自然科学院史料（第 2 辑）.北京：北京工业学院，1985：80.
⑤ 罗迅.延安自然科学院创建过程 [G]∥北京工业学院高等教育研究室.延安自然科学院
史料（第 2 辑）.北京：北京工业学院，1985：47.

储量等进行了初步的考察，在矿产方面尤其注重石油、煤、铁三方面，针对这三者进行了大量的分析与考察，并经考察决定将开采石油的工作重点放在延长和永坪地区。[①] 1941 年 11 月 28 日至 1942 年 2 月 7 日，延安自然科学院的师生们进行了第二次考察，由武衡、汪鹏、莫汉三同志组成考察团，在关中一带考察煤田、铁矿以及其他炼铁原料，历经 70 天，行程 1000 余公里，采集了大量岩石、矿物和古生物化石标本，经考察发现衣食村的煤厚而易采，是个良好的燃料基地。武衡据此编写了《关中分区的地质及矿产》考察报告，对考察地域的地理状况、地质历史、地质构造、矿产资源做了较为详细的论述，实现了教学内容的生活化，增强了教学的实践性与挑战性，同时对边区经济产生了重要影响。[②] 整风运动中，改进了教学方针，使理论学习与生产实践进一步结合。1942 年秋，地矿系师生进行了第三次考察，对桥儿沟煤矿进行了深入考察与研究，获取了该矿的地质情况，取得了需要的各种数据；然后，到四十里铺收集钻探资料，弄清了地层情况；接着进行了桥儿沟与四十里铺间的大地测量，观测地形走向，绘制该地区的地形地质图，计算出地层的倾斜度和两矿的距离，为该区域煤矿的开发提供了理论依据。[③] 西北铁厂也是在其考察活动中建立的，该厂的建立对中国的发展有着卓越的贡献。把这些教学放在实践中，不仅提升了教学能力，还将学与用进行了有机结合，实现了理论与实践相结合的办学理念，彰显了学用结合、学以致用的大学精神。[④]

陕北公学为着理论与实际的一致，把校内的教学与校外的实践联系起来，把课堂教学与实际生活联系起来，把个人学习与集体学习联系起来，后来其演变而成的延安大学继承了这一优良传统。[⑤] 当时的延安大学也于 1944 年 6 月制定了教育方针，明确提出 本校教育方针的基本精神是理论

① 江家宝.陕甘宁边区地质工作开展概况 [G] // 北京工业学院高等教育研究室.延安自然科学院史料（第 2 辑）北京：北京工业学院，1985：190.
② 江家宝.陕甘宁边区地质工作开展概况 [G] // 北京工业学院高等教育研究室.延安自然科学院史料（第 2 辑）.北京：北京工业学院，1985：191.
③ 罗迅.延安自然科学院创建过程 [G] // 北京工业学院高等教育研究室.延安自然科学院史料（第 2 辑）.北京：北京工业学院，1985：54.
④ 孙刚成，贺列列.坚持用理论与实践相结合的原则培养高水平科技人才——延安自然科学院办学特色解读 [J].延安大学学报（社会科学版），2018，(5)：46-51.
⑤ 刘宪曾，刘端棻.陕甘宁边区教育史 [M].西安：陕西人民出版社，1994：180.

与实践的统一、学与用的一致"。此外，延安大学还特地运用多种方法，开辟多种途径，来促进理论与实际的结合、学与用的一致。具体做法如下。第一，与边区有关实际工作部门建立一定的组织上或工作上的联系，聘请各有关实际工作部门的负责人直接参加该校相关院系教育工作的领导。第二，特邀一部分既有理论又有实践经验的同志任兼职教员。第三，将边区建设的方针政策和经验总结作为教学的重要内容，技术课以适应边区建设的当时需求为度，让学员们既能学到理论知识，又能知晓实际状况。① 第四，修业期间的学员们将会被定期派到工厂、机关、农村、部队之中进行各种实习或做社会调查。学校规定实习占整个学习时间的 40%。通过建立实习基地、参加边区实际工作部门的技术工作以及把技术课和群众工作结合起来，推动实践教学的发展，也成为延安大学教育的基本特点之一。②

仅从中国人民抗日军事政治大学、延安自然科学院、陕北公学以及延安大学的办学过程中便可以看出，延安时期的高等教育十分重视在教学中实行理论与实际相结合的原则。正是因为这样，当时的高等学校才培养出了一大批适应革命和建设实际需求且富有工作能力的优秀人才。

二 坚持以学生为中心的办学取向

延安时期中国共产党创办的众多大学普遍注重发扬民主精神，处处以学生为中心。第一，在制定教育计划时，他们采取从群众中来、到群众中去的办法，先通过召开调查会以及个别访问等方式，广泛征求学员的意见，然后拟定草案，再让学员讨论，经过修正补充，使得最后的计划成为全体学员们自己的计划。第二，在教学过程中，提倡自由辩论、质疑问难，允许学员对教员教授提出意见，以便改进教学工作。教师讲课时，遵照学校的要求深入浅出、循序渐进，力求让学生在课堂上就可以理解消化相关知识。下课后，教师仍在学员间生活娱乐，学员可以随时提出问题请教员解答，教员也总是耐心解释，完全合乎师生平等的学术自由取向。第

① 曲士培. 抗日战争时期解放区高等教育［M］.北京：北京大学出版社，2005：127.
② 延安大学教育处. 延安大学概况［M］.延安：延安大学，1944.

三，在学生管理上，学校提倡自学自治的精神和自觉的纪律。学校成立同学会，代表全体学员参加校务会议及有关的会议，并参加校外的各种社会活动。班长和组长都由同学会民主选出，多数班长由同学会分会委员兼任。同学会以发扬团结友爱精神、活跃思想与生活、增强自治能力、密切与群众联系、积极配合学校完成学习和生产任务为目的。其工作的范围包括墙报制作、生产合作、伙食卫生、文化娱乐、互动等。① 第四，在生活中，学校坚持做到关心爱护同学。据载，有一次，延安大学的李敷仁校长得知有新同学缺少被褥，便亲自到洛川专署交涉，调拨一批旧大衣解决御寒问题。学生们的棉衣不够，他又亲自写报告，请求边区政府予以解决。此外，当学生与学校发生矛盾时，学校也总是从爱护、教育和包容学生的角度出发，首先检查自己的工作失误，采取疏导教育的方法解决矛盾。② 以上的种种情况表明，以学生为中心的办学取向在延安时期的高校中得到了充分体现，各校均将学生利益作为一切工作的出发点，这既符合大学精神取向，又在细微之处和艰苦的环境下淳朴地发展了大学精神。

三 重视美好而崇高的理想塑造

延安时期的高等教育培养出的学生群体，是一个饱经艰苦环境磨炼，有远大革命理想，有明确的学习目的，有较强自治能力，有组织能力，有才华和才干，而且特别能吃苦耐劳的学生群体。对崇高理想的塑造是一种伟大的力量，也是延安时期高等教育的丰硕成果之一，更是延安时期宝贵的教育经验中不可缺少的一个重要的组成部分。③

根据 1944 年 6 月的统计数据，当时延安大学的学生来源比较复杂。从地域上看，他们来自全国 26 个省区，而且来自各省解放区的只占少数；从家庭出身看，真正属于无产阶级范畴（包括工人、雇农、贫农等）的只占学生总数的 15% 左右；从宗教信仰看，学生信仰的有天主教、伊斯兰教、新教、佛教等；从个人出身看，他们中间有工人、农民、学徒、职员、学生、教员、军人、商人以及自由职员等十几种不同身份的人。受不同地

---

① 《延安大学史》编委会. 延安大学史 [M].北京：人民出版社，2008：169.
② 《延安大学史》编委会. 延安大学史 [M].北京：人民出版社，2008：231.
③ 韩作黎，欧阳代娜. 延安教育研究 [M].郑州：文心出版社，2003：469.

域、不同社会阶层、不同职业、不同生活环境的影响，他们奔赴延安求学的思想动机也各不相同，他们普遍轻视组织生活，不愿受严格纪律的约束。将这样一批人聚在一起进行学习，并且要把他们统一在一个革命纲领下，执行一条基本方针，其难度相当大。但是，这些青年有一个共同的革命理想和愿望，就是不当亡国奴，不愿屈服于日本帝国主义的侵略和国民党的黑暗统治，追求真理，要求民主、自由和民族的解放与独立，为振兴祖国而奔赴革命根据地延安。因此，延安大学从思想政治教育入手，从转变学员意识的角度出发，将革命理论知识和新民主主义建设的思想教育，中国革命的历史和现状的教育，世界观、人生观、思想方法的教育等作为基本的教育方针。[1] 这样学校不仅要向学生传授知识，同时还要培养学生树立美好而崇高的理想。为了实现这个意识形态方面的宏伟目标，学校开设了很多政治理论课，如"中国革命问题""革命文选""时事教育"等。通过这方面的学习引导，学员逐步建立了革命的人生观和正确的思想方法。据悉，当时学校做出明确规定，要求"在政治学习上，必须保证共同必修课的报告与阅读最低限度的参考资料"，同时对行政干部与合作社社员也提出要求，要求他们每天学习两小时。[2] 除了政治理论的学习外，平时生活中政治气息也非常浓，在这样的环境下，人们的意志自然而然地得到了磨炼，政治情操也得到了相应的陶冶，长此以往便形成了"艰苦奋斗、自强不息、扎根老区、乐于奉献"的延安大学精神，而这些也成了光荣的延安精神的有机组成部分和新时代大学精神的有益补充。

四　艰苦奋斗的严谨治学精神[3]

在艰苦奋斗的严谨治学精神发展方面，中国人民抗日军事政治大学做出了表率，该校继承了中国共产党艰苦奋斗、百折不挠的革命精神，其之所以能够在极其恶劣的物质基础上取得非常大的教育成就，是因为它的师生们有着钢铁般的信念和顽强的精神，正如毛泽东曾经告诫中国人民抗日

---

①　《延安大学史》编委会．延安大学史［M］．北京：人民出版社，2008：163.

②　延安大学．延安大学教育方针草案与本年度教育计划［G］//延安大学校史资料汇编,1944.

③　孙刚成，闫艺馨．中国人民抗日军事政治大学办学特点、经验及启示［J］.教育与教学研究，2018，(10)：1-11、123.

军事政治大学的教职员与学员们的话："我们这里要教员，没有；要房子，没有；要教材，没有；要经费，没有。怎么办？就是要我们艰苦奋斗。"①也正是在全体教职员和学员的艰苦奋斗中，中国共产党人的崇高品质得到了彰显，中国人民抗日军事政治大学取得了非凡成绩。

（一）在克服简陋的校舍环境带来的困难中凸显艰苦奋斗的精神

中国人民抗日军事政治大学坐落在陕北蜿蜒起伏的大山之下，环顾四周，也只有破烂庙宇，这成为横亘在学校面前的一个巨大的困难，阻碍着师生们的正常学习和生活，校舍问题成为当时办学必须要面对的迫切而棘手的问题。因此，中国人民抗日军事政治大学涌现出了一股不可遏制的力量，干部学员们像挖战壕那样，用他们的热忱，脱下军帽、卷起衣袖、打着赤脚，把肮脏的马厩和破烂的庙宇整理成干净整洁的校舍和便于学习的自习室，他们用自己的劳动毅力创造出焕然一新的讲堂，再次证明了"劳动者可以创造世界"。当固有的校舍根本不能满足他们求学若渴的心时，他们凭借克服一切困难的毅力和艰苦奋斗的传统，决定用 15 天的时间，建成 150 孔窑洞。当时正值日寇摧毁国土、轰炸同胞的危急时刻，但是，这种危险环境并不能阻挡师生们对拥有校舍的执着追求，建设新校舍的热潮席卷学校的每一个角落和每一个学员，从留学生、大学教授，到小勤务员、老炊事员，他们每一个人都不屈不挠地挖土、推车、和泥，进行着忘我的劳动。在这样不辞劳苦、勇往直前的拼搏下，他们的建设计划全部完成，有些甚至提前完成。在新校舍完成后，中共中央为中国人民抗日军事政治大学送上了写有"伟大事业"四个字的横匾，抗大所有成员就是在这样条件艰苦的环境中齐心协力地组织他们的教育活动，从而培育出了一个又一个不怕苦难、勇于奋斗的战士的。②

（二）以改善紧张的经济条件彰显勤俭节约的中华美德

"抗大在毛泽东先生，林彪将军，罗瑞卿先生的直接领导下，在广大教员爱护学校有如生命的热忱下，使学校的经济，虽然困难，却能够得到

---

① 王茂润 . 中国人民抗日军事政治大学史［M］. 北京：国防大学出版社，2000：17.

② 陕西师范大学教育研究所 . 陕甘宁边区教育资料［M］. 北京：教育科学出版社，1981：116.

有效的解决，可以为国家创造一批强有力的抗日干部。"① 在解决经济困难问题方面，抗大主要采取了以下三个方面的措施。首先，广泛开展节省运动。抗大全校人员每人每月的费用总共是 8 元左右，这和全国任意一所大学相比都是微乎其微的，他们响应"节省一分钱，增加一分抗日力量"的号召，使勤俭节约的口号响彻全校。所以，在抗大有一种廉洁清白、大公无私、刻苦耐劳的良好风气，一旦浪费便会遭受纪律的制裁和群众的谴责。其次，通过生产劳动实现自足和创收。师生们开展的生产劳动包括种菜、养鸡、喂猪、开合作社和发展出版事业等，不仅在经济上开源节流，实现自给自足，解决学校经费问题，而且在实践中学习锻炼了学生艰苦卓绝的意志和吃苦耐劳的精神。特别是编译出版事业，其使得中外很多军事政治哲学题材的书和抗大自己编拟的书得以出版，不但解决了学校办学经费短缺的问题，而且对于国防教育也有着很大的贡献。最后，中国人民抗日军事政治大学的师生除了响应学校号召，积极踊跃地参加节省运动和生产运动之外，还基于自愿的原则发起了募捐运动，让学员通过与校外的亲朋好友通信或致电来劝募，这一运动得到了全校师生的热烈拥护，由延安至全国，使抗大在热爱国家的贤明之士的帮助下，解决了经济上的困难，使中国人民抗日军事政治大学走上了更加光明、更具发展前途的道路。②

（三）以解决教员匮乏问题体现抗大团结的力量

毛泽东说"教员是干部之干部"③，拥有优秀的教员是一所学校得以成功办学、教育计划得以实施的先决条件，因此，解决教员问题是学校办学的基础和前提。中国人民抗日军事政治大学在第一期招生时仅有三四个教员，而且还不是富有经验的。当时解决教员匮乏问题，主要是通过邀请当时延安党政军负责人兼课、请名人讲演、组织大课堂上课、实行职员兼教员或者是教员兼队长等制度，这些方法虽然在一定程度上缓解了人手不足

① 陕西师范大学教育研究所. 陕甘宁边区教育资料 ［M］. 北京：教育科学出版社，1981：123-124.
② 陕西师范大学教育研究所. 陕甘宁边区教育资料 ［M］. 北京：教育科学出版社，1981：125.
③ 陕西师范大学教育研究所. 陕甘宁边区教育资料 ［M］. 北京：教育科学出版社，1981：127.

的问题，但是，由于学生过多，一个教员需要面对几百个学员，依然不能从根本上解决问题。因此，中国人民抗日军事政治大学开办了军事政治教员训练班，这种自给自足的办法，成为解决教员缺乏问题的一种科学方式。对于那些缺乏教学经验和实践训练经验的教员则给予见习时间，通过观课、听课与课程研磨，参加学员讨论会，做辅助的教育报告，先讲浅显易懂的文化课等，让有经验的教员带缺乏经验的教员，增强了教员的责任感和自豪感。[①]

总之，中国人民抗日军事政治大学的办学经验是成功的，不仅在残酷的战争环境中克服了重重困难，培养了许多优秀的人才，取得了不同寻常的成绩，而且这种成功的办学经验具有超越具体历史条件的永恒性，对于当代解决如何优质地培养干部、如何培养学生坚定的民族信仰、如何筹集教育经费缓解物资短缺、如何根据社会具体的需要来改革教育内容和教学方法等问题具有重要的参考价值，这是中国教育历史上弥足珍贵的有借鉴价值的丰厚遗产和对大学精神的有益补充。

小　结

欧洲中世纪大学在坚持斗争和呼吁后，因为获得了部分司法权及其他相关权力，而充分保障了它们能够拥有高度的学术自由与自治权利，尤其是司法审判权和迁徙权把这种保障发展到了极致，基于此，欧洲中世纪大学为大学精神在学术自由与自治方面夯实了基础、树立了典范；洪堡大学则在威廉·冯·洪堡的带领下，在很好地继承和发扬欧洲中世纪大学在学术自由与自治方面创立的优良传统的基础上，在教授治校和大学师生需要为纯粹的科学研究而耐得住寂寞并基于此而形成良好教养等方面，实现了对大学精神传承的突破，促使大学精神的内涵更加丰富和完善。

对中国教会大学、西南联合大学、中国共产党在延安时期创办的部分高校和剑桥大学在发展大学精神方面的贡献的论述，主要是从其突出方面，探讨它们对大学精神的传承，挖掘它们在具体方面所做的有益的补充。具体来

---

① 陕西师范大学教育研究所. 陕甘宁边区教育资料［M］.北京：教育科学出版社，1981：128.

说，中国教会大学对发展大学精神所做的贡献，主要体现在它们能够对优秀的民族文化和国外优质的教育资源进行有机融合，以实现教会大学的本土化发展，从而创造了基于民族文化改造外来优质教育资源的典范，并对大学精神中的开放和包容元素做了很好的注解；西南联合大学创造的奇迹，主要在于在条件极其艰苦的情况下，培养出了让世界上任何一所一流大学都刮目相看的高层次人才，并在传承和实践以教授治校和学术自由为核心的大学精神的过程中，呼应了剑桥大学和牛津大学等学校长期坚持的学院制体系下的大学精神之魅力；对于延安时期中国共产党创办的高等学校，主要强调在极其艰苦的环境下，对以学生为本、师生平等讨论学术问题以及理论与实践密切结合的大学精神，艰苦奋斗的严谨治学精神和勇于担当的奋斗精神等的执着追求；专门解读剑桥大学学院制中蕴含的大学精神，则主要是为了从这样一个微观的角度进一步丰富大学精神的内涵，并证实大学精神的魅力，而剑桥大学的学院制也确实带来了大学精神引领下的学院内部的无边界融合精神，学习、工作、生活和娱乐四位一体的终身愉悦学习精神，取舍自如的舍得精神和学院内部高度的学术自治精神等。

按照时间顺序对这些大学进行比较可以发现，这些大学都较好地继承和发扬了古代大学教育中衍生的大学精神，在对大学精神的传承和发扬中对其做了有益的补充，并在此基础上将它们发扬光大，从而为大学精神的丰富和完善做出了应有的贡献。从横向对比中又可以发现它们坚守和传承大学精神的特点各不相同或者各有侧重，如欧洲中世纪大学在特别审判权的庇护下对学术自由与自治的高扬；洪堡大学对纯粹科学研究精神与人的教养并重的纯粹精神境界的提升；中国教会大学立足民族文化精华改造外来优质教育资源过程中的开放与包容；西南联合大学在特定历史时期和特定的艰苦环境下把大学精神发挥到极致所彰显出来的强大的民族精神、强烈的社会责任感和坚定的为科学与正义而献身的无私奉献精神；延安时期中国共产党创办的高等学校弘扬的艰苦奋斗、脚踏实地、理论联系实际、严谨治学和勇于担当民族与国家命运大业的精神；剑桥大学学院制下多元融合的闲适、自由和独立精神等。它们既让大学精神的基本内涵得到了很好的诠释和发展，又彰显了大学精神发展与传承中不同个案的独特魅力及其交相辉映的景象。

第三章

大学精神的式微与反思

人类进入工业社会之后，尤其是在市场经济尚未步入规范阶段的过渡时期，随着科学技术的日益发达和经济发展的逐步加快，人们的日常生活逐渐变得在很大程度上依赖于经济和技术的发展，人类的物质欲望和物化追求逐步膨胀，在一定程度上挤压了人为精神追求和精神富足保留的空间，让很大一部分人在被动的忙碌中丧失了自我。大学作为一种社会实体，同样陷入了这一怪圈，大学精神之光芒消隐于高楼大厦和行色匆匆的人流之间，大学不再是整个人类社会纯粹的精神寄托地和灵魂栖息地。这种发展选择致使大学精神明显式微，削弱了其对大学发展的引领作用和对人类精神的导向作用，亟待人们在深入认识其危害的基础上进行深刻反思。

大学作为一种特殊的以学术研究与人的养成为根本特征的学习型社会组织或学习共同体组织，对人类发展具有独特的价值和意义，履行着特殊的社会职能。大学作为社会的一个子系统，其发展与社会息息相关，但是，大学在某种程度上又是独立于社会经济和具体事物而存在的，它有别于其他的社会子系统，具有超凡脱俗的气质，在经济发展任务急迫而重要的时代，同样需要在核心层面保持自身的高贵与傲骨，保持其作为价值导向与精神引领的独立品格。大学如果缺失了大学精神，也就失去了它的生命力①，所以，面对大学精神的式微困境，国家、社会、大学和每一个公

---

① 韩延明．理念、教育理念及大学理念探析［J］．教育研究，2003，（9）：50-56.

民都有责任在认清现实问题的基础上反思与校正大学的发展方向。

第一节 关于现代大学精神的问卷调查与分析

为了客观了解人们对现代大学精神的认识并验证本书通过文献与学理分析形成的对现代大学精神状况的推论，本书针对高校教职工和在校大学生自行设计了 2 份调查问卷，问卷预调研回收有效高校教职工问卷 25 份、学生问卷 42 份，经统计分析，预调研结果能够达到预期效果，问卷信效度符合研究需求。正式调研采用问卷星远程调研的方式进行，共回收有效调查问卷 1019 份。其中，教职工调查问卷共计发放 505 份，其中有效问卷有 505 份，有效率达 100%。被调查高校教职工来源地域覆盖了全国 27 个省、自治区或直辖市（见表 3-1），另有 3 份来自国外 IP 的调查问卷。其中，调查取样规模排在前五位的省或直辖市为湖北（156 人）、陕西（62 人）、广东（37 人）、河南（37 人）和北京（32 人）。从高校类型来看，被调查高校教职工中来自原 985、211 高校或国家双一流高校的有 84 人，占样本总数的 16.63%；来自普通本科高校的有 218 人，占样本总数的 43.17%；来自民办高校的有 182 人，占样本总数的 36.04%；来自其他高校的有 21人，占样本总数的 4.16%（见图 3-1）。调研样本来源以公办本科普通高校为主，按照不同类型高校的数量与规模测算，占比分布相对均衡。

表 3-1 被调查高校教职工来源地域分布

单位：人

省份	人数	省份	人数
湖北	156	上海	15
陕西	62	浙江	13
广东	37	江苏	12
河南	37	山西	12
北京	32	重庆	12
湖南	23	吉林	12
山东	17	四川	11

续表

省份	人数	省份	人数
安徽	7	辽宁	3
云南	7	宁夏	3
河北	6	甘肃	3
天津	5	新疆	2
江西	4	贵州	2
黑龙江	4	广西	2
福建	3	国外 IP	3

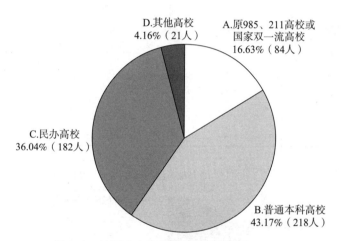

图 3-1　被调查高校教职工来源高校类型分布

大学生调查问卷共计发放 514 份，其中有效问卷有 514 份，有效率达 100%。被调查大学生来源地域覆盖了全国 26 个省、自治区或直辖市（见表 3-2），另有 6 份来自国外 IP 的调查问卷。其中，调查取样规模排在前五位的省或自治区为广东（189 人）、陕西（144 人）、四川（39 人）、新疆（17 人）、河南（16 人）。从高校类型来看，被调查大学生中来自原985、211高校或国家双一流高校的有 70 人，占样本总数的 13.62%；来自普通本科高校的有 322 人，占样本总数的 62.65%；来自民办高校的有 104 人，占样本总数的 20.23%；来自其他高校的有 18 人，占样本总数的 3.5%（见图 3-2）。调研样本来源以公办本科普通高校为主，按照不同类型高校的数量与规模测算，占比分布相对均衡。

表 3-2   被调查大学生来源地域分布

单位：人

省份	人数	省份	人数
广东	189	福建	3
陕西	144	甘肃	3
四川	39	吉林	3
新疆	17	黑龙江	3
河南	16	浙江	2
北京	15	江西	2
上海	15	贵州	2
江苏	11	内蒙古	2
湖南	10	云南	2
山东	6	广西	2
山西	6	青海	1
安徽	5	湖北	1
重庆	5	国外 IP	6
河北	4		

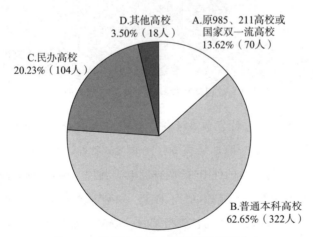

图 3-2   被调查大学生来源高校类型分布

一   被调查对象的基本情况分析

从被调查高校教职工的工作年限来看（见图 3-3），工作 5 年以下的占比最高，共计 131 人，占比达 25.94%；其次是工作 10～15 年的教职工有

116 人，占比为 22.97%；再次是工作 5~10 年的教职工有 113 人，占比为 22.38%；工作 15~20 年、20~25 年、25~30 年和 30 年及以上的教职工均有覆盖，人数最少的为工作 25~30 年的教职工，有 23 人。调查抽样覆盖面广泛，抽样合理。

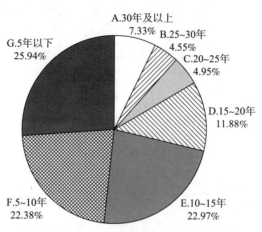

图 3-3　被调查高校教职工的工作年限分布

从被调查高校教职工的身份来看（见图 3-4），普通教师最多，达到 247 人，占比为 48.91%，与高校中讲师及以下教师人数的平均比重基本吻合；其次是副教授（副研究员），占比为 24.75%、教授（研究员）占比为 11.29%；行政人员合计占比达 15.05%，覆盖了一般行政职员、中层领导和校级领导。抽样覆盖面广泛，各种身份教职工比例基本均衡。

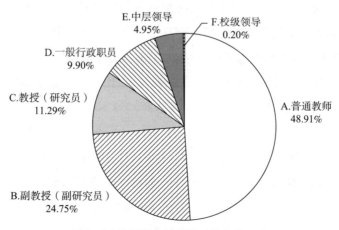

图 3-4　被调查高校教职工的身份分布

从被调查大学生学习阶段的分布来看（见图 3-5），本科生有 306 人，占比为 59.53%，占比最高；其次是硕士研究生 117 人，占比为 22.76%；再次是博士研究生 73 人，占比为 14.2%；专科生、博士后与其他合计 18 人，占比为 3.50%。考虑到本次调研中调查对象来源以本科层次普通高校为主，抽样覆盖面和不同阶段比例较为合理，符合以本科生和硕博士研究生为主的调查需求。

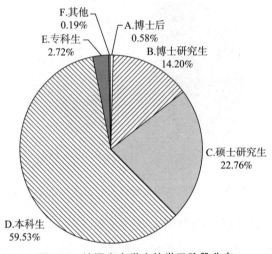

图 3-5　被调查大学生的学习阶段分布

二　高校教职工与大学生对大学精神核心内容的了解程度分析

针对高校教职工与大学生对大学精神核心内容的了解程度进行的调查显示，被调查的高校教职工最倾向于选择"学术自由"作为大学精神核心内容，505 人中有 316 人选择此项内容，占比高达 62.57%。其余选项中占比较高者情况如下：226 人选择"批判精神"，占比为 44.75%；207 人选择了"思想自由"，占比为 40.99%；205 人选择"尊重个性"，占比为 40.59%；194 人选择了"向善求真"，占比为 38.42%（见图 3-6）。说明被调查高校教职工中，大多数人对大学精神的核心内容具有良好的认知和认同，清楚学术自由、批判精神与思想自由等是大学精神的核心内容。但是，仍然有 109 人选择"专业技能"，占比为 21.58%，8 人选择"行政治校"，占比为 1.58%，客观反映了还有两成多的高校教职工认为"专业技能"或"行政

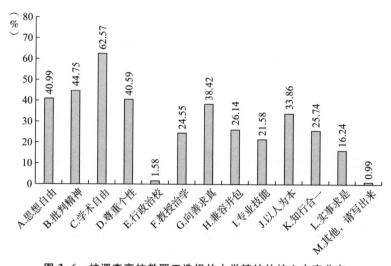

图 3-6　被调查高校教职工选择的大学精神的核心内容分布

治校"是大学精神的核心内容，说明他们对大学精神存在认识偏差，此种认识偏差也是现实之中大学精神式微的客观反映。

关于被调查的大学生对大学精神核心内容的了解程度的调查结果显示，选择倾向最强的是"思想自由"，514 人中有 270 人选择此项内容作为大学精神的核心内容，占比为 52.53%。其余选项中占比较高者情况如下：238 人选择"学术自由"，占比为 46.3%；219 人选择了"尊重个性"，占比为 42.61%；206 人选择"专业技能"，占比为 40.08%；200 人选择了"批判精神"，占比为 38.91%（见图 3-7）。说明被调查大学生中，多数人对大学精神的核心内容具有较好的认知和认同，多数大学生认同大学精神的核心内容是思想自由与学术自由。但是，40.08% 的大学生选择"专业技能"既反映了还有四成大学生对大学精神存在认识偏差，又再次印证了众多大学生存在为"专业技能"而接受大学教育的职业训练倾向。

三　现代大学在大学精神上表现最弱的方面分析

关于现代大学在大学精神上表现最弱的方面的调查显示，高校教职工最倾向于认为"批判精神""思想自由""尊重个性"是现代大学在大学精神上表现最弱的方面，22.97% 的人选择了"批判精神"，11.09% 的人选择了"思想自由"，8.91% 的人选择了"尊重个性"（见图 3-8），基本符

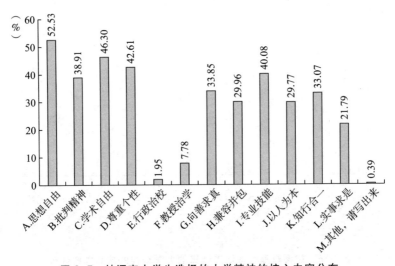

图 3-7 被调查大学生选择的大学精神的核心内容分布

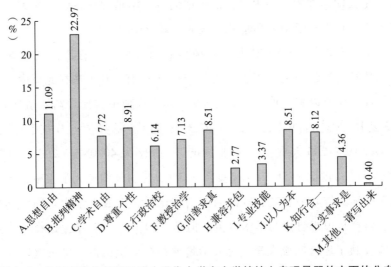

图 3-8 被调查高校教职工认为现代大学在大学精神上表现最弱的方面的分布

合本书对大学精神式微或缺失维度的预判，批判精神和思想自由的不足给高校教职工的感知是较为明显的。但是，被调查对象中有 6.14% 的人选择了"行政治校"、3.37% 的人选择了"专业技能"，再次印证了部分高校教职工对大学精神认识不清的问题。被调查大学生最倾向于认为"批判精神""尊重个性""知行合一"是现代大学在大学精神上表现最弱的方面，26.85% 的人选择了"批判精神"，12.65% 的人选择了"尊重个性"，10.89%

的人选择了"知行合一"（见图3-9），占比最高选项与高校教职工选择一致，符合本书对大学精神式微或缺失维度的预判，客观反映了中国高校师生批判精神不足导致创新能力不足的短板。另外，被调查大学生中有3.7%的人选择了"行政治校"、7.98%的人选择了"专业技能"，与高校教职工的调查结果类似，这些选项数据再次印证了部分大学生存在对大学精神认识不清的问题。

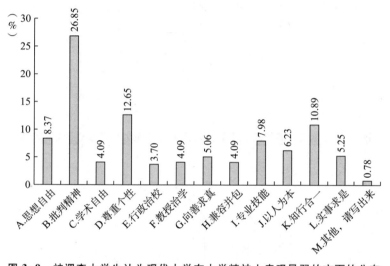

图3-9 被调查大学生认为现代大学在大学精神上表现最弱的方面的分布

为了进一步验证高校教职工和大学生对现代大学在大学精神上表现最弱的方面的认识，调查问卷中针对现代人最普遍欠缺的核心素养进行了调查，结果（见图3-10、图3-11）显示，被调查的505名高校教职工中的260人，即51.49%的高校教职工认为是"批判精神与意识"；另外，42.18%的高校教职工认为是"对正义的追求与维护"。被抽样的514名大学生中的235人，即45.72%的大学生认为是"批判精神与意识"，最高选项与高校教职工一致，与现代大学在大学精神上表现最弱的方面的调查结果吻合，再次验证了现代大学存在本书在文献分析与学理分析中推论出来的批判精神不足问题，同时，客观反映了中国大学生创新能力不足和批判精神与意识不强的现实问题。

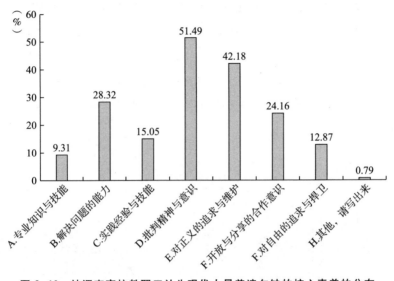

图 3-10　被调查高校教职工认为现代人最普遍欠缺的核心素养的分布

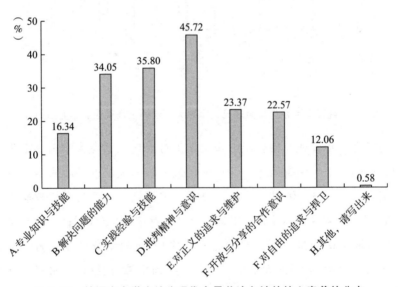

图 3-11　被调查大学生认为现代人最普遍欠缺的核心素养的分布

四　关于现代大学精神缺失是否严重的调查结果

关于现代大学精神缺失是否严重的调查结果显示，被调查高校教职工中认为很严重的占比为 24.95%，认为严重的占比为 47.52%，合计高达 72.47%

（见图 3-12），说明高校教职工普遍认为现代大学存在严重的大学精神缺失问题，与本书通过文献研究与学理分析形成的预判一致，能够支撑本书通过大学精神演进历程分析和文献分析得出的结论。被调查大学生中认为很严重的占比为 12.65%，认为严重的占比为 38.33%，合计占比为 50.98%（见图 3-13），占被调查人数的一半以上，说明大学生中较多的人认为现代大学存在严重的大学精神缺失问题，虽然大学生们对大学精神缺失的感觉没有高校教职工那么强烈，但这些数据也客观证实了本书通过文献研究与学理分析形成的对大学精神缺失的预判，同样具有支撑本书通过大学精神演进历程分析和文献分析所得出的结论的价值。

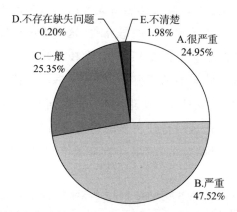

图 3-12　被调查高校教职工对大学精神缺失是否严重的认识的分布

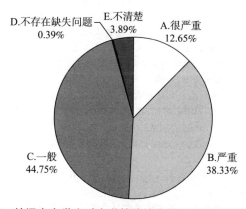

图 3-13　被调查大学生对大学精神缺失是否严重的认识的分布

第二节　现代大学精神式微的诱因和表现①

市场经济建设初期，人们对市场规则认识尚不到位，更不能普遍驾驭好市场经济的基本规律，所以，大学面对政府或经济体的干预与种种物质诱惑时，很容易迷失在各种诱因之中，在服务经济社会发展的职能扩张中，淡化了对大学精神的坚守和对纯粹科学研究的专注。从目前已有的研究成果来看，关于大学精神式微的文献的主题分布如图 3-14 所示，对大学精神式微的研究主要包括以下几类：一是对现代大学精神的式微与缺失的研究②，普遍采用分析式微表现然后提出回归对策的模式进行论述；二是对大学教师知识分子精神式微的研究③，这方面的研究较为集中，而且有进行专门研究的博士学位论文④；三是学校与师生自主权不足和大学自我批判精神不足方面的问题的研究⑤；四是大学人文精神和人文教育功能被弱化问题的研究⑥；五是大学文化式微问题的研究⑦。其他方面的相关研究还关注了大学社会化运行特征明显削弱大学精神⑧、学术自由不足诱发大学精神弱化⑨、大学师生在功利化生存环境下存在明显的消极自由现象⑩

① 孙刚成，拓丹丹. 缺失象牙塔经历的中国大学精神之应然取向 [J].兵团教育学院学报，2017，(5)：29-33.
② 潘磊，田景春. 现代大学精神的式微与回归 [J].文山学院学报，2014，(1)：97-100；汪求俊. 论大学精神的式微与复归 [J].大学（研究版），2016，(12)：88-96；卢慧玲，贾万刚. 现代大学精神的式微与重建 [J].黑龙江教育（高教研究与评估），2010，(5)：10-11.
③ 谢明明，李强. 大学教师"知识分子"精神式微及其提振路径研究 [J].黑龙江高教研究，2018，(7)：126-129.
④ 王全林."知识分子"视角下的大学教师研究——大学教师"知识分子"精神式微的多维分析 [D].南京师范大学，2005.
⑤ 董康成，张舵. 大学自我批判精神式微归因及其构建路径 [J].继续教育研究，2015，(7)：4-6；李明. 当代中国大学自我批判精神的式微与强化 [D].西南大学，2013.
⑥ 牛金芳. 对我国大学人文教育式微的思考 [D].陕西师范大学，2005.
⑦ 范玉鹏. 反思与重构：现代大学文化式微之检视 [J].湖北社会科学，2018，(1)：175-180.
⑧ 李守可，韩冬梅. 大学精神在中国社会运行中的式微与应然进路 [J].当代教育科学，2016，(9)：6-8、17.
⑨ 卢慧玲，贾万刚. 现代大学精神的式微与重建 [J].黑龙江教育（高教研究与评估），2010，(5)：10-11.
⑩ 谢明明，李强. 大学教师"知识分子"精神式微及其提振路径研究 [J].黑龙江高教研究，2018，(7)：126-129.

等问题。基于上文提到的大学精神式微的种种表现，可以从以下几个方面进行大学精神式微的诱因与表现分析。

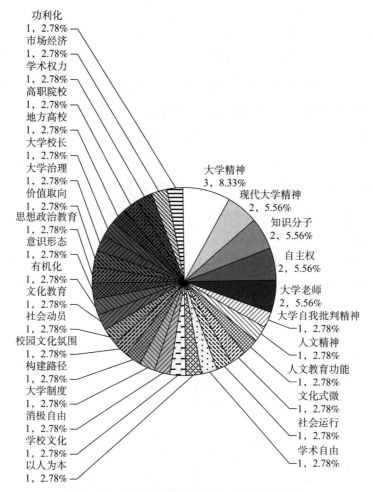

图 3-14　关于大学精神式微的文献的主题分布

一　行政级别的诱惑及行政权力的干预

在大学领导行政级别难以取消和校级领导需要政府选派与任命的大学治理模式下，中国的相当一部分大学，就其组织架构而言，更类似于一个政府机构而不是一个具有独立精神的学术型组织或学习型组织，这一现实状况导致众多大学只能在政治与学术的夹缝中畸形发展，难以形成独立的精神和自由的办学机制。① 再者，中国"学而优则仕"的传统思想根深蒂固，加上中国的集权制国家政体特点和难以改变的官本位倾向，影响到众多的大学，使它们不去专注学术发展与人的养成却转身成为了培养官员或技术人员的职业训练场所。当下，各个高校都被标上行政级别，在众多学校内部，权力凌驾于学术之上，大量搞科研的学者在学校办学中的话语权和受重视程度比不上掌控行政权力的行政人员，大学的权威取决于行政职务的高低而不是学术成就的高低，教师群体在学校中的学术治理话语权被严重削弱。

为证实经过文献与学理分析形成的高校行政化明显弱化大学精神的判断，本书对 505 名高校教职工和 514 名在校大学生进行了相关问卷调查。调查显示（见图 3-15、图 3-16），67.13% 的被调查高校教职工认为大学精神式微是大学教育行政化导致的，62.77% 的被调查高校教职工认为大学精神式微是学术治理官僚化导致的，分别位于高校教职工认同诱因的第二和第三位；在大学生问卷调查中，53.89% 的被调查大学生认为大学精神式微是学术治理官僚化导致的，50.97% 的被调查大学生认为大学精神式微是大学教育行政化导致的，分别位于大学生认同诱因的第三和第四位。这充

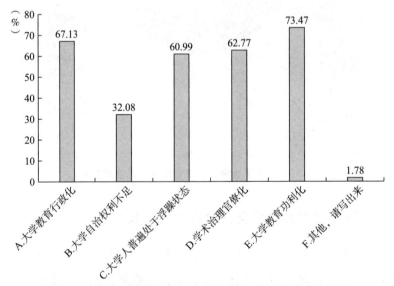

图 3-15　被调查高校教职工对大学精神式微诱因的认识分布

---

① 谢欧. 现代大学精神的失落与重建 [J]. 当代教育论坛，2008，(5)：29-31.

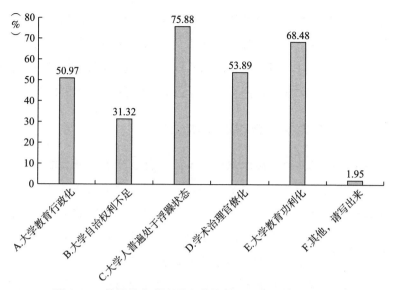

图3-16　被调查大学生对大学精神式微诱因的认识分布

分说明高校行政化与官僚化治理是大学精神式微的重要诱因，调查结论与本书通过文献研究与学理分析得出的推论一致。

在这种社会发展背景下，中国传统的官本位思想在大学中不但没有减弱反而愈演愈烈，削弱了研究纯粹科学的自由精神。国家赋予不同的大学领导以不同的权力等级，进入更高等级成为了现代大学管理者攀比的重要方向和很多学者的追求，这种对权力的追求导致了大学发展方向的扭曲，助长了大学重权术不重学术的现象。

在这一点上，很多世界一流大学做出了榜样，为了维护大学的高贵性、纯洁性，哥伦比亚大学放弃聘任亨利·基辛格为特聘教授，哈佛大学拒绝授予里根总统荣誉博士学位，这类典型案例都很好地彰显了这些大学坚决维护大学独立自主性的精神追求，与在权力或经济利益面前背离大学精神风骨办事的大学形成了鲜明的对比。正如博克所言，"政府干预不仅会削弱（大学的）多样性，抑制改革，犯下造成更大损失的错误，而且也会迫使大学花费大量的钱财来迎合政府条例"①，致使大学办学成本日益增加却并没有在精神高度上获得提升。所以，如果政府非常希望对大学施加

---

① 〔美〕德里克·博克.走出象牙塔——现代大学的社会责任［M］.徐小洲，陈军译.杭州：浙江教育出版社，2001：46.

一点什么影响或限制，以便维护自己的权威性、满足自己的控制欲，并迎合一些不懂教育的公众的自我利益或主观诉求，这种政府干预行为首先必须被证明具有充分且正当的理由，而且既要符合公众利益，又不能侵犯大学的学术自治权利和学术自由，否则，就有违社会发展的根本利益。[①]

二　物化的大学及依附的学术

随着大学借助对科学技术追求的不断强化逐步走向社会的中心，大学自身发展和科研发展的经济成本也在与日俱增，学术发展对经济的依赖性也就越来越强，反过来，经济和物质对于大学学术发展的诱惑力和控制力也会同步提升，大学之中纯粹的科学研究和精神坚守必然会受到较大的冲击。尤其是在大学遭遇早期市场经济的器物崇拜和无序竞争时期，大学的运行机制在许多层面日益商业化，对经济效益的追求致使大学逐渐沦为经济发展需求的迎合者或经济发展趋势的追随者。"由于市场价值取向的冲击和学术功利主义的泛滥，大学中'重功利，轻正义；重物质，轻精神'的现象日益彰显，大学深受实用主义和功利主义的冲击……使得学术精神缺失与薄弱，严重影响了学生的学术信仰"[②]，这致使众多大学成了职业训练场。而且目前的大学生对大学作为职业训练场的认同感已经很强，调查显示（见图3-17），17.12%的大学生认为大学里最应该学习的是"高深的专业技能"，14.4%的大学生认为读大学最应该学习的是"丰富的知识"，二者合计占比高达31.52%，较为客观真实地反映出了大学沦为职业训练场的现实问题。所以，很多大学难以经受住行政权力的诱惑或干预，一些大学或大学里的某些人甚至在以追求经济效益为主要目的的现实中，逐步丧失了治学与学术的基本原则，出现了一些高校腐败案和向金钱低头出卖学校办学自主权的现象。

关于在大学里最应该学习的内容的调查结果（见图3-17）显示，有超过四成（43.39%）的大学生选择了"丰富的知识"、"高深的专业技能"或"为人处世的方法与技巧"，这较为客观真实地反映出了大学教育的功

① 〔美〕德里克·博克. 走出象牙塔——现代大学的社会责任［M］.徐小洲，陈军译. 杭州：浙江教育出版社，2001：68.
② 郭大成. 大学应培养"大写"的人［N］.人民日报，2013-11-28：18.

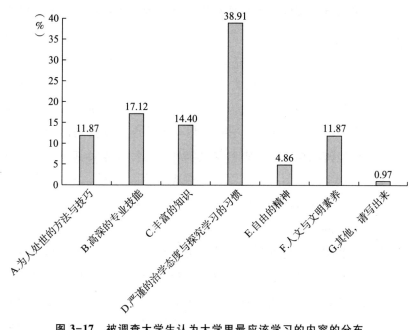

图 3-17 被调查大学生认为大学里最应该学习的内容的分布

利化倾向。在本次调查中，关于大学精神式微诱因的调查结果（见图 3-15、图 3-16）显示，被调查的 505 名高校教职工中的 371 人，即 73.47% 的高校教职工认为大学精神式微主要是由大学教育功利化导致的，高居此项调查的第一位；被调查的 514 名大学生中也有 352 人，即 68.48% 的大学生认为大学精神式微主要是由大学教育功利化导致的，居于此项调查的第二位。现代大学生求学目的和大学办学方式与学术研究中存在的严重的功利化倾向，直接弱化了大学对科学精神的追求，造成了大学自由、独立、民主、创新精神的式微。当下，大学的数量迅速上升，规模也在逐渐扩大，但存在办学者对学校组织内在结构复杂性认识不够、缺乏对大学理念和功用的深刻认识、办学急功近利或盲目追求经济利益办校治学的危险现象，降低和削弱了大学存在的精神价值与对人类社会文明的引领意义。一些大学的内部更是设置了名目繁多的创收项目，例如有单位给出可观的创收价码就可以量身定做设置让其容易获取文凭的特设班、有单位出资资助就可以为其贴金擂鼓做宣传等，实属巧立名目贩卖文凭或知识，并非助益本真教育的发展和纯粹学术的进步，反而会因为对学者的金钱诱惑与腐蚀增多，让更多的学者难以获得心理平衡，难以静心于纯粹的学术，难以产出具有促进人类精神与文明发展的作用和传世价值的学术成果。如此不珍惜自己节操的大学只能培养出拜金主义者或犬儒之人，很难培养出大批"富贵不能淫，威武不能屈"的大丈夫。上述现象诱发了大量学术的钱权交易，导致了学术的极端功利化，异化了学者的学术追求，催生了大批没有学术骨气和气节的"学者"。这些异化现象的产生主要是由于社会赋予了大学不当的经济期望，大学自身又禁不住诱惑，在这种情况下，大学因盲目追求经济利益或更多资源的获取而造成了较多的负面影响。大学承担一定的社会责任本无可厚非，但过重的功利心或对社会需求盲目的迎合必然会使整个大学的发展走向畸形。

大学是人类追求真理的场所，是人类文化与人文精神的高地。社会应当为大学创造自由、独立、民主的氛围，使大学成为人类批判精神与丰富想象力的发源地，成为人类高贵灵魂的栖居之所，不应该让大学背上直接创造物质财富或生产力的沉重压力，更不应该盲目扩充大学的物化职能或附带责任，否则，当对知识的追求成为创造财富的手段时，人类精神文化的沦丧也就在所难免了。① 所以，不论是大学自身还是学者，都应当以追求真理为其基本精神诉求，注重生命的精神交往，淡化金钱的诱惑，让大学的人文精神和铮铮骨气重新闪耀光芒。

三　世俗侵扰下的学术浮躁

雅斯贝尔斯说："本真的科学研究工作是一种贵族的事业，只有极少数人甘愿寂寞选择了它。"② 在物欲横流、经济和权力吸引力难以抵御的社会发展阶段，学者在真正意义上献身于纯粹科学研究需要足够的勇气与毅力。所以，科研工作者要想成为真正的学术研究者，必须能够把追求真理当作对生命内在价值的丰富与充实，能够把对真理的渴望变成为一种内在的需要，能够把对学术的追求变成为一种纯粹地满足无限求知欲的生存手段。现实之中，并不是人人都能有此觉悟，所以，不是谁都可以成为真正

---

① 温正胞. 大学创业与创业型大学的兴起 [M]. 杭州：浙江大学出版社，2011：47.
② 〔德〕雅斯贝尔斯. 什么是教育 [M]. 邹进译. 北京：生活·读书·新知三联书店，1991：141.

的科研工作者的。当下，因为在一定层面上受到大学教师非绩效部分工资偏低和社会的功利化特征较为明显等因素的影响，尤其是众多大学功利化的评价导向的驱使，众多大学的学者普遍追求的并不是真知和智慧，而是一系列外在的科研成果，也就是说，他们为了获得更好的生活条件，或者是为了赡养老人与抚养孩子，就必须为获得更多科研奖励或绩效工资而努力，就必须使对学术的追求夹杂无数的功利性诱因，所以，他们很难成为纯粹科学研究的献身者或殉道者，也难以成为净化学术环境与社会环境的引领者。

为证实经过文献与学理分析形成的现代大学在世俗侵扰下的浮躁明显弱化大学精神的判断，本书对 505 名高校教职工和 514 名在校大学生进行了相关问卷调查。调查（见图 3-15、图 3-16）显示，60.99% 的被调查高校教职工认为大学精神式微是大学人普遍处于浮躁状态导致的，居于相关诱因的第四位；514 名被调查大学生中的 390 人，即 75.88% 的大学生认为大学精神式微是大学人普遍处于浮躁状态导致的，居于相关诱因的第一位。这充分说明大学人在世俗侵扰下的浮躁是现代大学精神式微的主要诱因，调查结论与本书通过文献研究与学理分析形成的推论一致。

在本次调研中，对于大学精神缺失的主要危害的调查结果显示，505 名被调查高校教职工中的 276 名，即 54.65% 的被调查高校教职工认为大学精神的缺失会让大学失去灵魂；另有 54.26% 的被调查高校教职工认为大学精神的缺失会让大学沦为生产技能型人才或机械劳动者的"工厂"，51.29% 的被调查高校教职工认为大学精神的缺失会降低人才培养质量，40.59% 的被调查高校教职工认为大学精神的缺失会让大学失去引领社会的地位，40% 的被调查高校教职工认为大学精神的缺失会让大学迷失方向（见图 3-18）。这些数据一致指向了大学精神缺失的不良倾向和现代大学因背离精神导向而遭到的诟病。在针对大学生的调查中，514 人中的 292 人，即 56.81% 的被调查大学生认为大学精神的缺失会让大学沦为生产技能型人才或机械劳动者的"工厂"；另有 53.89% 的被调查大学生认为大学精神的缺失会降低人才培养质量，48.05% 的被调查大学生认为大学精神的缺失会让大学迷失方向，41.63% 的被调查大学生认为大学精神的缺失会让大学失去灵魂（见图 3-19）。此组数据和高校教职工调查数据高度一致，共同印证了大学精神缺失对大学的危害与异化。以上数据与本书通过文献与学理分析对大学精神式微与缺失带来的不利影响推论高度一致，也客观反映了现代大学缺失大学精神所带来的不利影响。

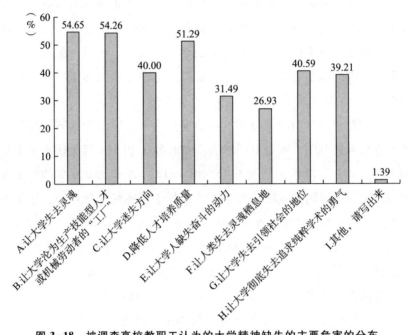

图3-18　被调查高校教职工认为的大学精神缺失的主要危害的分布

　　大学存续的目的是促进整个人类的进步与人类社会的不断发展和完善，作为大学主体的知识分子和研究者应保持独立之精神、自由之思想①，持有一颗纯粹为真理和正义而钻研学术的心，而不是为成果而学术，为职位的晋升而科研。当功利之心掩盖了对真知的追求时，科学也就失去了其本身的光芒而坠入黑暗的深渊。大学的知识分子首先应保持其人格的独立，在社会物质化浪潮的侵袭中谨防学术的世俗化，保持自己高贵、纯洁的科研精神，遵循自我内在的价值取向，维护科学的尊严。特定历史时期经济社会快速发展需要牺牲一部分人的精神追求和自我实现，需要有大量不适合纯粹学术的人员去追逐物质的丰富和社会的发展，但是，这种追求一旦成为整个社会大环境的基本状态或生存环境时，就必然会成为大学人

---

①　曾华. 大学精神的失落与重塑［J］. 文化学刊，2008，（6）：153-158.

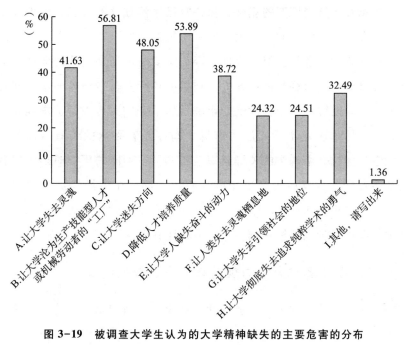

图 3-19　被调查大学生认为的大学精神缺失的主要危害的分布

难以抵制的社会侵扰。所以，综观现实状况，许多大学的大量学者的精神正在异化，他们做学术的目的已经不再单纯，难以改变异化的功利主义价值取向，很难保持人格的独立性和思想的独立性。这种客观现象虽有其特定原因和环境影响，但必须引起国家和大学的重视，以唤醒更多人开展对大学学术环境和学人的保护。

第三节　大学在市场经济体制下的博弈①

在市场经济体制下，不间断地培养并向社会输送其所需要的各级各类人才已经成为大学所必须承担的社会责任。大学培养高水平高层次人才本属应然，但是，当大学盲目迎合社会需求，让人才培养为市场需求所左右的时候，大学就很容易迷失自身的方向，忘记其办学的本质，面临一步步沦为为社会大批量制造专业技术人才之场域的危险。为此，大学一定要把

---

① 孙刚成，拓丹丹．大学治理与学术自由的同一性探究［J］．重庆高教研究，2018，（1）：91-99.

控好与市场经济体制博弈的规则，保持自己傲然独立的姿态，维护大学的纯洁性。在市场经济体制下，大学要善于把握规则，实现自身资源的优化组合，其既要与市场经济保持合理界限，又要与市场一道共同促进社会的发展，并且要超越市场经济单纯追求利益的目标去营造纯粹的学术和育人环境。大学的发展在一定程度上受市场的影响和制约，大学追求独立、自主、自治的传统决定了其发展与市场之间存在着必然的矛盾与冲突。同时，大学作为社会结构中的关键组织与机构，在不同的历史时期承担着不同的社会责任，其发展理念也相应地有所不同，在市场经济环境与体制下，大学就要积极抓住市场带来的机遇为社会发展做出更大的贡献，但是也必须谨防市场带来消极影响，及时采取规避措施。

一 市场经济对大学的规制与大学必要的游离

随着市场经济的发展，经济与社会逐步走向新的繁荣，这些发展变化对人才与技术创新提出了新的要求，并形成了一种促使大学变革自身、超越传统的综合张力，呼唤大学因应社会潮流和时代的发展进行变革，要求大学能够培养出大批适应经济社会发展需要的人才。为了达到这一目的，市场经济体制下的各个经济体便开始通过以经济资助、校企合作、联合培养等为主的方式来参与和影响大学的治理与发展取向。当下，大学的数量越来越多，大学教育正在从大众化走向普及化，一些大学为了迎合市场的需求，在学术研究上往往投经济资助和大众之所好而失却了对学术本真和人之完善的追求，导致学术研究的精神追求和学理追求被弱化，更多地偏向了学术研究的实际效用和实用技术，削弱和限制了学术研究的纯洁性及其向纵深处发展的可能性。[①] 真正的学术研究者必须时刻生存在永无止境的精神追求活动之中，科学研究是他们的生命与灵魂，本真的科学研究不仅仅是对那些可了解、可学习的客观物质的研究，更是对那些未知的、不可了解的事物的不懈探究。当前很多大学的学科设置都是统一规划或为适应社会需求而无限制扩张，学生以有计划的固定模式开展学习，这种状态

---

① 〔德〕雅斯贝尔斯.什么是教育［M］.邹进译.北京：生活·读书·新知三联书店，1991：140.

使大学因为趋同性过强,在很大程度上失去了产生独立思想的可能性本源,大学很难培养出大量具有精辟见解、独立个性和学术风骨的优秀学者,只能转而去制造众多拥有机械化特征和一定专业技术技能的产业工人或利益追逐者。如果大学只是一味地迎合市场与社会的需求而背离自己本质的追求,必将失去其作为神圣不可侵犯的精神高地的地位而沦为工具人的制造工厂。按照大学精神的指引,大学不应该仅仅致力于满足当下的社会需求,更应该引领未来社会的发展与走向,促进人的精神内涵的提升和人类的创新和谐发展。

在这种情况下,政府要切实放权,通过赋权化解大学与市场的冲突和矛盾,让大学游离于经济的规制之外,促使大学顺着自身内在的逻辑向前发展,保持自由、独立的发展方向,以保证大学办学育人和科学研究功能的实现,并在不断创造和传播文化知识的过程中,促成生命的精神交往之理想的实现。市场,尤其是尚不完善的市场,本身具有自发性、盲目性、滞后性等缺点,这种市场的介入可能会使大学的发展面临不稳定和无序的风险,政府有必要对其进行控制与管理,力争通过政府的有效调控促进大学与市场的平稳发展,保证大学在与市场进行博弈的过程中不受伤害。[①]当下,中国政府针对大学推行简政放权的治理理念和方向是正确的,人的精神诉求的满足客观上需要通过给予大学更多的办学自主权去实现,当然,政府必要的宏观监督依然要发挥作用。

二 市场和大学基于内在逻辑的互动与共赢

大学的发展有其自身的内在规律,大学的教育理念与不完全市场规则的矛盾是当下大学发展面临的一对特殊矛盾。大学教育旨在培养身心健全且有修养、有创造力的健全之人,大学的发展以人的自由和全面发展为价值取向,而市场的首要目标是利益的获得,市场经济体制下的运行规则要求大学以最低的经济消耗达到最佳的教育效果,去提供能直接为社会创造利润之人。二者的追求在本质上并不是对立的,它们之间的矛盾也并不是不可调和的,重要的是如何在不违背大学发展内在规律的前提下,合理应

---

① 戴晓霞,莫家豪,谢安邦. 高等教育市场化 [M].北京:北京大学出版社,2004:63.

对市场经济的要求。

首先，大学要理性认识市场经济给大学发展带来的影响。大学的发展需要多种力量的协调与平衡，市场力量的介入能调节大学与社会、政府之间的力量关系，促使多种力量和谐共存，促进大学的发展。① 在市场经济体制下，大学的精神价值体系会受到一定的冲击，追逐利益最大化的本质必将使市场以功利和实用为行为动机，并将这一原则强加给精神活动，这既会限制精神活动的自由发展，又可能阻碍精神活动的价值实现。精神活动追求的是心灵的满足和灵魂的升华，追求精神价值是大学的根本之所在，也是大学毋庸置疑的使命。反过来，只要现代大学能够保有坚定纯粹的大学精神，大学精神也可以消解市场带来的负面影响，推动大学作为精神高地的继续发展。虽然大学处在无形的市场经济体制下，但是大学精神深深地烙印在大学人的心中，大学的理念也始终存在于每个有责任感与使命感的学者的灵魂深处，追求学术自由和人的精神发展是大学永不变更的使命，即使处在市场经济的氛围之中，大学也不能和不会完全放弃其无功利的价值追求取向。

其次，大学要实现更好的发展，就要有效协调影响大学发展的各方力量，坚守大学内在的教育理念和教育目标，尊重大学发展的内在逻辑，超越绝对市场化的调配规则的束缚。② 大学是以学术活动为主要活动的特殊组织机构，维护学术自由与自治的传统、保持自身的纯洁性是大学生命得以延续的基础。大学的发展不能完全依靠市场调节，需要理性抗拒外来的不良浸染与诱惑，坚守大学学术独立与学术自治的本性，做到有所为且有所不为，坚持在不断超越自身局限性的基础上实现本真的价值追求。在市场经济体制下，大学既需要革旧立新，也要与市场保持适当的距离，坚守本质，在市场无孔不入的时代，大学对自身的坚守越发显得弥足珍贵。

三　在三方博弈中彰显学术自由的魅力

威廉·冯·洪堡有一句非常经典的话："国家在整体上……不应就其利益直接所关系者，要求于大学，而应抱定这样的信念，大学倘若实现其

---

① 戴晓霞，莫家豪，谢安邦. 高等教育市场化［M］.北京：北京大学出版社，2004：198.
② 苗素莲. 市场行为对大学的影响［J］.现代大学教育，2003（5）：22-24.

目标，同时也就实现了，而且是在更高层次上实现了国家的目标，由此而来的收效之大和影响之广，远非国家之力所及。"① 所以，在大学的治理方面，无论是中央或地方政府权力的干预还是企业或利益集团的干预，都只能是杀鸡取卵的短视行为，它们也许可以看到大学服务于经济与社会发展甚至围绕这类发展而设置专业、培养学生所带来的短暂却明显的经济与社会效益，但从长远来看，它们一定会失去一种象征着创新、文明，富有文化内涵且能够传承千古的时代记忆。在智能化时代，人们越来越清晰地看到以"互联网+"和慕课为代表的新技术的迅猛发展在给高等教育生态圈带来种种好处的同时，也带来了较大的挑战，高等学校如果继续无视学术自由理念下对人的解放可以带来的巨大潜能释放，继续固守传统的知识传递式教育和以教为主的学习方式，而不实施教与学的理念与方式变革，则可能走向消亡。为此，应让大学治理和学术自治的同一性得到落实，通过学术自治与自由释放大学人的发展潜能，借助互联网技术"实施以学生精神内涵丰富和人的幸福能力提升为核心的个性化自主学习，提升学生的终身学习能力并使之成为行为自觉"②，这样，大学精神的光芒必将更加耀眼，能够引领社会发展的大学必将更加丰富且多样。

总之，在市场经济体制下，大学虽然不可能重回象牙塔，不可能完全抛开经济与社会的发展需求而做到绝对的独立，但是，无论是实用主义办学理念还是多元价值办学理念，都一次次明证大学不能抛弃学术自治与学术自由而进行治理，在任何时期，大学都需要在学术自由的原则下彰显大学精神的魅力，在学术自治的基本保障下实现基于现代大学制度的有序治理。也只有这样，大学才可能称得上是引领人类社会发展的航标灯，才可能成为人类文明传承与发展的不朽场域。③

① Wilhelm v. Humboldt. Über die Bedingungen unter denen Wissenschaft und Kunstin einem Volk gedeihen [M] // Flimer A. W. v. Humboldt—Schriften zur Anthropologie und Bildung. Frankfurt: Klett-Cotta im ullstein taschenbuch, 1984: 85.

② 孙刚成，宋紫月."互联网+"时代的高等教育变革取向 [J]. 重庆高教研究，2017，(6): 46-53.

③ 郭大成，孙刚成. 大学精神是大学素质教育之魂 [J]. 教育研究，2013，(10): 50-54.

第四节　大学精神指引下的大学治理取向反思①

大学治理是维护学术生命和推进学术工作的必要途径，其旨归在于维护学术秩序，为学术人员提供周到的服务和良好的学术环境，尽最大可能地帮助学者摆脱影响其创新思维发挥的桎梏，使自由的纯粹科学研究精神弥漫在大学的每一个角落，让大学成为治理取向基于服务理念的学习共同体，从而彰显组织内部成员的学术生机与生命活力。大学是人类高层次文化沉淀与升华的殿堂，是丰富理性与感性精神的集合，大学治理有它自身独特的文化韵味。这种治理方式往往不能用眼睛直接看到，却能让人时刻感受到，它在潜移默化中融入每个大学人的精神理念之中，是一种需要用心灵感受的存在。

一　大学治理旨在实现学术自治与繁荣

大学自诞生以来就受到政府、教会和各种世俗势力的干扰与控制，自治是大学与各种力量经过持续斗争而争取到的权益和学术保障，在争取自身权益过程中，大学与大学人不断摆脱各种冲突与束缚，从而获得相对的自由，得到大学内部自治的权利。② 不过，大学自治是相对的，是在一定界限范围内的自治，是客观规律与国家法律法规基本认同之下的自治，不存在绝对的自治。大学是探索高深学问的场所，尽可能地减少对它的束缚与干扰能够有效扩大大学自由探索学术的空间与场域。与此同时，大学承担着一定的社会责任，理应在适当范围内为社会的发展服务，回应社会对大学的合理诉求，实现大学与社会的共同发展。

大学自治是针对大学内部而言的，是大学自身对内部管理所拥有的权利，旨在实现对大学发展规划、科学研究、人才培养与招生考试等内部事务的自主决策与有效管理。在大学内部事务的管理中，应最大限度地彰显

---

① 孙刚成，拓丹丹. 大学治理与学术自由的同一性探究 [J].重庆高教研究，2018，(1)：91-99.

② 高晓清. 自由——大学理念的回归与重构 [D].华东师范大学，2003.

大学自由办学的理念，尽可能减少外界权力的干涉，因为外界权力的干涉极易损伤大学的精神与理念，扭曲大学的发展取向。大学是学者进行深层思想交流与问题研讨以及学术创新的主要场域，强制或是压迫将会压抑人的独特个性与精神理念，导致学术之源的干涸，扭曲大学人精神追求的本质，造成科学研究的沉寂与大学之道的变异。这就意味着，政府与外界力量对大学施加的影响不能违背大学的办学宗旨与理念，尤其是不能违背在学术上自由探索的原则与精神理念，而应给予大学内部治理较为充分的自由，尊重大学治学的自主权。同时，也要认识到，大学自治是相对的，重在体现其学术独立与自由的精神。大学治理是社会的进步赋予大学管理的新的时代内涵，与大学自治是一脉相承的。

大学治理与大学自治在根本上是相通的，二者的根本目的都是通过实现大学的学术自由与彰显大学的民主精神，去实现大学的创新发展和促进人类的文明进步与文化繁荣，属于实现大学健康持续发展的观念和制度体系。大学自治推进了现代大学治理体系的形成与完善，大学治理是大学实现自治的落脚点和保障，是实现大学宏伟目标所必需的制度理念以及构建学术规范的保障。大学治理的要旨在于构建平等、有序的学术秩序，学者们的自觉意识是构建有效的学术秩序的前提与保障，由此，应形成一套共同遵守的基于规则与规范的组织文化体系，在抵制外界干扰的同时避免内部人治的随意性，提高大学存在的有效性和价值性，彰显大学之精神，保障学术之自由。① 大学应制定各项章程，在新的发展时期，理性认识政府和大学的内在关系，对自身的发展取向进行正确定位，用知识共同体标准重塑具有时代创新意义的大学，使合作、共享、创新、发展、绿色与平衡成为大学治理的价值选择。

二　大学治理重在彰显学术的创造力

大学治理是学术自由化实现的制度保障，它源于大学自身的独立精神与价值体系，是大学精神和价值体系外化的制度形式。大学治理的根本目的是实现生命的精神交往，是推动对真理的执着追求和对学术的潜心探

① 左崇良，胡劲松. 大学治理的法理证成［J］.高等教育研究，2013，（12）：21-28.

索，是实现人的精神世界的自我完善与发展。大学治理活动是一个持续不断的互动过程，是各种力量之间相互协调与制衡的动态调整过程，它不是既定的某种死板规则或者既有程序的一种表演或刻板呈现活动，也不是一种强迫的制度体系，它强调依据实际活动需要而促进多主体的共同参与和多元互动，并最终形成学习型组织或学习共同体合力。① 因此，大学治理本质上是为了在构建民主、平等的规范秩序基础上，形成组织制度与文化认同，实现大学人驾驭制度与规范的精神自由和独立，形成学术探索与大学治理之间的良性循环。

大学治理的核心是对人的治理，即对教师和学生的治理，对这一群体进行治理的核心是为他们提供有利于教学和科研工作顺利开展和成效提高的便捷服务，治理的结果则是学术的充分和自由发展、健全人格的养成与人类思想文化的繁荣。大学是进行教学、科研探索的机构，集结调动各种力量以实现自由探索学术的目标是大学治理的应然取向。大学治理就是要打破传统管理方式下政府是大学管理中唯一权威的局面，改变政府对大学的垄断控制，让学术系统内部的个人力量或团体机构、组织能够共同参与进来，实现更高程度的权利平衡与责任共担，共同为实现大学教学和科研的更好发展提供周全的服务。② 作为学术活动保障核心的校长在大学治理中发挥着重要作用，是大学治理走向现代化过程中的守护者与引领者；作为学术活动实践主体的教师在大学治理结构中起着关键作用，他们的教学方式、品德行为、科研思想、学术高度等对学生和整个学校的发展影响深刻。

大学是进行科研探索和学术创新的特殊机构，大学治理需要遵循其发展的内在逻辑结构和自身的发展规律，并在此基础上协调各方关系推动大学的积极发展。大学的可贵之处在于它民主、自由的学术环境和严谨、浓厚的学术氛围，只有在这样的氛围和环境里才能实现创新与变革，才能孕育勇于探索的科学精神。大学人要为学术钻研和探索而存在，大学治理要

---

① 俞可平. 权利政治与公益政治——当代西方政治哲学评析 [M]. 北京：社会科学文献出版社，2000：113.

② 郭丽，茹宁. 大学治理理论及我国大学的治理对策探析 [J]. 南昌航空大学学报（社会科学版），2007，(4)：59-63.

为学术的自由发展而服务，要依据学术自由实现的需要而塑形。大学治理的核心诉求不是促进经济的发展，更不是使大学成为政治的附庸或智囊团，而是使大学回归本真、溯源本质，促进人类文明进步，更好地实现人类作为精神实体的充分发展和自我实现。① 因此，大学治理的本质是借助学术的自由发展，促进人的完善与精神充实，促进人类命运共同体的形成与发展。

第五节　大学精神指引下的学术自由取向反思②

学术自由是对思想自由的传承与发扬，涵盖探索真理的自由、科学研究的自由以及教与学的自由，由其而生的良好氛围是造就大学朝气蓬勃生命气息的基本保障。学术自由最本真的取向是"人本"取向，即学者们通过自身的不懈努力和对自身的不断超越而成为一个个完整的人，能够更好地实现自身的价值，最大限度地成为一个个灵魂健全与自我完善的人。③自由是人生而向往的，学术自由是大学人之本性追求，是造就健全人格的必要氛围和条件。大学学术自由的价值就在于让人在自由氛围的熏陶中形成其对真理的本然之思，进行独立的、求真的探究活动，并在此基础上独辟蹊径、推陈出新，彰显学术自由的创新指向。

一　自由求善的人文使命

人类的本真教育长期坚持自由求善的人文使命，尤其是自欧洲中世纪大学为其奠基以来，所有世界一流大学都始终如一地坚守了这一人文使命。求善是大学教育的基本方向，自由是大学教育的原生化学术生态，也是求善的理念得以彰显的必要保障。在现代社会，论及学术自由的价值，人们通常都会想到学术自由之于追求真理的重要意义，或是它对于政治、

① 胡弼成，孙燕. 文化精神：大学内部治理之魂 [J].清华大学教育研究，2016，(3)：24-29.
② 孙刚成，拓丹丹. 大学治理与学术自由的同一性探究 [J].重庆高教研究，2018，(1)：91-99.
③ 〔德〕雅斯贝尔斯. 什么是教育 [M].邹进译. 北京：生活·读书·新知三联书店，1991：1.

经济或文化的工具性价值，却忽视了它对于学者自身、对于学术共同体和人类命运共同体的人文价值和精神意义。① 自由思维是人所特有的精神禀赋，究其本质，作为精神与物质统一体的人自身才是学术自由的价值起点和基本归宿，学术自由的起点是人为了完善自我的精神领域与基本诉求而进行的实践探索与思想体悟，而终点是实现人的充分发展和无限趋向完善或至善。学术自由是学者追求灵魂完善时所仰仗的精神瑰宝，是学者共同体的内在需要，是解开对人头脑与精神束缚的必要条件，旨在去除外在的强迫，维护人性的尊严，彰显学术自由的人本价值和本质诉求。

学术自由的理念注重人的本体价值和人性光辉潜能的发挥，旨在让每个人都能够成为具有向善自觉且个性鲜明的自我实现者。在自由的学术氛围和愉悦的教学氛围里，学者们能够自主进行探究性和开放性的认知，努力实现自身价值，通向自我发展的无限可能性，实现自身的全面发展。学者是学术活动的主体，学术自由自然指向学者们进行学术探究与知识传播活动的自由，指向人的自我实现和人类命运共同体的和谐与文明发展。需要强调的是，学术自由在某种程度上是以学者为中心的制度理念和实践境界的统一体，它能够帮助学者们获得积极认识自我的环境，并帮助他们在这种环境中倾听自己内心的声音，遵从自己内心的呼唤，使蕴藏在大学人内部的好奇心和求知欲得到自由展现。大学人这种发自内心的好奇心与求知欲是通往人类未知世界的一把钥匙，而积极探索神秘的未知世界又是人类形成自我发展意识的需要。在这把钥匙的帮助下，大学人不懈探索的意识和行为自觉将逐步凝结为学者自我的精神特质，并帮助他们体验更高层次的心灵滋养与精神享受，最终在丰富且极具创造性的学术活动中实现大学人自我生命的价值和意义，走向自我的全面发展。

学术活动的本源目的是求取人自由向善的最佳发展，即使人们在理想的陶冶中逐渐成为富有内涵的完善个体，消除人与外界其他一切事物的冲突而走向和谐共生的状态。学术精神的崇高性决定了学术追求是一条孤独而具有超越性的道路，只有不断地丰富人内在的本真，人才能通过自我的发展获得丰富的精神生活，才能在学术领域陶冶性情、释放自我潜能，实

---

① 刘亚敏．论学术自由的人本价值 [J].教育研究，2014，（2）：48-54.

现自我价值，成为真正具有创造性的活生生的自由向善主体。

二　独立求真的思想使命

独立既是人的一种决断权利又是一种行动权利和自我感觉，是一种不依附、不隶属的相对关系，是人随心所欲而不逾矩的一种精神与实践相融合的最高境界。求真是大学教育的基本诉求和常态化表现，也是独立的基本保障和前提，失去对求真的坚守，就不可能实现真正的独立。二者的结合是大学精神指引下，践行学术自由之价值取向的必然选择，是学术自由的思想使命和应然表现。人本主义并不是学术自由的终极目标，而只是为进一步的发展创造了一种必需的内在精神世界，旨在让每个参与其中的人获得精神的独立，培养属于自我的真知意识与行为自觉。学术自由是教师和学生发现和创新真理的外在条件和内在要求，而探究真理则是学者进行学术活动的神圣使命，是学者们放飞思想与实现理想的基本途径。

学术探索要求学者具有无止境的求知欲，而这种求知欲驱使下的认知活动还需要内部机能对其进行驱动，并把认知的目的落实到个人思想和行为的独立上。[①] 学术独立的浅层含义是学者个人思想的独立，深层意义是学术独立于政治、经济、社会等外在力量，并获得自身的创造性发展。学术的意义在于求真求实，在于对真理的不懈探索，学术活动中人们没有高低贵贱之分，每个人在钻研学术的道路上都是平等而自由的。[②] 学术若是依附于其他权力或利益集团，必将导致学术思想凋敝、学术精神凋零和学术灵性陨落，所以，为了维护学术的繁荣发展，学术独立理念应内化在每个大学人的精神内核和行为自觉之中。学术独立是学者学术求真自觉意识的觉醒，是学术求真的前提条件和基本保障，只有独立的学术探索精神的发扬才能保证和彰显大学的独立性与自由性，才能保证大学完成独立于外在干预的价值实现。坚持学术独立是学者展现自我独特性的基本特征和行为方式，这种独特的学术气质是区别于他人而融入时代的，它展现的是学者符合时代潮流的学术思想与永恒追求。

---

① 〔德〕雅斯贝尔斯. 什么是教育 [M].邹进译. 北京：生活·读书·新知三联书店，1991：113.
② 陶娟. 胡适学术独立观探析 [D].西南大学硕士学位论文，2009.

学术自由的活动主体是学者，学者在自由探索学术的过程中，不仅是实现自我价值的理想追求者与布道者，更是推动人类发现宇宙万物中真理和真相的奉献者与开拓者，继而致力于成为推动人类适应和改造世界并推动人与世界和谐共存关系发展的重要力量，所以，学者的幸福通常在于对真理的冥想、探究和践行之中。真理意识并不是与生俱来的，它是年青一代在不懈的探索中逐渐涵养生发起来的，经过高雅学术的洗礼与陶冶而走向澄明。学术自由的光芒来自学者之间思维的交流与激荡，学者们在不同思想的碰撞中逐渐靠近真理或发现真理，而真理又只有时刻浸润在学术共同体的生命体验过程之中才具有更高的存在价值与意义。在哲学领域，探索真理是摆脱愚昧的通途，学术探索是为了学术而求真，为了求真而学术，为了学术而成真人，为成真人而不懈学术。只有如此持续追求真理的学术研究及其成果才可能具有活跃的生命力，才可能经久不衰。一旦让学术陷入实用主义的泥潭或掉进功利的陷阱，学术的生命力和灵性将随之消失。世界上没有永恒不变的真理，为求真而进行的学术也将永不停息，这意味着任何时期的学术探索和求真都将具有存在的意义和活力。反过来，积极进行学术交流和争鸣有利于学者共同体思维与认知的完善，从而形成学者们虚怀若谷的学术品格和从善如流的求真精神。

三　求新求进的创新使命

求新求进是落实学术自由的必然选择，也是学术自由需要完成的创新使命，唯有不断创新，学术自由的权威性才可能长期保持，才可能具有永恒的生命力。大学秉持学术自由的文化价值理念，滋养着一代又一代年轻学者的精神与心灵，让他们在自由的学术氛围中形成独立的思考方式与无限趋向完善的精神理念，形成自觉自为的批判精神与文化品格。学术自由的人本取向能够造就学者完整、健全的人格，助力他们在学术探究过程中秉承独立、求真的探索认知方式，并在自由探索的过程之中萌发创新意识、点亮创新思想。[①] 学术自由是学术研究的基础，是学术创新的源泉；

① 〔德〕卡尔·雅斯贝尔斯. 大学之理念 [M]. 邱立波译. 上海：上海人民出版社，2007：45.

学术创新是学术自由的生成物，是学术研究的精华所在。学术创新需要的是一种不同于他人的独特的思维方式，是突破一切思想枷锁，挣脱束缚在大学人头脑中的镣铐，以新的研究方式认知事物，产生新的理论观点，追寻现象背后的本源与规律的勇气。所以，学术自由保证了学术创新，学术自由的氛围造就了大学人富有批判性的思维方式和强大的探究能力。

学术自由是大学精神的源泉和发展动力，具有彰显大学生命活力的功用，是大学精神的灵魂。大学教育是深入大学人灵魂与精神的教育，旨在培养大学人内涵丰富的自由，让人领悟科学存在的统一性并具备不竭的创造力。① 学术自由旨在培养大学人的创造与创新能力，运用各种方法激发大学人的创造性思维和批判性思维，在理性和哲思的沉淀中辨章学术、考镜源流，运用新的眼光、新的思维、新的探究方式追求学术创新。大学在漫长的岁月里积淀了深厚的文化底蕴与历史内涵，既是实施人文教育、培养具有人类担当意识之人的机构，也是特殊的研究高深学问之实体。② 大学教育着眼于培育大学人的理解力与敏锐的感知力，注重引导大学人进行思考活动而不是静坐识记刻板的研究结果，强调学术精神的生成与迸发，培养创新思维。所以，学术创新是大学教育的基本要求和应有的基本特点，也是学术自由的内在需要与指向，还是大学支撑国家创新和人类文明发展进步的动力源。学术创造需要学者具有坚定不移、锲而不舍的意志力，是学者完善自我的必经之途，更是保障学术繁荣、弘扬大学精神的强劲引擎。

第六节　一流大学走出象牙塔后守卫大学精神的启示③

随着社会经济的快速发展与高等教育相互依存度的日益提升，世界各国的大学纷纷走出象牙塔开始服务于市场经济和社会发展，这一趋势已经

① 任钟印，李文奎.外国教育通史（第三卷）［M］.济南：山东教育出版社，1990：240.
② ［英］怀特海.教育的目的［M］.徐汝舟译，北京：生活·读书·新知三联书店，2014：125.
③ 孙刚成，拓丹丹.缺失象牙塔经历的中国大学精神之应然取向［J］.兵团教育学院学报，2017，（5）：29-33.

成为大学发展不可阻挡的潮流。大学的存在首先是社会文明的象征，是社会的精神航标和前进的动力源泉，但是，在社会发展过程之中大学又不能不对社会做出一些响应。必须明确的方向是，大学服务于社会并不是让大学成为社会的附庸，大学服务于社会发展的同时必须坚守大学的内在精神和自由理念，既与社会保持紧密联系并促进社会的进步，又保持自身的高贵性和尊严，坚决维护学术独立的精神旨归。这一点正是众多国内外一流大学能够屹立于世界高等教育之林的秘诀所在。

一　永不言弃的学术自治

现代大学自诞生之初就坚持学术自治、言论自由的办学理念和精神追求，虽然这一理念和精神追求在漫长的过程中不断遭到批判、质疑和挤压，但并没有改变众多一流大学坚持学校自治的决心和毅力。在大学自治这一理念的确立方面威廉·冯·洪堡是功不可没的，为了使大学自治理念成为一种制度并被延续，威廉·冯·洪堡成立了以讲座教授为主体的教授会，实行教授治学和治校的学术治理体制，使大学不仅为政府所能看到的眼前利益服务，更会不断地提高其学术与育人能力，在真正意义上完成大学的使命，促进整个人类社会的文明进步和思想繁荣。[①] 威廉·冯·洪堡认为，国家决不能要求大学直接地或完全地为国家经济与科技发展服务，国家若染指其中，只会对大学与社会的发展起到阻碍作用。[②] 由此，众多历史悠久的一流大学的学术自治传统成为大学发展模式的典范，产生了众多的经典大学。

大学自治的最终目的是实现学术自由。学术自由与大学自治是相辅相成的大学精神诉求，二者互为发展或繁荣条件、互为发展依托。大学自治就是要尽一切努力为大学的发展清除各种外在的干涉与阻碍，为大学的自主教学、自主研究提供良好的环境，从而培养学者们从事学术研究、探索真理的独立性和自由意志，确保大学的生命延续与精神活力充足。学术自由是大学生命的真谛，是大学发展的活的源泉和动力，大学要发展必须始

---

① 王建华.从理念到制度：对"大学自治、学术自由"的再思考［J］.青岛化工学院学报（社会科学版），2001，（3）：5-10.

② 肖海涛.论大学的学术责任与学术自由［J］.高等教育研究，2000，（6）：97-99.

终秉承学术自由理念。学术自由的意义就在于学者们可以完全地投入对无限真理的探索之中，摆脱任何有违科学精神与客观规律的限制和妨碍。自由的学术氛围能激发人灵感的跳跃和创新想象力的喷发，这种自由的学术空气是学者得以生长和坚持科研的生命源泉。学术研究的价值在于使学者的生命意义得到丰富，视野变得开阔而不受拘束，增强学者对事物的判断能力以及对国家和社会的责任感，为国家和社会保存一支敢于对那些在社会和政治上形成绝对优势控制力量的组织或个人进行提示与警醒，将社会的发展引向一个正确、健康的方向的队伍。① 大学的学术自由与国家和社会的发展是息息相关的，保持大学学术自由的繁荣面貌，是发展国家之科学技术的根本保障，国家理应尊重大学的尊严和独立，维护大学的自由和宁静，而不是为了让大学直接服务于当下国家的某种具体利益而让大学人放弃对诗和远方的追求。

学术自治简而言之就是将教育改革与发展和学术研究与管理交给那些真正热爱教育、认同教育规律、具有服务意识和献身精神且善于协调关系的专家，让学术组织实现内部自主管理和自觉自为，打造轻松自由的创造性环境和具有持续稳定性的学习共同体组织。② 当下，学术自由已深深地扎根在每一个具有真正思想内涵和价值追求的知识分子心中，学术自由是大学精神的理念，是大学在西方起源时形成的优良传统，也应当成为中国大学追求的目标。对此，人们必须认同并尊重这样一个事实：世界上最好的大学都产生于学术研究最为自由的国家，最好的大学也正是科学研究和教与学活动最为自由的地方，也必将造就最有成就的知识分子。③

二　固守本真的精神特质

一方面，随着实用主义思想的风靡，大学也开始着眼于社会的发展，开创了为社会服务的新职能，但社会、政府主要着眼于物质经济的发展，

---

① 肖海涛．一种经典的大学理念：洪堡的大学理念考察［J］．深圳大学学报（人文社会科学版），2000，（4）：80-86.

② 〔美〕罗伯特・M．赫钦斯．美国高等教育［M］．汪利兵译．杭州：浙江教育出版社，2001：12.

③ 李子江．学术自由：大学之魂［M］．北京：中国社会科学出版社，2012：46.

它往往与大学学术自由的精神相冲突。另一方面，随着大学自身规模越来越庞大及其与社会的联系日益紧密，大学对社会资金的依赖越来越大，已经很难脱离社会而独立存在。这就需要大学有直面冲突的勇气，在这个物质利益与精神的两难抉择中以维护大学之精神为中心，权衡利弊得失，维护自己应有的卓越品格和本真追求，并在此基础上或前提下更好地服务于社会。当今社会环境下，诸多大学为了满足社会的需要，在很大程度上正在使大学在压力和诱惑下危及或损害纯粹学术价值。① 但是，究其本质，大学是学术机构而不是政治、经济机构，大学的作用是维护、传播和研究永恒真理，不断地探索新的知识，以自身的学术成就服务于社会的文明发展，而不是代替政府或企业做它们应该去做的事情，大学要始终谨记自身的使命和存在的价值，更多地去指引人们树立崇高的理想，而不是短视地着重研究实际的操作技巧和现实的应对事务的方案②，大学及其精神本身应当走在时代的前面，超越世俗，超越当下的世界。大学是社会现象的批判者，是社会的思想者、反省者、质疑者和引领者。时代的变化需要大学走出象牙塔服务于经济和社会发展，但大学在全面承担起日益增加的社会职能时，必须坚守大学的学术自治和学术自由，并保持好自己前进的方向。

三 独立自主的责任担当

大学是人类思想的源泉和精神的家园，它必须始终保证对自己精神本质的坚守，在时代的洪流中保持其应有的本色。但客观上大学处于社会环境之中，是社会的一个子系统，它需要适应其外在的复杂环境，并以此在履行社会服务职能的过程中实现自身的生存和发展，适应的过程也是一个被改造的过程，大学必须在与社会系统诸力的博弈中坚守自身的信仰和执着，始终走在时代的前列，超越时代、引领时代的发展，防止因外力的牵绊而迷失自己，力争摆脱一切不良诱惑，为纷繁复杂的社会系统保留一片

---

① 〔美〕德里克·博克. 走出象牙塔——现代大学的社会责任〔M〕.徐小洲，陈军译. 杭州：浙江教育出版社，2001：76-77.
② 王益宇，汪敏生. 大学精神的失落和重建〔J〕.上海第二工业大学学报，2008，（2）：150-153.

精神的净土与家园。

大学既是一种实体的存在，又是一种精神的存在，学术自由和批判精神是其存在的价值前提，没有自由本性和批判视野的大学不可能成为一个追求真理的地方，更无法萌发创新性的思想。随着大学与社会的关系日益紧密，大学的职能也在发生着一系列的变化，但万变不离其宗，大学的本性是学术性和教育性，是追求个体的完善和人类精神境界的提升。无论它的职能如何演变，其精神本质特性不会改变，也不应该和不能改变。^① 当代大学不可能脱离社会大环境的必然影响而避世求生，必然受到环境的制约，但是，大学可以在较高程度上选择环境，按照自身的意愿修润和改造环境，使之更加符合大学的发展需求。在这种对环境的适应与改造中，大学必须秉持精神上的傲骨，站在精神巨人的肩膀上探索人类整体命运和社会文明的永恒主题，^② 坚守其最本质的自由思想和价值理念，追求人类社会最具有普遍意义和永恒价值的纯粹真理和原创学理。

小 结

随着市场经济的大发展，社会交往变得空前频繁，大学如若完全把自己封闭在宁静的氛围与独立的姿态中，就避免不了被社会边缘化的命运。大学需要开放，没有开放就不会有发展，大学需要走出与世隔绝、孤芳自赏的旧有状态，但是，大学却不能因此而丢失象牙塔精神。象牙塔精神具有其不可磨灭的价值，无论时代如何变迁，大学都要为社会存留一处神圣不可侵犯的禁地。在此基础上，大学还应带着象牙塔精神走出象牙塔，在为社会发展服务的同时滋养人类世界的精神境界，净化人的灵魂。为此，大学必须做到以下两点。

第一，大学必须在高雅学术与实用技术共同发展中实现对人的坚守。^③

---

① 刘亚敏．大学精神探论［D］．华中科技大学，2004．

② 王益宇，汪敏生．大学精神的失落和重建［J］．上海第二工业大学学报，2008，（2）：150-153．

③ 孙刚成，拓丹丹．缺失象牙塔经历的中国大学精神之应然取向［J］．兵团教育学院学报，2017，（5）：29-33．

  大学精神是人文精神和科学精神的融合，是一种独立、超然、批判和创新的风格，是自由包容的胸怀。大学教育的最终目的是对人的教育，坚守人本位思想是大学发展的应然取向。发展高雅学术是大学的本真及其对高深学问矢志不渝的追求，是现代大学自成立之日起便遵循的价值理念，而发展实用技术是大学走出象牙塔为社会服务时所衍生出来的社会职能，是大学为了适应社会的发展而需要尽的职责。怀特海认为，大学存在的理由是，其把年青一代和年老一代联合在一起，让他们对学术展开充满想象力的探索，从而在知识和生命的热情之间架起桥梁，^① 让年青一代和年老一代共同充满生活的热情和生命的激情。所以，不论是对学术的追求还是实用技术的应用，最终都必须指向人的发展，让每个生命个体都获得最适合自己本性的发展，让每个生命都充满生命的质感、生活的美感和精神的富足感。

  大学走出象牙塔，兼顾社会经济发展的同时，必须坚守大学的精神理念，将大学对学术的追求和对实用技术的探究融为一体，使之成为有效促进人和社会发展的主要媒介。雅斯贝尔斯认为有三件事情是大学必须要做到的，即职业训练、整全的人的教化和科学研究，而且三者相辅相成、相得益彰，尤其不能放弃整全的人的教化而机械地进行职业训练。^② 但是，现代大学在纷扰的世界带来的冲击和自身问题较多的境况下往往很难同时把三个目标都达成，如果在此情况下必须进行取舍的话，对整全的人的教化是任何时代或任何时刻都必须坚守的，而在职业训练和科学研究中则可以依据学校办学定位而任选其一或各有偏废，只有这样，大学教育才能有深厚的意蕴。另外，大学精神之于大学发展是统领性的概念，是大学看不见却可以清晰感知的灵魂所在，永远不能割舍；反过来，大学教育在本质上属于极具思想内涵的精神活动，需要学术自由与自治的支撑。这种大学的自由不仅是学术的自由，更应该是精神的解放和自由；不仅是简单摆脱外界的思想与制度束缚，更应该是自我的解放与超脱，这能够帮助大学人

① 〔英〕怀特海. 教育的目的 ［M］. 庄莲平，王中立译. 上海：文汇出版社，2012：125.
② 〔德〕卡尔·雅斯贝尔斯. 大学之理念 ［M］. 邱立波译. 上海：上海人民出版社，2007：67.

和大学自身获得一种意义深远的自由。① 这种自由来源于对科学知识的无限探索、对高深思想的不断追问、对宽容与理性的坚持、对多元与异见的尊重，以及坚定不移的求知意志。在这样的大学氛围下，大学人整全的人格品质就会自然生成，而无须刻意去追求或塑造。

第二，大学人必须保持在复杂社会中超凡脱俗的坚韧学术风骨。②

人是社会的一部分，人的发展标志之一就是社会化。但是，对大学人来说，社会化并不代表他们可以随波逐流，可以放弃自己的学术风骨或精神风骨。所以，大学人在社会逆潮流而行时是社会改造的脊梁；在社会顺势改革应时而变时是改革的旗手和标杆。他们继承了大学精神，是体现大学精神的主要群体力量；他们甘于寂寞，享受孤独，心怀对无限真理的执着追求，拥有崇高的信仰，对现实世界始终保持着敏锐的洞察力和批判精神；他们崇尚学术自由和精神独立，把追求真理当作满足自身内在需要和精神独立的使命；他们不仅追求拥有知识和技术，更追求一种人文精神和关怀；他们敢于批判现实社会的不公，不畏强权，向往挣脱一切外在的枷锁，向往永恒的至真、至善、至美的境；③ 他们存在的价值和意义就在于超越于自身的狭隘利益和时代的发展局限，成为社会的反思者、开拓者、创新者和引路人。

在某种意义上，大学的起源与知识分子的精神诉求密切相关。知识分子是大学精神的践行者、承载者和传播者，是自由、独立、民主精神的追求者；大学是知识分子的家园，是他们成长和发展的摇篮，④ 是他们展现自我精神追求的活动场域和精神栖息地；没有他们活跃的精神与实践活动，大学精神也就无以存在。在大学里他们可以自由地从事探究性活动，思想不受任何外在的压抑或侵扰，能够随意地表达自己的思想，与学生进

---

① 王益宇，汪敏生. 大学精神的失落和重建 [J].上海第二工业大学学报，2008，（2）：150-153.

② 孙刚成，拓丹丹. 缺失象牙塔经历的中国大学精神之应然取向 [J].兵团教育学院学报，2017，（5）：29-33.

③ 王益宇，汪敏生. 大学精神的失落和重建 [J].上海第二工业大学学报，2008，（2）：150-153.

④ 刘亚敏. 高等教育学科博士学位论文提要：大学精神探论 [J].高等教育研究，2005，（5）：5.

行自由的交流和探讨，使自己的思想得以传播。在大学本然样态之下，知识分子精神和大学精神是共契的，同样以自由、独立和批判精神为核心。[①]作为真正的学者，必须具备积极而独立的探究意识、自由包容的胸怀、在批判中求真务实的态度、公正公平的价值判断与捍卫真理的牺牲精神，以及儒雅的作风和对学术坚定不移的追求，能够坚守大学精神，并引领人类精神文明的航向。他们在大学的庇荫下形成独立思考的人文与理性精神，专注于对无限真理的追求，沉浸于学术，与时俱进，厚德博学，止于至善，坚守学者的独立精神和自由灵魂，恒久地在科学与人文的精神世界里自由地翱翔。

---

① 刘亚敏. 大学精神探论［D］.华中科技大学，2004.

第四章

大学精神的升华及其引领下的高等教育改革取向

在知识经济社会建设逐步推进、智能化时代特征日益凸显、广大人民的物质生活水平日益提高的新时代，人们开始越来越多地关注自己的精神世界构成、精神丰富程度和精神愉悦感受。在这样的时代，在中国特色社会主义建设与完善的过程中，透过2000多年的大学精神演进史，可以更清楚地认识到大学精神在当下社会应该在空想社会主义和共产主义引领下，在乌托邦精神与教育信仰支撑下完成升华，实现在智能化时代对高等教育变革取向的指引，让教育在追求人的完善的目的下更具人文厚度和精神深度，让大学真正承担起塑造精神和灵魂的时代使命。

第一节 乌托邦精神与教育信仰支撑下的
大学精神升华①

教育信仰之于大学精神的价值类似于信仰之于人的价值。"没有信仰，则没有名副其实的品行和生命；没有信仰，则没有名副其实的国土"②，因此，没有信仰的人就是没有生命意义的人，没有信仰的民族也就是没有精神支柱的民族。拥有教育信仰和共产主义信仰的教师，在其所从事的职业

---

① 孙刚成，寇晶，田伏虎. 乌托邦教育与信仰教育支撑下的精神超越［J］.思想政治教育研究，2015，（5）：27-31.
② 黄乾玉. 论教师的教育信仰及教师的教育幸福［J］.黔东南民族师范高等专科学校学报，2006，（1）：60-62.

中能够获得更充分、更显著的认同感和满足感，更能够体验到生命的意义和价值。所以，大学如果可以成为社会的良心，大学人，尤其是大学教师，则一定是具有教育信仰与理想，能够传承和发扬大学精神的社会脊梁与大学良心。

一 乌托邦之于大学精神的应有之义

（一）乌托邦的渊源与精神实质

乌托邦（utopia）的原词来自希腊语的两个词根，"u"是"没有"的意思，"topia"是"场所"的意思，合称"乌有之乡"，它主要是指乌托邦既不存在于现实空间中的一点，也不存在于当下时间范围之内的一瞬，而是一种依稀可以感知的虚拟的美好境界。《韦氏标准词典》对乌托邦的解释是"任何理想而臻于完美境界的地方和国家"。所以，乌托邦因其虚无性和其"完美境界"的难以实现性经常被看作空想、超现实和不科学的代名词。现实之中，许多人因为对乌托邦的这种不正确的理解而在很长一段时间内排斥乌托邦精神。此外，在当今这个物欲横流的社会，追求效率和实利的功利主义思想盛行，乌托邦精神也难以找到安身立命之所。但是，人类在现实生活中需要乌托邦精神作为自己生活和行为的指引，这样人类社会才会向着至善至美的境界前进，人类才能在乌托邦精神的指引下不断地追求自我发展和自我解放，才有动力走向诗和远方。

客观地说，乌托邦精神是"立足于当下可感境界又超越于当下现存状况的对真善美价值理性的不断追求精神"①，它的"实质是人们对美好社会的向往和对现实秩序的批判，它是人类精神文明的核心构成部件之一"②。从古希腊柏拉图的《理想国》和中国陶渊明的《桃花源记》，到近代欧文、傅立叶、圣西门等人提出的空想社会主义（或称乌托邦社会主义），再到马克思、恩格斯等人提出的共产主义，抑或是康帕内拉的《太阳城》和康有为的《大同书》，都为人们描绘了美好的未来蓝图，令人向往，引人追求。这种精神的实质正是大学精神的核心和应有境界，因为"大学教育是

① 郭三玲.论教育的乌托邦精神［J］.理论月刊，2004，（4）：89-91.
② 陈彦.民主与乌托邦［M］.北京：生活·读书·新知三联书店，2013：154-155.

一项培养人的事业，是一项通过培养人，让人不断走向崇高，生活得更加美好的事业。大学教育最重要的任务是塑造美好的人性，培养美好的人格，使大学生拥有美好的人生"①。所以，乌托邦精神不但与大学教育的价值内涵不谋而合，而且可以成为教育信仰的追求动力和美好蓝图，成为大学精神发展的依存点。

（二）乌托邦之于大学精神的意义与内涵

大学教育或大学精神之中必须要有乌托邦精神的意蕴。首先，乌托邦精神是一种追求完美的精神。人与社会作为当下的现实存在，虽然暂时无法达到，而且短时间内也很难企及完美的境界，但是，其对于完美的追求从未停止，也不能停止，更不应该停止。乌托邦作为一种立足于当下可感境界而不断追求真善美的精神，其使命"不在于对未来世界做出面面俱到的细节上的设计与规划，而在于克服人的自然惰性和对现存事实的消极默认，为人和社会走向新境界提供新的可能性"②。虽然乌托邦是对不一定能够成为现实的美好事物的理想愿景，但是，它对达到至善至美境界的执着追求本身具有巨大的精神安抚和期许价值。在乌托邦精神的指引下，大学教育的目的就应该是实现对美好人性的培养、对美好社会的建构。其次，乌托邦精神内含一种批判精神。"乌托邦精神意味着，它总是提示着一种批判性的向度，为可感的现存世界悬设一个普遍性的价值尺度。它以其超越当下观点的立场和超越当下有限之物的应然状态，审视人和社会的现状并提醒人们回头检视其目的的合理性和行动的意义与根据。"③ 乌托邦精神不只是一种追求完美的超越精神，同时还包含了对现实社会的隐喻式批判。当下的大学教育受到工具理性思想的较大影响，衍生出看重效率和实利的方向偏离问题，违背了大学教育"超功利"的价值本质。对此，人们应该反思大学教育的本体价值与人的至善追求，批判当下大学教育的功利主义思想，这正是乌托邦精神之于大学及大学精神发展的价值所在。最后，乌托邦精神更是一种积极乐观的生活态度的象征。对乌托邦的构想多

---

① 朱永新．过一种幸福完整的教育生活 ［M］．上海：华东师范大学出版社，2008：249．
② 贺来．现实生活世界——乌托邦精神的真实根基 ［M］．长春：吉林教育出版社，1998：6．
③ 贺来．现实生活世界——乌托邦精神的真实根基 ［M］．长春：吉林教育出版社，1998：7．

产生于社会危机或精神危机冲突时期，思想家们将希望投射于对理想社会的构筑上，因而面对双重危机仍能保持一种乐观的心态。就像柏拉图在谈到他的"理想国"时说的："任何愿认真思考，并在思考时自我克制的人，都会认为天上可能有一个'理想国'的样板；而他是不会介意在那里或就在这里到底有没有理想国的。他只是对这个理想国尽到责任，而不是别的什么"。①当前，很多大学人和聚集于大学之中的知识分子生活在没有精神信仰追求和理想寄托的迷茫或痛苦之中，他们要么对教育麻木不仁，要么因为认定自身无力改变大学教育的不良走向而对教育产生绝望或悲观情绪，这些问题积聚成大学教师的知识分子精神式微现象。② 这在很大程度上源自乌托邦精神的缺乏，也是教育信仰和共产主义信仰的缺乏。倘若大学人普遍拥有乌托邦精神，就可以使他们在面对当下大学教育时，既能看到大学教育现存的缺陷与不当，又能以发展的眼光看待大学教育的变革，并勇于承担责任致力于这一改革的推动。

大学教育本身及其彰显的大学精神应该成为对现实社会结构的一种理性批判和抵抗的力量，一种超越的精神力量与外在境界，一种洋溢着理想价值和精神光芒，并且能够引导现实社会结构取向合理变化的强大力量。③由此可以看出，从某种意义上来说，大学教育本身就是社会必要的乌托邦精神实体和现实机构。正是作为乌托邦精神的真实载体的大学教育，"才能培养人走出现实的洞穴的超越品格，才能使社会在现实的结构中抵抗鄙俗和无价值带来的对生活的损害"。④ 不过，具有乌托邦精神只是成为优秀大学人或大学知识分子的必要条件，要想将这种精神落到实处，必须将其培养成为坚定的信仰。

二 乌托邦精神涵养下的大学教育信仰

单纯的乌托邦精神具有容易被消磨或动摇的危险，但是，乌托邦精神

---

① 〔美〕乔·奥·赫茨勒. 乌托邦思想史 [M]. 张兆麟等译，北京：商务印书馆，1990：266.
② 谢明明，李强. 大学教师"知识分子"精神式微及其提振路径研究 [J]. 黑龙江高教研究，2018，(7)：126-129；王全林. "知识分子"视角下的大学教师研究——大学教师"知识分子"精神式微的多维分析 [D]. 南京师范大学，2005.
③ 金生鈜. 规训与教化 [M]. 北京：教育科学出版社，2004：246.
④ 金生鈜. 规训与教化 [M]. 北京：教育科学出版社，2004：246.

一旦与教育实践结合起来，成为一种指引实践行动的精神力量或可以转化为行动的自觉意识，就可以稳定下来，逐步转化为大学人坚定而持久的教育信仰。

（一）新时代呼唤大学人的乌托邦精神回归与教育信仰重塑

当今世界是知识经济与智能化社会并存的时代，更是一个异化的科技竞争与器物繁荣的时代，这个时代突出的特征之一就是人们对技术与物质的依赖程度和对知识的重视程度空前提高。这种"技术工具理性的亢奋性发展成就了器物繁荣，却又因为人们对器物的崇拜带来了文化的祛魅与灵魂的荒芜，致使文化媚俗，丧失了其自身的优雅与崇高"[1]。所以，发展技术和知识并不为错，但是，过度追求和依赖技术、过于强调机械僵化的知识传承或复制就成了人精神健康发展的障碍，它既会导致人们对人文素养的忽视和缺失，也易于让人们因盲目崇拜或过度追求而丧失职业操守、价值判断和信念与信仰，从而异化为缺乏精神诉求和道德底线的物质实体之人。在这种社会背景下，当今的大学教育中也存在盲目地崇拜知识与科技的现象，对知识的机械灌输与强化训练长期得不到明显改变，对科学技能和科研成果的追逐近似疯狂。客观地说，"知识是属于人的一种对象性的具有客观内容的意识形式"[2]，其根本意旨是帮助人们更快捷地认识自然、社会和自我，并在与个体经验结合的过程中提升个体综合素养，提高直接经验的精神领悟程度与深度，增强其带来的快乐感觉，并通过机体与精神的结合生成智慧。因此，大学教师借助传授必要的知识来促进大学生的发展是符合教育发展规律和人的成长规律的。但是，把知识与技能作为机械的确定符号去灌输或机械地反复操作就容易让人变成工具，这违背了教育的本质追求和基本规律。[3] 教育具有两种基本价值，一种是本体价值，另一种是工具价值。本体价值是要引导人理解并创造人的价值，帮助人成为具有精神追求和精神享受能力的"人"；而工具价值吞噬本体价值并占据绝对优势的时候，就可能将人培养成国家和社会在某一时期所需要的犬儒

① 郭大成，孙刚成．大学精神是大学素质教育之魂［J］．教育研究，2013，（10）：50-54．

② 夏甄陶．知识的力量［J］．哲学研究，2000，（3）：3-12、79．

③ 胡沫，杜娟．德育视阈中的大学知识教育与信仰教育辨析［J］．思想政治教育研究，2015，（1）：104-107．

之人或机械工作的工具，成为丧失精神追求的物质躯壳。当下的教育过多地重视教育的工具价值，过分强调知识灌输教育或者所谓的智育，忽视了学生的精神丰富与全面发展。教育的本质应该是"育人"，而非"制器"，大学教师的根本职责是引导学生成为最好的自己，这就需要教师深谙教育本质，强化教育信仰。因为信仰"是一个人的基本态度，是渗透在他全部体验中的性格特征，信仰能使人毫无幻想地面对现实，并依靠信仰而生活"①，而且信仰可以提升人在知识与实践之间结合的自觉、自为与快乐体验，从而逐步增强信仰指引下的文化自觉和行为自觉。纵观历史，伟大的教育家或著名的知识分子与社会学者都拥有坚定不移的信仰，如孔子信仰以"仁、义、礼、智、信"为核心的礼教，卢梭信仰"顺性达情"的自然人教育，苏霍姆林斯基宣称："我的教育信仰在于使人去为他人做好事，并发自内心深处去做，在于建造自我。"②

（二）教育信仰是大学人的灵魂内核和大学发展的强大动力

教育信仰是对教育由衷的灵魂式的热爱与忠诚，是对教育应然状态的执着追求，常常表现为"价值对事实的超越""应然对实然的超越"。③信仰教育是从相信到信念再到信仰的精神追求和教育实践升华有机结合的过程。所谓相信，就是肯定教育的价值应该在于把人培养成为具有丰富精神与灵魂的真人，理解和创造人的本体价值和衍生价值；而信念表现为教育工作者能够将尊重教育的本体价值作为自己教学活动的准则，自觉遵守，自觉坚持；到达信仰阶段则是"对教育促进个体和社会发展的极度信服和尊崇，是一种极其强烈而深沉的情感状态，它能把教育观念或理念转化到自己的教育行为中并贯彻始终，矢志不渝"④，自觉践行，知行合一。

"教育信仰是对人的信仰和对爱的教育信仰的统一"。⑤ 对人的信仰，

---

① 〔美〕埃·弗洛姆. 为自己的人〔M〕. 孙依依译. 北京：生活·读书·新知三联书店，1988：184.
② 〔苏〕苏霍姆林斯基. 怎样培养真正的人〔M〕. 蔡汀译. 北京：教育科学出版社，1992：2.
③ 韩歌萍. 大学教师如何确立教育信仰〔J〕. 理论导刊，2009，（10）：91.
④ 黄乾玉. 论教师的教育信仰及教师的教育幸福〔J〕. 黔东南民族师范高等专科学校学报，2006，（1）：60-62.
⑤ 黄乾玉. 论教师的教育信仰及教师的教育幸福〔J〕. 黔东南民族师范高等专科学校学报，2006，（1）：60-62.

体现为在以人为本思想的指导下，大学教育要以大学生的生命绽放为出发点，尊重大学生的本体价值，使每一位大学生成为臻于完美的人，成为最好的自己。把受教育者培养成为"臻于完美的人"和"最好的自己"虽然很难实现，但是，它是一种有望实现的美好理想和教育诉求，它可以鼓舞人们一代接一代地不断前进、不断追求，并在逐渐接近这一理想的过程中成就自我、实现自我。人正是在这样的理想指引下，按照理想的要求不断创新、改造，从而超越自己的。正如赫舍尔（Abraham J. Heschel）所言："我们认为人是什么样的，我们就会成为什么样的人。"[①] 信仰"完美的人"就意味着教育不是要实现预设的目标，而是使人不断成长和完善自身、不断接近或趋于完美的过程。若要追求人之身心不断的成长，唯有爱的教育才能达到目标。因为只有爱的教育才是真正的教育，才是能够帮助人成为精神实体之人的教育。"爱意味着对别人的责任"[②]，"深刻的爱存在于从'生存'到'实存'的关系转化中，对于爱者来说，一切'实存'都变得人化了。一块风景的灵魂，诸种事物的精神，以及每个地方的精神风貌，都在自然的爱的目光中呈现出来"[③]。爱能够使教育工作者抵御现实的诱惑，脱离现实生活的痛苦，战胜工作中的困难，不断追求自由的发展；"爱是一种强有力的正能量传递，在温暖对方的同时成就自己的幸福"[④]。拥有醇厚之爱的教育信仰，能使大学教师平等地对待每一位大学生，全身心地为他们付出，并将他们的成长和发展作为自己的最大幸福。

教育需要教育信仰、教师信仰与学生信仰的支撑。"教育若没有教育信仰作为灵魂，就会使教育陷入盲目、浮躁、平庸状态，难以发挥出价值作用；教师若没有教育信仰导航，就会迷失方向，精神匮乏，不能有效地发挥陶冶情感、提升人格、开发潜能的作用。"[⑤] "教育需要有信仰，没有

---

① 〔美〕A. J. 赫舍尔. 人是谁〔M〕. 隗仁莲译. 贵阳：贵州人民出版社，1995：7.
② 〔巴西〕保罗·弗莱雷. 被压迫者教育学（修订版）〔M〕. 顾建新等译. 上海：华东师范大学出版社，2014：55.
③ 方朝晖. 重建价值主体〔M〕. 北京：中央广播电视大学出版社，1993：174.
④ 孙刚成. 教育让人成为最好的自己〔M〕. 北京：中国科学技术出版社，2015：160.
⑤ 吴恒山. 教育需要信仰〔N〕. 中国教育报，2013-01-25：5.

信仰就不成其为教育，只是教学技术的堆积而已。"① 所以，教育过程就是"在人与人之间展开一种精神历程与心灵触碰的对话。在此过程中，教育信仰是一种巨大的教育力量，是教育价值实现的条件"②。教育信仰是每一位热爱教育的大学教育工作者能够快乐投入的持久动力和信念，在这一信念的支撑下，人们到达高级阶段的时候就可以超越现实社会的流俗，以出世的心态快乐地活在现实世界之中。

当每一位大学教师和大学人在大学教育中都树立坚定不移的教育信仰时，教育真正的价值也就得到了实现。大学教师和大学人若是加强了对信仰教育的理解，就会从低层次的职业境界、事业境界发展到高层次的理想境界与自我实现境界。也就是从以教与学作为自己的谋生手段，发展到以造就有灵魂有美德的精神实体之人为职业信念，并通过这样的自我成长来彰显自己的人文价值，实现自己的人生追求，最终上升到对"求真、尚善、信美"境界的常态化和自觉化追求。除此之外，笃定的教育信仰也为大学人的全面发展提供了强大的内部动力，即人们对自己所崇尚的事物的绝对追求所形成的信仰之力。根据马斯洛的需求层次理论，初级的需求是生存的需求，最高层次的需求则是对自我实现的需求。大学教师和众多大学人的事业发展就是自我实现的一种表现形式，若想完成自我实现，提升事业追求，外部动力只能作为助力或推手，由信仰支撑的内部动力才是决定性力量和恒久的动力。

三 教育信仰引领下的精神超越

人一旦形成了坚定而正确的教育信仰，就会在信仰的指引下，时刻融入自己挚爱的教育之中，自觉地用正确的教育理念指导自己的教育实践，不断坚定自己专注、淡泊、坚定的精神追求，逐步趋向文化自觉和精神超越。

(一) 教育信仰是大学人获得心灵宁静的法宝

在教育信仰的支撑下，大学教师可以通过对大学生进行爱的教育，引

① 〔德〕雅斯贝尔斯. 什么是教育 [M].邹进译. 北京：生活·读书·新知三联书店，1991：44.
② 严奉林. 教育信仰浅议 [J].教育科学研究，2002，(1)：62.

导他们逐步发展成为一定意义上完美的人。与此同时，当大学教师以自己高尚的情感换得大学生或科学研究的合作者发自内心的纯真友谊和真挚情感时，大学教师或教育工作者自己的内心也会产生积极的情绪体验；他们感到大学生或合作者们理解并接受了自己的心意之后，仿佛从中得到一种保证，确知自己是大学生或合作者所需要的，坚信自己是大学组织中受欢迎的人。因而产生愉快、自信、充实等积极情绪，得到情感上的满足①，获得精神上的满足感，得到自身价值的肯定，这极其可能激发他们对大学教育事业的无限热爱和激情。坚定不移的教育信仰让大学人和聚集于大学的知识分子们更少受到物欲的影响，获得精神的宁静，同时向着更高的精神追求迈进，促使大学人或聚集于大学的知识分子成为完全自由的纯粹之人。

在教育信仰的支撑下，大学教育将更加能够发挥自身的本体性价值，致力于把大学生培养成为真正的人，使大学生具有完美的人格，成为自由之人。同时，渗透了教育信仰的真教育将更好地融入生活之中，实现育人价值和文化传承价值的有机融合。"孔子在弟子衣食住行的诸多细节中，读出了他们的思想品质，及时地褒奖正直和高尚、批判平庸和邪恶，将教育淋漓尽致地融进生活之中；陶行知通过一支弹弓、几块糖果，使学生明白了真善美、摒弃了假恶丑，悟出了'生活即教育'的教育真谛；苏霍姆林斯基将学生带领到大自然中，在他们认识美妙无比的大自然的过程中，完美地让教育清泉流进他们天真纯洁的心灵。大师们的教育风景，经历了岁月沧桑，却魅力不减，光辉依旧"②，只因他们都拥有坚定的教育信仰。有信仰的教育一旦与生活联系起来，必将向着追求"至真、至善、至美"的境界前进。

在教育信仰的支撑下，整个社会将会以乐观的心态面对当下的种种教育问题，以发展的眼光看待教育的现状，以积极的态度共同推动教育改革，在不断追求符合大学精神诉求和教育本质的真教育的实践过程中，努力提升人们正在接受的现实教育的品质，创造符合教育发展规律且能够让

---

① 〔苏〕马卡连柯. 论共产主义教育 [M].刘长松，杨慕之译. 北京：人民教育出版社，1979：400-401.

② 朱永新等. 中国教育缺什么 [M].苏州：苏州大学出版社，2003：118.

人民满意的大学教育。因为，拥有教育信仰支撑的教育改革理想并非远离现实，"躲进小楼成一统，管他冬夏与春秋"并不是逃避，而应是基于现实的考虑，以乐观的心态、睿智的思维、发展的眼光进行超脱性学术追求的境界。这种教育信仰将成为大学精神的升华，引领大学人和聚集于大学的知识分子们向着教育事业更加美好而纯真、纯粹的未来而努力。

"教育必将是灵魂的教育，教育本身意味着：一棵树摇动另一棵树，一朵云推动另一朵云，一个灵魂唤醒另一个灵魂。"① 大学教育无时不需要教育信仰的支撑，缺失教育信仰的大学教育只能是没有灵魂的教育，也就不能被称为真正的大学教育。

（二）教育信仰是大学人实现精神超越的前提

信仰的高层境界即是超越与超脱，而超越与超脱需要自由的境界和自由的灵魂。马克思主义认为，自由就是对必然的正确认识和对客观世界的改造，是合理驾驭制度与规范的自觉与自为。人在多大范围内和程度上取得自由，是由人对客观世界的本质与规律的认识、理解和把握的范围与程度决定的，这种认识、理解和把握的范围更广、程度更深，人的自由也就更广泛、更多；反之，它们会同步缩小。人对客观规律的把握主要表现为思维层面的理念或精神和行动层面的自觉与自为。由此推论，人们对大学教育规律的把握就表现为大学理念或大学精神，就表现为一种合乎规律、合乎规范的精神超越。② 所以，设计完美的大学教育，"其目的应该是使纪律成为自由选择的自发的结果，而自由则应该因为纪律而得到丰富的机会"③，这样，大学人和聚集于大学的知识分子们才能够成为有信仰、能超脱的自我实现者，才能够成为敢担当、有责任感和使命感的人类文明追求者，成为真正具有公正之心、仁爱之心和公众意识，且能为弱势者代言的知识分子。

坚定的教育信仰是大学人和聚集于大学的知识分子基于对教育事业的

① 黄乾玉.论教师的教育信仰及教师的教育幸福 [J].黔东南民族师范高等专科学校学报，2006，（1）：60-62.
② 王志刚.大学精神是高校办学特色的灵魂 [J].中国高教研究，2003，（7）：13-16.
③ 〔英〕怀特海.教育的目的 [M].徐汝舟译.北京：生活·读书·新知三联书店，2002：55.

狂热与执着追求，坚定不移地从事教育事业，并致力于教育发展与完善的不竭动力；对于受教育者而言，教育信仰是其自愿接受教育，并坚信通过教育可以更好地认识自我、更充分地完善自我，从而获得个体生命价值的提升，是对教育力量的笃定。有了坚定的教育信仰与对教育的热爱，大学人和聚集于大学的知识分子获得自由、在教育领域获得更好的发展、推动教育事业的进步等梦想就可以实现；受教育者拥有自由、在参与教育教学活动中充分展现自我、发挥自己无限的创造才能的梦想也会成为现实。自由是在最适宜的条件下，以不损害他人与社会的利益为前提的合规律的习惯性自觉①，只要获得了真正的自由，无论是教育者还是受教育者都可以在自己热衷的领域创造出越来越多的奇迹。

在教育信仰的支撑下，大学人和聚集于大学的知识分子追求的最高境界是获得教育自由，而受教育者所追求的最高境界是获得自由教育。教育自由是指大学人和聚集于大学的知识分子能够拥有举办教育、管理教育、进行教育教学和学术研究的自由，属于实践反思范畴；自由教育是指受教育者可以自由学习、自由思考、自由探索，属于自我认识与检验范畴，二者的有机结合正是教与学的最高境界。但是，自由教育并非毫无节制地随心所欲，也不是专制教育，它"必须是作为灵魂的事件，发生在人的心灵世界之中，不仅仅是人对现实生活的适应，而且是对现实生活的改造与超越"②。实现自由教育的前提是处理好自由与纪律二者的关系。"通往智慧的唯一的道路是在知识面前享有自由，但通往知识的唯一途径是在获取有条理的事实时保持纪律。"③ 教育教学有其特定的规律，正确认识并掌握它的规律，就能够游刃有余地游弋于自由与纪律之间。正如怀特海所言，"教育的开始阶段和结束阶段的主要特征是自由，但是有一个纪律占主导地位的中间阶段，这时自由从属于纪律"④。教育是由浪漫阶段、精确阶段

① 郝文武.自由教育的价值和实现方式 [J].高等教育研究，2009，(9)：18-21.
② 刘铁芳.古典传统的回归与教养性教育的重建 [M].北京：北京师范大学出版社，2010：267.
③ 〔英〕怀特海.教育的目的 [M].徐汝舟译.北京：生活·读书·新知三联书店，2002：54.
④ 〔英〕怀特海.教育的目的 [M].徐汝舟译.北京：生活·读书·新知三联书店，2002：55.

和综合运用阶段组成的不断循环与交织的周期。在浪漫阶段和综合运用阶段，教育应该给学生提供自由的学习模式；而精确阶段进行的是知识的增加和补充，是人的定向规制阶段，需要有一定的纪律来保证学习。自由与纪律看似矛盾，实际绝不是二元对立的，而是和谐共生、相得益彰的一体两翼或者互补共进的协作伙伴。纪律可以在有形约束的基础上通过向无形自觉提升促进真正自由的实现，自由则可以通过自觉让纪律无处不在地发挥规范作用并臻于完善，却让人毫无负担之累。

"自由既是人追求的目标，又是人追求目的的手段；既是对必然的认识，又是对应然的追求和实然的创造。"① "教育者在其整个生活现实中寻找不到完满，于是他便超越生活，为自己建立第二个世界，即心灵世界。作为一个精神性的存在，他同样紧紧地被束缚在他的生活现实中，但他以思想的翱翔超越了生活。他摆脱了现实的束缚，通过心灵的想象力和创造力找到了回归存在的道路。"② 有信仰的大学人和聚集于大学的知识分子更能够从纷繁复杂的现实中超脱出来，实现自我的精神超越与超脱。此时的大学人和聚集于大学的知识分子可以清楚地分辨教育的理想与现实，并游弋于二者之间，用对教育美好的理想和坚定的信念去改变现实的教育。受教育者在自由的保障下接受教育，成为自己的主人。同时，他们将更清楚地知道自己想要成为怎样的人，并且依据自身的兴趣，向着自己所向往的更完美的方向发展。

（三）实现精神超越是文明人和人类文明的最高追求

所谓文明人，是指那些拥有美好理想，坚定追求理想，忘我体验生活，竭尽所能使自己趋于完美，希望为人类社会的文明与进步做出贡献，具有强烈社会责任感和自我实现需要的人。大学"是研究和传播科学的殿堂，是教育新人成长的世界，是个体之间富有生命的交往，是学术勃发的世界"③。"它使青年和老年人融为一体，对学术进行充满想象力的探索，

---

① 郝文武. 自由教育的价值和实现方式 [J]. 高等教育研究，2009，(9)：18-21.
② 〔德〕雅斯贝尔斯. 存在与超越——雅斯贝尔斯文集 [M]. 余灵灵，徐信华译. 上海：上海三联书店，1988：170.
③ 〔德〕雅斯贝尔斯. 什么是教育 [M]. 邹进译. 北京：生活·读书·新知三联书店，1991：150.

从而在知识和追求生命的热情之间架起桥梁。"① 在这座桥梁上或殿堂里，大学教师以传播真理、培育新人、进行学术研究为己任，具有教学和研究的自由；大学生作为发展中的人，在逐步成长的过程中，理应具有自我负责的思想，拥有学习的自由和发展个性的权利，在批判思维和发散思维强化的过程中逐渐成为文明人。

当下，由于中国高等教育已经进入普及化阶段，不同大学之间竞争激烈，加之社会功利化倾向严重，大学失去了原有的纯洁与宁静，以"闲逸的好奇精神追求高深学问的大学理念退居次要地位，而以政治论为主导的大学的社会政治、经济和服务功能渐趋大学理念的支配地位"②。展望未来以知识经济和信息化传播为突出特征的创新型与智能化社会，不难预见，无论是国家发展还是社会进步，都将日益需要能够以"闲逸的好奇精神追求高深学问"之人。另外，清净与空灵的精神世界和丰富的精神体验与身心交融的和谐统一才是人间最美好的境界。换句话说，丰富的精神体验与身心交融是人们在清净与空灵的精神世界中不断迸发灵感和激情的催化剂与不竭动力。所以，作为探索学问、培养健全理性和养育人文情怀的大学，必须竭尽全力为师生提供自由求知所需要的纯净、闲适、开放而包容的大学精神空间③；作为对一项富有理想性和创造性的事业有着执着追求的大学教师，理应用自己坚定的教育信仰和对美好、正直、善良的向往，以满腔热情孜孜不倦地引导和激励大学生健康成长，去培育更多专注追求精神超越的文明人。在越来越多能够实现精神超越的文明人引领下，整个社会将以实现精神超越为航标，逐步成为一片自由、平等、公正、法治的文明乐土；众多有信仰、有追求、有自我实现志向的人们将可以在这片文明乐土上与灵魂对话、与智慧交流、与自由结友，成为真正实现精神超越的文明人和个性鲜明的全面发展之人。

---

① 〔英〕怀特海. 教育的目的 [M]. 徐汝舟译. 北京：生活·读书·新知三联书店，2002：137.

② 〔美〕约翰·S. 布鲁贝克. 高等教育哲学 [M]. 王承绪等译. 杭州：浙江教育出版社，2001：89.

③ 刘铁芳. 保守与开放之间的大学精神 [M]. 北京：北京师范大学出版社，2010：114.

第二节　大学精神引领下的新时代高等教育改革取向

21 世纪是知识经济时代，更是智能化浪潮来临的时代，尤其是对高等教育产生深远影响的以慕课和"互联网＋"理念为代表的信息技术平台与观念更新，给高等教育发展带来了巨大冲击，大学精神在这一新的时代背景下必将与时俱进，对其本质内涵和新的时代特点进行有机结合，在充分利用新的教育资源和手段优势的基础上，基于大学精神对促进人之为人的精神丰富与文明化的基本诉求创新高等教育发展取向，实现大学精神在新的时代背景下，在自由、开放、包容、个性化等多个维度上的创新发展，并促进高等教育在更高层次上遵循本质规律，实现健康发展。

一　新时代触发高等教育变革的基本表征

新时代以其为教育发展带来的快速而规模宏大的信息更新和便捷的知识获取手段等突出特征为基础，引发了教育方式和手段的巨大改变，也诱发了高等教育观念的变革，迫使众多大学开始在大学精神引领下进行从手段到观念的教学改革探索，从而对高等教育造成新的巨大冲击和影响。

（一）慕课的出现及其对高等教育的影响①

慕课是英文 MOOC（Massive Open Online Course）的音译名，意指大规模在线开放课程。这一概念从 2008 年被提出至今已有 10 余年之久②，其发展势头极其迅猛，犹如"数字海啸"般迅速扩散到世界各地及教育的各个层级。2012 年，Coursera、Udacity 和 edX 三大平台正式运营，免费向全球提供世界一流大学的课程资源，吸引了大批来自各国的学习者，致使慕课在全球范围内快速推广，德国、英国、澳大利亚、韩国、新加坡等众多国家积极加入该平台，中国的清华大学和北京大学也于 2013 年 5 月正式加

---

① 孙刚成，田玉慧，王学普 . MOOC 和 Ipodia 对传统高等教育的冲击与启示［J］. 学术论坛，2014，（8）：146-152.
② 陈肖庚，王顶明 . MOOC 的发展历程与主要特征分析［J］. 现代教育技术，2013，（11）：5-10.

盟 edX。① 全球已有数千所大学在慕课平台上开设学分课程，允许学生选课并获得学分。

慕课的极速发展并非偶然，它一诞生就开始火爆发展的主要原因之一在于教育信息技术和互联网络的巨大进步。以 4G 和 5G 为主的互联网、大数据、人工智能等技术把人们带到了数字化时代，而慕课将理念与技术融为一体，不仅践行了大规模、在线、开放的教育理念，更在技术上实现了大规模的交互参与和实时反馈。硬盘的密度容量和传速以及网络传输的速度和流量大幅增长，使得大量数据信息得以被快速收集传递；云存储和云计算的发展日趋成熟，使得信息处理高效快捷。正是这些技术的创新，才推动了慕课的诞生与快速发展。② 主要原因之二是其源自美国大学的反思。近些年，美国大学普遍在积极思考如何降低教育成本、提升教育质量，因为在美国上大学的费用十分昂贵，大学生平均每年的花费为 27435 美元，也就是说他们获得学士学位的花费将超过 10 万美元。③ 而一些名校的学费更是高昂，2013~2014 学年美国高等教育纪事显示，耶鲁大学平均每年的州外学费是 4.4 万美元，哥伦比亚大学约为 5 万美元。此外，2011 年皮尤研究中心的一项调查数据指出，60% 的美国人认为大学里提供的教育与所需的费用不匹配。④ 在这种种因素的影响下，美国的高等教育不得不静静思考，寻求一条新的廉价高效办学出路，于是，慕课应运应时而生，很好地化解了传统高等教育面临的部分困境，也适应了智能化时代教育的发展方向。

作为一种新型的网络教育形式，慕课既是远程教育领域的新发展，又是开放教育资源所推崇的开放教育理念的新发展，这种"新"突出表现在以下几个方面。第一，即时互动和大规模的交互参与。用户注册账号并登录后可以在线学习，每堂课的时间在 10 分钟左右，在此期间，时不时地会有弹出式窗口问题出现，参与慕课的学习者则需对此作答，只有答案正确

① 苏芃，罗燕. 技术神话还是教育革命？[J].清华大学教育研究，2013，(4)：6-12.
② 苏芃，罗燕. 技术神话还是教育革命？[J].清华大学教育研究，2013，(4)：6-12.
③ 王文礼.MOOC 的发展及其对高等教育的影响 [J].江苏高教，2013，(2)：53-57.
④ 邓红，周宝玲.MOOC 对我国当代高等教育变革与发展的启示 [J].高等理科教育，2016，(2)，7-14.

才能继续上课，如在学习过程中有所疑问也可以在线提出，经过 5 分钟左右便有人针对自己所提问题进行答疑解难。① 第二，强大的数据捕捉和分析功能。慕课利用这种功能可以将每个学习者的在线学习行为记录下来，汇集成大数据，通过数据挖掘等工具发现其中暗藏的规律，这样一来教师便能及时掌握学生的学习状况，并针对其状况，适度调整教育教学的方式和内容，以此促进学生更好地学习。也正是慕课所独具的这些特质使得其在短短几年的时间内便轰动了全球教育界，对高等教育中机械搬运的知识传授模式更是产生了巨大冲击。edX 的创始人阿南特·阿加瓦尔（Anant Agarwal）认为，慕课是学习领域中难得一见的技术进步；MIT 的校长莱夫（L. Rafael Reif）则认为，这是 500 年来高等教育领域最为深刻的技术变革。②

在慕课发展中诞生的 Ipodia 互动讲台是由南加利福尼亚大学维特比工程学院发起的合作教育计划和"世界课堂"理念的实现平台。它使全球各地的学生能够利用互联网实现无专业、地域、国界限制的合作交流与互动学习。相比传统教学和远程教学模式，这种课堂教学更加重视教学相长、学科兼容、文化联通与发现教学，并通过互联网连接相隔万里的教室，实现异地同窗教学。

慕课凭借其参与人数之多、参与者分布范围之广、影响之深已经在极短的时间内对传统高等教育产生了巨大的冲击和影响，引发了世界各国高等教育及相关人士的高度关注。"MOOCs 将引发教育领域的一场重大变革，这种变革不仅仅是教学工具的革新，更是教育全流程的再造，甚至是对国家教育主权的挑战"③，这样的预测虽然有夸大之嫌，但是，慕课为高等教育带来了变革和挑战已经毫无疑问；Ipodia 基于"无边界互动学习环境"理念，使传统的"竞争式的学习"模式变成了一个可增进相互了解、有教无类、无边界合作分享的"和谐式教育"新模式。"当不同文化背景的学生在虚拟世界里实时地加入同一个学术任务和课堂项目时，学习就成为一

① 吴爱华. 大规模网上开放课程（MOOCs）的优势和不足及其对大学教育的影响［J］. 大学图书馆情报学刊，2014，(3)：125-128.
② 苏芃，罗燕. 技术神话还是教育革命？［J］. 清华大学教育研究，2013，(4)：6-12.
③ 汪瑞林，张春铭. MOOCs 的挑战与大学的未来——访教育部科技发展中心主任李志民［N］. 中国教育报，2013-09-23：3.

种延伸至全球的横向体验"。①慕课和全球课堂教学的这些特点与优势正是传统高等教育需要在改革中借鉴的关键之处，也是改革中不可回避的问题。

（二）"互联网+"的诞生及其带来的思维变革②

随着智能社会的快速发展，以互联网为代表的现代技术不断给人们的生活带来巨大的影响和深刻的变革。2015年3月5日，时任国家总理李克强在第十二届全国人大第三次会议上做的政府工作报告中提出要制定"互联网+"行动计划，以此来"推动移动互联网、云计算、大数据、物联网等与现代制造业结合，促进电子商务、工业互联网和互联网金融健康发展，引导互联网企业拓展国际市场"③。之后，"互联网+"概念迅速传播到全国乃至全世界，深受各行各业的追捧，"互联网+"作为一种新的生态，正在向人类生活的各个领域渗透，成为世界各国社会发展必不可少的驱动力量。高等教育同其他行业一样，面对"互联网+"时代的到来，也受到了革命性的冲击，"互联网+"尤其对传统的高等教育理念和人才培养提出了巨大挑战。

国内关于"互联网+"理念的描述最早可以追溯到2012年11月于扬在易观第五届移动互联网博览会上的发言，他提出"互联网+"将会影响到所有的传统行业和服务产业，每一个行业都应该找到并利用好自己的"互联网+"。④2015年7月4日，国务院印发《关于积极推进"互联网+"行动的指导意见》，"互联网+"被解释为"把互联网的创新成果与经济社会各领域深度融合，推动技术进步、效率提升和组织变革，提升实体经济创新力和生产力，形成更广泛的以互联网为基础设施和创新要素的经济社会发展新形态"⑤。"互联网+"作为创新3.0时代的标志主要具有以下特征：一是先进的基础设施，云计算、物联网、3D打印等技术和设备为

① 〔美〕杰里米·里夫金.第三次工业革命：新经济模式如何改变世界［M］.张体伟，孙豫宁译.北京：中信出版社，2012：256.
② 孙刚成，宋紫月."互联网+"时代的高等教育变革取向［J］.重庆高教研究，2017，（6）：46-53.
③ 马化腾."互联网+"激活更多信息能源［N］.光明日报，2015-05-09.
④ 马化腾."互联网+"激活更多信息能源［N］.光明日报，2015-05-09.
⑤ 国务院关于积极推进"互联网+"行动的指导意见［EB/OL］.［2016-09-04］.http://www.gov.cn/zhengce/content/2015-07/04/content_10002.htm.

"互联网+"的发展提供技术支撑，使得人们能够更快速、更便捷地获取信息并得到需求反馈；二是万物的跨界融合，"+"本身就意味着开放、跨界和融合，融合能提高开放度、增强适应性，让万事万物连接起来；三是新型的社会空间，信息技术通过互联网与各领域跨界融合，使得社会关系网络化、人际交往便捷化、虚拟与现实融合化，尤其是已经启动的 5G 网络的推广，必将促使世界一体的特征进一步加强。①

2016 年世界银行发布的《2016 年世界发展报告：数字红利》显示，2005~2015 年，互联网的用户数量便由 10 亿上升到了 32 亿，② 截至 2020 年，世界互联网用户超过 40 亿的时候，仅中国的互联网用户就已经达到 13.19 亿。③ 这意味着越来越多的人开始使用互联网，并已开始趋向互联网思维模式。互联网思维是立足于互联网技术去思考和处理问题的思维，它是互联网的应用与发展在人们思想上的反映，这种反映会经沉淀而内化到人们的思维结构里。④ 首先，这种思维要求人们按照互联网的特点和规律去思考。当前，平等、开放、互动、共享是互联网最显著的特征。平等使得每个人获得交流的身份与机会，赢得了人们对互联网的使用兴趣；开放打破了传统的闭塞局面，解放了人的思想；互动确保了信息的对称，实现了远程的交流；而共享则作为一种姿态，深深地烙印在思维之中。其次，这种思维要求人们增强同理心，能够更好地按照互联网用户的需求去思维，因为不了解用户的需求和想法，就没办法拥有大量的用户以及使用对象，更无法通过互联网与用户实现互联互通。所以，"用户至上"是互联网思维的重要理念，只有满足了用户的需求，才能让"互联网+"行动计划变为现实。⑤ 现实之中急需推进的个性化教育同样需要教育者和学校了解学生的个性化需求、满足学生的个性化需求，给予他们平等的机会、开

① 陈丽，林世员，郑勤华．"互联网+"时代中国远程教育的机遇和挑战［J］．现代远程教育研究，2016，(1)：3-10.
② 世界银行：世界上仍有一半人口不知互联网为何物［EB/OL］．http://tech.ifeng.com/a/20160115/41539871_0.shtml.
③ 李政葳．报告显示：我国移动互联网用户 13.19 亿 占全球规模 32.17%［EB/OL］．https://baijiahao.baidu.com/s? id=1673180450559928867&wfr=spider&for=pc.
④ 周文彰．简论互联网思维［J］．北京联合大学学报（人文社会科学版），2016，(2)：1-7.
⑤ 周文彰．简论互联网思维［J］．北京联合大学学报（人文社会科学版），2016，(2)：1-7.

放的环境和互动与共享的空间。

面对这样变幻莫测的时代，互联网的思维模式给传统的教育也带来了前所未有的冲击。人成了"随时、随地、任何物、任何人均可连接的泛在网络社会"人①，通过网络，可以快速、便捷地获取自己需求的知识；学习变成了一种生成性意义互联的过程，教师的教学趋向了个性化教育，以菜单式的个性化教育为主的模式将渗透进教育的每个毛孔；此外，教师的角色也发生了一定变化，"互联网+"时代的教师将成为拥有学生的引导者、启发者、合作者、共同探究者、服务者、支持者、监督者等多重身份的专业人士；慕课、翻转课堂，以及一些新媒体、新理念纷纷走进课堂，人人可以成才的理念迅速扩散并成为大众的希望；教师不再是权威的知识输出者与课堂主导者，学生也不再是纯粹的知识被动接受者或复制者，教师与学生的关系将向着持久而松散的互动共进方向发展，教学相长，而且可以永久为师友、为学伴；同时，教育对人的人文素养建构和基于同理心的责任意识培育职责将更加重要，让人成为有担当的文明人、成为最好的自己等呼声将更加强大。

（三）新时代为彰显大学精神需要进行的变革取向调研结果

为了进一步了解新时代在慕课与"互联网+"推动的高等教育变革中，要彰显大学精神需要怎样的变革取向，本书在针对现代大学精神状况进行的问卷调查中，设置了关于如何让大学有精神的开放调查题目。调查中，共计有 257 名高校教职工填写开放题目，去掉 9 份填写"无""不知道"等无效内容的问卷之后，剩余有效问卷 248 份；被调查的大学生中共有 204 人填写开放题目，去掉 13 份填写"无""不知道"等无效内容的问卷之后，剩余有效问卷 191 份。研究者对 439 份有效问卷进行逐一提取关键词处理，得出结果如表 4-1 所示。从表 4-1 和图 4-1、图 4-2 中可以看出，高校教职工和大学生认同的让大学有精神的做法往往涉及"学术自由/兼容并包""去行政化/官僚化""以人为本/尊重个性""求真务实向善""理论联系实际/知行合一""教授治学"等内容，这一结果与本次问卷调

① 高钢. 物联网和 Web3.0：技术革命与社会变革的交叠演进［J］. 国际新闻界，2010，（2）：68-73.

查中的选择性调查结果基本一致，而且与本书通过文献研究与学理分析推论出的变革取向基本一致。所以，下文对变革取向的观点是在文献研究、学理分析和实证调查的基础上得出的。

表 4-1　被调查高校教职工与大学生认同的让大学有精神的做法中的关键词词频统计

单位：次

关键词	出现频次			关键词	出现频次		
	高校教职工	大学生	合计		高校教职工	大学生	合计
学术自由/兼容并包	59	32	91	理论联系实际/知行合一	5	19	24
去行政化/官僚化	41	17	58	一流师资	7	2	9
以人为本/尊重个性	28	22	50	一流校长/教育家办学	4	1	5
教授治学	16	6	22	学术信仰	2	1	3
求真务实向善	15	18	33	多元治理/现代大学制度	3	1	4
倡导批判精神	4	11	15	学会学习/自主学习	3	4	7
去功利化/减少浮躁	19	6	25	做自己喜欢的事	2	2	4
自主办学/大学自治	13	4	17	学会做人	0	3	3
学术与文化氛围	8	12	20	增加投入/提高待遇	12	0	12
民主平等公正	5	5	10	改革评价体系	10	0	10
鼓励创新	7	4	11				

图 4-1　被调查高校教职工认同的让大学有精神的做法中的高频词

图 4-2　被调查大学生认同的让大学有精神的做法中的高频词

二　以慕课为主的在线教育融合大学精神触发的高等教育变革①

以慕课为主的在线教育最大的优势就是无边界的广泛开放性和鼓励学生自主选择学习课程、便于他们开展自主学习和学术探究，这些优势和大学精神倡导的基本教育理念完全相通，所以，大学精神的与时俱进，就是能够把自身符合教育本质诉求的先进理念和新时代出现的新技术、新媒体等资源优势与先进方法有机结合起来，为未来高等教育的发展指明方向，为创造更加文明、富强的社会和让人更有幸福感、认同感和获得感的美好生活做出应有的贡献。

（一）终身教育成为未来大学教育的基本理念

面对日益激烈的职业竞争以及适应时代快速发展的需要，人们开始重新认识大学精神内在包含的在纯粹科学研究中必然生成的终身学习动机与能力，急切希望寻找新的途径满足他们接受终身教育的愿望。以慕课为主的在线教育学习方式的出现恰好迎合了这种强烈需求，新技术的优势与特

---

① 孙刚成，田玉慧，王学普．MOOC 和 Ipodia 对传统高等教育的冲击与启示［J］.学术论坛，2014，（8）：146-152.

点和大学精神内涵中的终身教育理念与诉求快速融合，使得终身教育日益成为现实中的一种可能与未来的必然趋向，未来教育的前景陡然变得广阔起来。

第一，终身教育的时代价值陡然上升。终身教育理念自 1965 年在联合国教科文组织召开的国际会议中被提出后，在世界各国反响强烈。迄今为止，终身教育已成为各国制定教育方针、政策的基本理论依据；在即将来临的知识爆炸的智能化社会，终身教育更将成为人们适应时代步伐、获得生存机会的迫切需要。在学习化社会，知识更新换代的速度已经超出人们的想象，单纯地接受学校教师和书本提供的知识可以说是落伍的、"陈旧"的做法。而以慕课为主的在线教育和互动学习的出现，不仅提供了学习平台和新的学习途径，极大地满足了各个年龄阶段人群随时随地学习的要求，而且课程内容新颖、实用，保证了学习的质量与效率。终身教育理念的快速扩散是以慕课为主的在线教育对传统高等教育的冲击的首要表现，是未来大学良性发展的首要选择。慕课将促使人们重新思考以发展性学习为根本的高等教育本质①，其与世界各国正在努力构建的终身教育体系有着共同的基本诉求②。

第二，泛在学习成为终身教育顺应时代需要而形成的新的学习模式与学习样态。"学习正在向人民群众开放，这是前所未有的。学习也正在以全新的形式向那些拥有学习机会的人们开放。"③ 新的学习方式打破了大学围墙和对入学资格的特殊要求的限制，对传统高等教育的功能、定位、模式等造成了巨大冲击，未来的大学只有以终身学习与终身教育为基本理念，及早建立完整且完善的终身学习与教育体系，才能在新时代获得新生。网络技术的高速发展、泛网时代的来临，促使泛在学习以其独特的优势和影响力为终身教育的发展和完善提供了崭新的学习模式，也为未来大学的发展提供了更加便捷的模式。

泛在学习（U-learning）是继远程教育（D-learning）、在线学习（E-

① 赵晓霞.MOOC 冲击传统高等教育模式［N］.人民日报（海外版），2013-06-14：6.
② 厉以贤.学习社会的理念和建设［J］.高等教育研究，2000，（5）：21-25.
③ ［美］柯蒂斯·J.邦克.世界是开放的：网络技术如何变革教育［M］.焦建利等译.上海：华东师范大学出版社，2011：41.

learning)、移动学习（M-learning）之后出现的，以泛在计算技术为支撑的学习方式的新的发展阶段。泛在计算技术旨在让所有学生能够通过移动终端设备实现随时随地的学习，即任何人在任何时间、任何地方、任何情境下都可以利用任何有线或无线网络技术获得所需要的任何学习信息和学习支持，这一技术和方式的优势在 5G 时代更加明显。

泛在学习是以学生为中心的学习方式，它既继承了在线学习、移动学习的优势，同时又发展了自身的特色，突出了学习资源的"永久性、即时性、可获取性与教学行为的场景性、适应性"等特征①，这些恰恰与终身教育对终身性、全民性、灵活性、广泛性等的要求相呼应。"由于泛在学习把学习的灵活性和开放性融入了人们的日常生活中，它使得人类学习成为一种几乎是无任何局限性的、自然的学习，使得每个人的终身学习成为可能"②，这意味着人们已开始步入"活到老，学到老"的理想境界。可以说，目前为止甚至未来较长的时间内，泛在学习将是终身教育在未来大学中的理想开展方式，因为泛在学习打破了学校教育的围墙，让所有人获取知识和信息资源时都不再受到时间、地点、条件等的限制。

（二）兼容并包成为未来大学发展的不竭动力

"说到一所大学的教育，它的核心问题是使青年学子们在知识和智力发展方面接受一批充满想象力的学者们的影响。"③ 因此，大学的发展需要网罗各个领域有独特新知、见解和深刻思想的专家、学者，做到"不拘一格降人才"；同时，信息时代知识和资讯呈爆炸式增长，各种"潮流"观点、学术思想、网络技术等充斥着社会和大学教育，面对这些"新文化"，人们只有恰当地接受和融入才能适应世界发展的步伐而免于被边缘化。近几年，中国众多名牌大学纷纷与以慕课为主的在线教育平台建立合作关系，并获得了良好的回应，这正是它们审时度势的证明，未来这种趋势会

① Y. S. Chen et al. A Mobile Scaffolding-Aid-Based Bird-Watching Learning System［C］∥Proceedings of IEEE International Workshop on Wireless and Mobile Technologies in Education. Sweden：Vaxjo，2002：15-22.

② 夏云，李盛聪. 近年我国泛在学习研究文献的综述［J］.中国远程教育，2012，（5）：36-40、95.

③ 〔英〕怀特海. 教育的目的［M］.徐汝舟译. 北京：生活·读书·新知三联书店，2002：150.

日益明显。以慕课为主的在线教育平台将全世界优秀的大学、课程、教师纳入其中，积极打造一流的网络学习平台让学生体验、共享，这些实际行动进一步彰显了大学精神中的兼容并包思想与诉求。因此，对于以慕课为主的在线教育平台这类新兴产物对传统高等教育的影响，兼容并包理念下的与时俱进和边界拓展将是继终身教育理念广泛传播之后又一重大表现，唯有如此，未来大学的发展才会充满不竭动力。

第一，兼容并包内涵的提出及其与时俱进。1916 年蔡元培先生担任北京大学校长，对北大颓废、沉闷、物化的校风进行大刀阔斧的改革，其中影响深远的是他提出的"思想自由，兼容并包"教育思想。蔡元培先生提出的兼容并包思想主要包括两方面内涵，一是倡导学术自由，鼓励百家争鸣，对各种学术思想流派采取宽容、开明、自由发展的态度，真正做到"无论何种学派，苟其言之成理，持之有故，尚不达自然淘汰之运命，即使彼此相反，也听其自由发展"[1]；二是在教师的聘任上不问学派、信仰、政治立场和学历出身，以具有强烈的学术热情和职业信仰为标准，以借助民族文化精粹或世界文化精粹唤起年轻人的学习与爱国热情为目的，延聘纯粹的追求学问之名家，为大学生寻找可以令他们佩服的学问上和道德上的导师。[2] 兼容并包思想作为对大学精神的丰富，在提出时具有极其重要的意义，在 100 年后的今天和未来社会也都同样具有恒久意义。所以，在社会崇尚个性化、人类追求个性化的今天，在以慕课为主的在线教育冲击着传统高等教育的现实之下，与时俱进地完善并践行兼容并包思想已经成为大学发展的必然选择。以慕课为主的在线教育促进了师生之间的平等关系，进一步落实了以学生为中心的理念，为个性化的学生和学生发展的个性化提供了更多的肯定和保护，这些理应成为大学兼容并包思想的新内涵，最初以学派和学者为主体的兼容并包应扩大到受教育者，对他们个性化的品性、思维、能力、需要等，同样应以多样、包容的眼光去对待和评价。另外，以慕课为主的在线教育在为学习者提供自由、宽松、便捷的网络环境的同时，也为名师提供了更大的展示平台和无限开放的空间，这

---

[1] 中国蔡元培研究会．蔡元培全集（第八卷）［M］．杭州：浙江教育出版社，1997：511.

[2] 李延保．现代大学文化精神与历史传承［J］．中山大学学报（社会科学版），2004，（6）：1-9、259.

既让大学更加具有压力感和改革的紧迫感，又是对兼容并包内涵的延伸。为此，实体大学更应与时俱进地践行兼容并包思想，创造多元碰撞中实现创新发展的宽松人文环境与和而不同的愉悦氛围。

第二，兼容并包思想是大学创新发展的不竭动力。近年来，高等教育通过不断改革和创新取得了巨大的成效，尤其是技术创新突破很大。但是，人们也应该清醒地认识到，在大学精神、理念、大学的本质追求等方面，现代大学多有偏离或弱化现象，这一方面导致重大人文社会科学突破的减少或难度加大，另一方面必将成为大师级人物出现的障碍。所以，新的科学技术创新需要兼容并包，人文社会科学发展和人的精神丰富与多样性更需要兼容并包。第三次工业革命转变了教育和学习方法，提出了分散式合作，强调同理心。"分散式合作教育，目的是让学生意识到知识的社会属性。扁平式学习鼓励学生设身处地为别人着想，体会他人的感情和思想，通过这样的教育与感受来增强学生的同理心。"① 这样的教育和学习方法所蕴含的合作、理解、包容，正是兼容并包的应有之义和力量源泉。第三次和第四次工业革命对教育而言，既是除旧纳新的机遇，也是关乎其能否顺利转型升级的挑战，关键点是能否深入落实兼容并包思想，因为"'兼容并包'既是大学学术发展不可缺少的外在生态环境，又是大学学术繁荣的内在动力源泉；既是大学学术发展的一种制度性保障，又是大学学术管理者一种宽广、博大的胸襟和情怀"②。

（三）特色办学是未来大学的生存之道

以慕课为主的在线教育的快速发展，让以孔子为首的先贤圣人们"有教无类"和"得天下英才而教育之"的宏愿越来越容易实现。这种发展势头也让不少人开始为大学的命运担忧，未来在线课堂会不会取代传统的大学课堂、在大量免费大学课堂的面前实体大学靠什么吸引学生等问题接踵而至。③ 在这些质疑和担忧中，很多大学开始慎重考虑自己的新出路，在

---

① 〔美〕杰里米·里夫金. 第三次工业革命：新经济模式如何改变世界 [M].张体伟，孙豫宁译. 北京：中信出版社，2012：255.

② 宋旭红，沈红.20世纪20、30年代中国大学的学术独立之路 [J].现代大学教育，2006，(5)：89-94.

③ 曹继军，颜维琦."慕课"来了，中国大学怎么办？[N].光明日报，2013-07-16：6.

此背景下，实体大学更应该在大学精神对人文陶冶诉求的指引下，探寻同中求异的特色办学之路，逐步彰显实体大学独特的人文魅力，特色办学成为未来大学在以慕课为主的在线教育冲击下必须做出的明智选择，成为大学生存和发展的必由之道。

第一，慕课发展背景下特色办学的内涵与外延界定。实体大学要避免成为以慕课为主的在线教育这种对学习者来说有趣、新奇的时兴模式的"互补品"，就必须突出特色。特色有着独特、个性、创新的意思，反对千篇一律，强调"走出自己的路"。特色办学中的"特色"是指"一所大学在长期办学历史中积淀而成的办学特征和风格，以及大学在紧跟时代步伐、锐意创新的过程中形成的独特气质，是一所大学独特的本质内涵"[1]。从一般意义上讲，特色办学是一所大学展现其区别于其他大学的特殊性与优势的主要途径，是通过办学体现自身大学独特性的成果和标志。而在当前情境下，特色办学不再仅仅意味着在各大学中突出自身特色，还意味着在与以慕课为主的在线教育的较量中同样突出特色和优势。虽然以慕课为主的在线教育的发展极其迅猛，但它并不是十全十美的，它仍然具有一些难以突破的局限性，在某些方面并不能替代实体大学的功用，尤其是美好的大学生活、优质的大学文化、浓厚的学术氛围、便捷的学术同伴交往、极富感染力和亲和力的大师风范等隐性的人文与文化课程资源，这些是以慕课为主的在线教育无法带给学生的，却又恰恰是真正的大学教育应该具有的核心文化育人体验。因此，面对以慕课为主的在线教育的冲击，传统高等教育并不是无路可走，在大学精神指引下，以人文陶冶教育为基础，根据社会、学生的需要做好自己的特色建设是其发展的必要选择。

第二，特色办学之"特"的体现。针对以慕课为主的在线教育的快速扩张与优势，大学特色办学的特色应体现在以下两个方面：一是抓好大学本身的传统强项和地域特色，办好行业型或区域独有资源型大学；二是在以慕课为主的在线教育的不足方面办出优势，凸显大学的人文氛围的熏陶作用和个性化教育指导优势。以慕课为主的在线教育作为新兴事物，在文化氛围与文化积淀等方面是无法与已经长期存在的实体大学相比的，而且

---

[1]　孟卫东. 彰显大学特色办学的探讨［J］.中国高等教育，2010，（18）：20-22.

以慕课为主的在线教育在情感生成与即时互动等方面还存在先天不足和缺陷，这些都是大学特色办学的突破口。

大学精神是实体大学实现特色办学的灵魂和基本导向，是经过长期实践和经验积累沉淀下来的精华，它对大学的作用相当于大脑对人体的作用，指导着人们的行为和价值选择。而大学校训、校风和文化氛围则是大学精神的一种具体而外在的表现，它们在潜移默化的过程中对学生学习和工作的态度、价值观、人生方向产生深远影响，使学生感受到凝聚力和归属感。这种大学精神和大学文化的场域感染力与身受性是以慕课为主的在线教育所无法拥有的。

学科建设是特色办学的支点，是特色办学的其他内容的根基，如果根基不稳，以后的人才培养、科学研究、社会服务等就无法走得长远。"大学根据自己的独特优势发展某些重点学科，使之成为优势学科，并率先在自己的优势学科领域为社会发展做出显著成绩，是大学形成办学特色的重要切入点。"① 对比来看，以慕课为主的在线教育，因其缺乏学科建设重点与科学设计，在学科建设的质量和保障学生对相关学科的接受程度等方面并不是完善的，这也成为大学发展的一个契机。所以，实体性大学在学科建设方面，必须凝聚力量大力发展学校的优势特色学科，通过巩固学科基础，把特色学科做大做强，并适当裁撤与特色学科没有互补性且办学质量难以提高的学科。

人才培养是大学始终坚持的宗旨和目标，是大学获得社会尊重和荣誉的价值载体。为了在未来的发展中争得一席之地，高校必须形成特色化、具有先进性的人才培养机制。当人们还沉浸在对第二次工业革命的感叹中时，第三次甚至第四次工业革命已经在悄无声息地改变整个世界了，只有具备人文素养、专业技能、技术和职业技能以及生物圈保护意识的综合型人才才能在可持续发展的第三次和第四次工业革命中生存和获得更好的工作机会并实现较为充分的个人发展②，这要求大学不仅要保证人才培养的

---

① 2002 年中外大学校长论坛课题组提交的报告 大学办学特色的形成发展战略［J］.国家教育行政学院学报，2003，（3）：17-23.

② 〔美〕里夫金. 第三次工业革命：新经济模式如何改变世界［M］.张体伟，孙豫宁译. 北京：中信出版社，2012：246.

质量，还要为人才提供优质多样的学习渠道。以慕课为主的在线教育在学习渠道方面做得很好，但在质量上由于其规模大的特点而打了折扣，缺乏聚焦带来的特色与优势。这就启示实体大学在拓宽办学渠道的同时，一定要专注于形成人才培养的特色，充分发挥大学立足于自身历史和所在地域形成的优势，让自身的历史积淀和所在地域的优质文化资源实现有机整合，以此为基础营造大学基本的文化氛围和确定特色人才培养的方向，并以小班的个性化教学尽量满足人才培养的多样化需求和美好体验需求。

第三，特色办学在部分层面上决定着众多高校的生存之路。一方面，特色办学是学校自身发展的内在要求，是学校生存和发展的灵魂。随着接受高等教育人数的增加，各种类型、层次的大学迅速出现、规模迅速扩大，尤其是以慕课为主的在线大学教育在出现后与高校展开了生源、资源的争夺战，将高校的竞争推向更激烈的地步。只有真正做到科学定位、特色办学，深化学校内部改革，从理念到实践形成独具特色的一系列教育思想、教育体系、教育模式，才能突出优势，获得生存机会。另一方面，特色办学也是人的个性化发展和社会多样性发展的需要。科技的迅速革新使得人们更加意识到人的可持续性发展的意义和价值，并日益注重对自身生活质量，尤其是精神生活质量的追求。教育的改革明确要求以学生的发展为本，既要实现学生的全面发展，又要满足学生个性化的能力培养与情感发展等方面的不同需求。以慕课为主的在线教育在一定程度上就是对学生学习自己喜欢的东西并提升自我的需求的积极回应，是顺应社会需要和人类发展的结果，是传统高等教育学习的对象。同时，新的行业、新的领域渐渐占领市场，社会对人才的需要日益多样化、多层次化。只有特色办学才能满足人们日益多样化和个性化的需求，才能为社会培养出具有创造性、发展性特点的行业状元型人才。

（四）开放办学是未来大学办学的必然选择

"以慕课为主的在线教育的发展根植于'开放教育'的理念，认为知识应该被自由地共享，无论学习者自身的人口学特征、经济条件和所处地域如何，其学习需求都应该被满足。"① 首先，以慕课为主的在线教育的课

---

① 殷丙山，李玉．慕课发展及其对开放大学的启示［J］.北京广播电视大学学报，2013，（5）：29-34.

程、学生、教师、资源、平台都是开放的，它们打破了正式学习和非正式学习的界限，扩大了大众受教育的机会；其次，以慕课为主的在线教育是没有国界的，世界各国的学习者都能轻松选修来自其他国家和地区的课程；最后，它是不计学分也不收取学费的，只有通过注册并完成课程学习任务后要获得证书的人才需要交付一定的费用。在经济全球化进一步发展的今天，现代化的技术、知识、信息和资源等在世界各地广泛传播，各国之间的文化、政治、经济、科技等的交流与合作更是进入了一个推进高等教育融合的新阶段。众所周知，国际化的开放已经渗透到各个国家的各个领域、各个行业，可以说开放与多元和谐并存是未来社会的突出特征，也是大学办学的突出特征和大学精神的基本导向。互联网技术在教育中的应用打破了教育的时空限制，带来了教育领域全方位的开放。因此，大学在未来的地位和走向在一定层面上取决于它开放的态度与程度。

第一，开放办学的内容。所谓开放办学，是"在牢固坚持教育'三个面向'的基础上，使高校办学走出封闭状态，拓展办学思路，拓宽人才培养模式，实现对内、对外全方位的开放"①。开放办学主要涉及两方面的内容，即对学生的开放和对学校的开放。首先，现在以慕课为主的在线教育学习已经获得社会和众多高校的认可，通过网络学习获得的学分正普遍被传统大学所接受，这种开放实现了大学的线下与线上教育结合，为学生学习提供了极大的便利。因此，对学生实施广泛覆盖各学习渠道的学分认证是大学开放办学的核心内容。其次，伴随慕课而生的全球课堂的交互式学习，实现了不同国家、不同高校的学生的开放交流与合作，这是一种趋势，也是大学办学中对学生开放的一种导向。这对于大学走出传统开放教育的形式化困境，为学习者提供真正意义上的支持服务具有重要意义。最后，以慕课为主的在线教育的开放与资源共享激励大学要走出校门，与国内外优秀大学建立良好的关系，积极开展学生、教师、领导者之间的合作、交流、学习，精品课程向共享课程发展就是其一大体现；要走出国门，加强国际交流，引进国外先进思想和技术，实现与世界一流大学的接轨。

---

① 彭时代. 地方院校应树立开放办学的观念 [J]. 中国高教研究，2006，(3)：50-51.

第二，开放办学彰显了大学有容乃大的本色。首先，开放办学是高等教育走向国际化的必然要求。"在后工业时代，网络同市场展开了激烈的竞争，开放性的共同体正在挑战独占性的商业运作。拥有成千上万参与者的数以万计的社交网络平台在过去 15 年中如雨后春笋般涌现出来，为知识的共享、创新和发展提供了一个新型的分配、合作平台。"① 第三次和第四次工业革命使得从国内到国外、从经济到政治、从资源到网络的方方面面都走向世界性的分享与合作。以慕课为主的在线教育的兴起进一步促进了高等教育的国际化，因为它的人员、资源、设备都是国际化的，它的出现使大学的知名度、本校课程的推广度更上一层楼。这不仅为高等教育实行开放办学带来了启发，而且为其提供了开放渠道，实现了办学理念和人才质量的国际接轨。因此，高等教育需要从形式上和部分内容上走出"象牙塔"，保持高度开放的敏感神经，"坚持以更开阔的国际视野和更积极主动的姿态，深度融入国家战略需求和社会经济发展中，在开放环境中凝聚优质办学资源、创造良好育人条件"②，在学校竞争中引领前沿。其次，开放办学是高等教育加强创新性发展的主要途径。"在知识经济时代……知识创新正在成为知识经济发展的基础，对于任何国家的经济和社会发展都有着非常重要的作用。"③ 大学作为知识创新最为基础的场所，它的创新理念、创新模式、创新人才在整个国家的创新体系中起着极其重要的作用。而创新离不开开放，新的思路、灵感的火花是在开放与包容中通过思想的相互碰撞而产生的。同时，新的课堂教学之中，"教师提供的资源只是作为知识探究的出发点，学习者在学习过程中产生的新内容都可以成为学习和互动的中心，即学习者要学习的内容是无边界而且无法预知的"④。通过在线论坛、基于 wiki 的协作式学习和其他交互学习工具，以慕课为主的在线教育为学习者提供了知识创新的更大的开放平台和发展空间。只有开放办学，第一时间了解和掌握国际先进理论与科技，才能为高校创新提供依据

---

① 〔美〕杰里米·里夫金. 第三次工业革命：新经济模式如何改变世界 [M]. 张体伟，孙豫宁译. 北京：中信出版社，2012：119.

② 贾德永. 高等学校内涵发展探索 [M]. 北京：高等教育出版社，2012：28.

③ 刘宝存. 大学理念的传统与变革 [M]. 北京：教育科学出版社，2004：229.

④ 孙立会. 开放教育基本特征的变迁——兼议 MOOC 之本源性问题 [J]. 远程教育杂志，2014，（2）：30-38.

和借鉴；只有开放办学，让学生感受国际化的理念和视角，才能使其具有全球眼光，培养创新思维；只有开放办学，才能真正做到有容乃大，彰显大学之大。

（五）个性化教育是大学适应未来社会的唯一路径

"21世纪对智力的考量不再是单一维度而是多个维度的，学习者的身份和目标是灵活多变的，在此前提下的学校教育应当是消费者导向的，以每一个学习者为中心，关注和挖掘每个人独有的天资并给予较高期望，突破时间和空间限制，围绕学习者不同的学习需求和方式喜好来塑造教学，提供多样化、终身式的教育服务。"① 社会的发展、时代的进步对人类提出了越来越高的标准和要求，具有终身发展理念和能力的个性化人才更受各行各业、各个领域的青睐和关注。而以慕课为主的在线教育以开放、共享的资源为依托，为满足人们的个性化学习需求提供了基础和保障，这不仅仅包括时间、空间的个体化，更包括选择的个体化，学生们可以根据自己的喜好和实际情况自由地选择大学、课程、学习平台等。以慕课为主的在线教育的发展预示着对人们个性化的重视越来越趋于实践化，"这是一种具有交互功能的开放式的在线学习方式，使全球各地不同人群共享优质教育资源成为了可能，也使得大规模个性化的学习成为了可能"② 。这就要求高等教育改变划一性的教育模式和灌输式的教育方式，重视教育的解放，以解放思想、挖掘潜能、提高创新为首要任务，以服务和满足学生个性化需求为宗旨，把个性化教育这一大学适应未来社会的主要路径真正落到实处。

每个个体由于遗传、家庭、社会、教育等因素的影响，具有特有的个性特征和品质，是"独一无二"的。这就要求学校根据学生的不同个性进行有差异的教育，实行因材施教，让每个孩子都能接受适合自己个性的学习方式和方法，全面实施"面对独特的生命个体，通过适合每个独特生命的手段，发掘个体生命的潜能，促进个体生命自由发展"的个性化教育。③

---

① 高地.MOOC热的冷思考——国际上对MOOCs课程教学六大问题的审思［J］.远程教育杂志，2014，（2）：39-47.

② 赵晓霞.MOOC冲击传统高等教育模式［N］.人民日报（海外版），2013-06-14：6.

③ 刘献君.高等学校个性化教育探索［J］.高等教育研究，2011，（3）：1-9.

传统大学往往以高考分数限制大学生的专业选择，即使有可以选修的专业也因为教师、管理、设备等方面的不足而无法充分满足多样化的需求，学生的个性化要求与兴趣被忽视和否定。这是一个由分数到专业的过程。以慕课为主的在线教育与此相反，它们是从学生的个性需求出发，让学生自由地选择自己需要的课程和专业，甚至是学习方式和大学。而且它通过开放型的课程、个性化发展的平台，帮助学生自主学习、合作学习。这是一个由兴趣到专业个性化的发展过程。个性化教育将以突破课堂的局限、教师的局限、教室的局限、学校生活的局限，重构学习时间、学习空间、学习资源为目标，实现学生主体个性特征与社会生活实践经验在学习方式中的统合，完成自主管理、自我服务、自主发展、自我建构的过程，将学习拓展为终身学习行为习惯与良好学习方式的养成。① 这些正是以慕课为主的在线教育的无边界服务所具有的特征和优势。因此，以慕课为主的在线教育在形式上符合个性化教育内涵和本质的特点，值得传统大学就此开展反思并对其进行学习和借鉴。

《第三次工业革命：新经济模式如何改变世界》一书提到"能源通信系统再次更新换代，这必将会导致更加明确的分工，这样又会促进个性化发展，加强自我意识"②，个性化不仅关系到个体的生存和发展，而且已经与他人、与生物圈保护和人类命运共同体意识密不可分。个人与他人之间、个人与自然之间的相互支持、亲密友好的合作关系，为个性化教育的内涵赋予了时代新解。

第一，个性化教育成为未来高等教育改革的必然取向和生存法宝。传统高等教育"偏爱"于划一化、模式化，钟情于用统一的高等教育标准、内容、形式和教学方法培养人才。可想而知，这种束缚个性、忽视学生差异、禁锢学生多样思维的教育模式是不符合学生发展和未来社会变革需求的，是需要被革新的。以慕课为主的在线教育的教学模式、学习方式、评价体系等都对这些传统缺陷做出了弥补，大学需要借鉴以慕课为主的在线教育的优势进行及时改革。根据以慕课为主的在线教育给人的启示，高等教

---

① 王振权. 教育适合学生：个性化教育实践范畴 [J]. 中国教育学刊, 2012, (5): 13-17.
② [美] 杰里米·里夫金. 第三次工业革命：新经济模式如何改变世界 [M]. 张体伟, 孙豫宁译. 北京：中信出版社, 2012: 252.

育应该为具有独立人格的、千差万别的受教育者提供完整、全面的教育，通过丰富的学科专业、新奇实用的教育内容、灵活多变的教学方法、多层次促发展的评价体系和培养目标，落实个性化教育，发掘学生的个性潜能，让每个学生运用自己的独特优势获得成功。这是培养个性自由、全面发展的人才的必然选择，也是大学精神指导下的教育思想和教育模式的又一次全新的改革。

第二，个性化教育成为回应时代发展新要求的突出体现。21世纪，高新技术产业在经济结构中所占比重逐渐提升，由此对教育、职业的要求也相应提高，对高级创新型人才不仅需求量增加，质量要求也更加严格，更希望能与产业需求精准匹配。在思想上，要求与时俱进、开拓创新，具有国际眼光和现代意识；在能力上，要求掌握广博的基础知识和基本技能，同时具有较高的人文素养、科学素养和较强的专业能力与敬业精神，对新兴的理念和技能能够较快接受和掌握，并具有较强的职业敏感性和创新欲望。而个性作为创新的基础必然促使个性化教育进一步显示出它的时代意义。只有创新，科技发展才会具有根本动力，国家和民族的发展才会更快、更新、更强。"未来几年，当个性化学习实现时，我们将会生活在这样一个世界：我们——所有人——学习，这个理念不再被绝大多数人看作是难以置信的事情，相反，地球上所有的公民都能够以最适合自己的方式方法，去满足他们自己的学习需求"[1]，所有的人都将通过学习自己喜欢的知识和做自己喜欢的事业，去追求学习、工作、生活、娱乐四位一体的生存境界和状态。在此意义上，个性化教育是培养创意人才、创新人才的重要途径和选择，更是回归人的本质与本位的必然选择。

网络正在改变延续了几千年的教育思想和教育体系，以慕课为主的在线教育手段正在消除人们学习上的设备、师资、经费等方面的障碍，"学习，将不再是你花了12年左右的时间勉强忍受，然后在18或22岁时欣慰结束的那种枯燥乏味的活动。在21世纪，学习是人类的基本需求"[2]。所

---

① 〔美〕柯蒂斯·J. 邦克. 世界是开放的：网络技术如何变革教育 [M]. 焦建利等译. 上海：华东师范大学出版社，2011：332.

② 〔美〕柯蒂斯·J. 邦克. 世界是开放的：网络技术如何变革教育 [M]. 焦建利等译. 上海：华东师范大学出版社，2011：341.

以，以慕课为主的在线教育的到来既给人们提供了与世界顶级课程和学者同场竞技的机遇，也为传统高等教育带来了挑战和机遇。面对这样强大的"竞争对手"，人们不应盲目推崇、迷失自我，也不应激烈对抗、"水火不容"，而应在勇敢迎接挑战的过程中，浴火重生，借此机会消除高等教育发展中不应有的狭隘和偏颇。

三　大学精神与"互联网+"思维引领下的高等教育变革①

面对"互联网+"时代的快速来临和互联网思维变革及其引发的人才培养需求变革，高等教育必须因应时代变化，在大学精神引领之下，在充分利用"互联网+"时代教育资源整合优势的同时，主动研究"互联网+"思维给教育变革带来的观念导向和方法发展方向，尽快转向以全面满足人的个性化学习需求为导向，以愉悦性学习体验为核心，以充分挖掘人的内在潜能与智慧为追求和取向的教育。所以，在大学精神引领之下，结合"互联网+"的思维特点和教育的本质追求可以推断，高等教育应从知识传递、教师教学、人才培养以及师生关系等方面着手，分别向网络化与内需化、个性化与互动型和自我超越与公民责任培养转变，借助"互联网+"时代的技术优势更好地满足人之为人的发展需求。

（一）知识传递向网络化与内需化转变

首先，"互联网+"时代的技术发展给知识的获取带来了巨大便利，让知识获取变得便捷与直观起来。现代信息技术大大增强了人们学习、工作和交流的便捷性，它们让人们可以更快更广泛地传播信息、获取知识，并通过多样的渠道把遥远的地方和不同的生活方式连接起来。人们从未经历过技术发展如此之快的时代，技术以极高的速度发展，冲破了时空的限制，重塑着人们的交流、思考与学习的方式②，越来越多的人习惯使用智能终端进行碎片化学习。据统计，至2015年底，中国智能手机的阅读用户

① 孙刚成，宋紫月."互联网+"时代的高等教育变革取向 [J].重庆高教研究，2017，（6）：46-53.
② 〔美〕詹姆斯·杜德斯达.21世纪的大学 [M].刘彤等译.北京：北京大学出版社，2005：13.

已达 8900 万人，平板电脑的移动用户达 3600 万人。① 同年，腾讯公布的微信用户数据显示，当前被微信覆盖的国家超过 200 个，活跃用户已达到 5.49 亿人，其中有 55.2% 的人每天打开微信的次数超过 10 次，25% 的人每天打开微信的次数超过 30 次。② 中国互联网络信息中心（CNNIC）发布的《中国互联网络发展状况统计报告》显示，截至 2018 年 12 月，我国网民规模为 8.29 亿，其中，手机网民规模达 8.17 亿③；截至 2020 年 6 月，网民规模增长到 9.40 亿，手机网民增长到 9.32 亿，且在线教育用户达到了 3.81 亿。④ 所以，"互联网+"时代的到来、移动终端的普及，使得人们对于知识的获取愈来愈趋于便捷与直观，在这种背景下，高等教育作为培养高级专门人才的社会机构，在知识传递方面也必须学会充分运用网络传输的优势提高知识服务的广度和深度。一方面，"90 后"和"00 后"是在智能化时代下成长起来的新青年，他们既是当前高等教育的教育对象，又是微博、微信等信息平台的核心使用群体，更习惯于使用各种 App 获取知识或进行交际。另一方面，科学技术的进步也在要求高校的教学模式要多样化，通过移动终端进行学习会让学习者更加便捷地获取更多元的知识和信息。

其次，"互联网+"技术的发展和思维的变革促使知识的获得进入按需分配的个性化时代。传统的信息技术辅助教学和高等教育都是以行为主义理论为基础、以教为主的教学模式，在知识传递的过程中，教师只关注学习者的外在表现，将大量陈述性知识和程序性知识传授给学生，学生则像一个固化的容器，静静地等待被注满；当容器注满时，便认为学生受到了教育。这种教授主义和行为主义忽略了学习者的学习兴趣和动机，使其心智训练逐渐固化或淡化。而"互联网+"教育改变了这一局面，它以学为中心，从学习者的内在需求和兴趣出发，使学习者通过在线检索和学习相关课程资源，积极建构自己的知识体系。同时，学习者需要为自己树立目

---

① 张青，胡志华.移动互联网与高等教育变革［J］.理论月刊，2016，（3）：58-63.
② 李颖.微信伪健康信息的传播与治理［J］.青年记者，2018（8）：73-74.
③ 中国互联网络发展状况统计报告［EB/OL］.［2019-02-28］.http://www.cac.gov.cn/wxb_pdf/0228043.pdf.
④ 中国互联网络信息中心.第 46 次中国互联网络发展状况统计报告［R］.中国互联网络信息中心，2020.

标、制定计划，当遇到问题时可以自发组织学习社区，讨论学习，寻找解决策略。① 显然，"互联网+"教育遵循的是一种知识获取按需分配的理念，它把知识的获取权转交给学习者，让他们根据自己的需求获取知识，建构更有成效的经验反思和心智模型，这无疑很好地扭转了高等教育以灌输为主对学习的偏离，为此，高等教育也不能故步自封，而是恰恰需要重新审视自身。正如著名思想家丹尼尔所言，慕课和"互联网+"教育的竞争将迫使一流大学专注于学生需求和教学质量，而不是口头上的重视教学。② 质言之，高等教育对于知识的传授将转向按需分配。大学是师生探索真理、实现自我的地方，它的根本特征就在于其是用思想武器来"武装"学生的。在象牙塔中的学生们，不仅要接受知识的熏陶，更要通过自身的努力，去不断发现、不断创新。如果学生只是被动地学习、靠成绩衡量自身价值，难免会失去追求自我发展的动力和勇气。所以，大学生理应有主动选择的勇气，找到适合自己的发展方式，按照需求去追求真理。只有这样，人们才能在其中有所收获；也只有这样，大学才不会失去它存在的意义。③

（二）教师教学向个性化与互动型转变

信息技术和知识经济的迅速发展，转变了人们获取知识和信息的方式与途径，打破了传统课堂的限制，使得优质的课程资源在全球范围内得以无障碍共享。面对全球化的进程，人的独特个性的全面发展与创造力的充分发挥已成为一个核心课题，教育必须面向每一个主体，并努力帮助他们实现全面的发展④，这就需要大学教育中的课内外教学向个性化和互动型转变。具体来说，大学教师的教学可以从以下两个主要方面向个性化与互动型方向转变。

第一，基于互联网技术全面实施以因材施教为基础的个性化学习。因

① 杨红旻．MOOCs 对大学教育思想的继承、超越与变革［J］．教育发展研究，2014，（7）：8-13.
② 徐岚．大学的教学创新：MOOCs 给我们的启示［J］．全球教育展望，2014，（2）：72-81.
③〔德〕雅斯贝尔斯．什么是教育［M］．邹进译．北京：生活·读书·新知三联书店，1991：146.
④ 孙刚成．教育让人成为最好的自己［M］．北京：中国科学技术出版社，2015：110.

材施教指在教育过程中，教师依据一定的教学目的，对学生的个体特质进行具体研究，灵活地创设适宜学习者的教学情境，使各个教学环节与整个教学过程能够适应学习者的个性化需求，从而开展能够开发个体生命潜质的教育。① 个性化教育是以尊重学习者个性差异为前提，以提供多样化教育资源和自主选择为手段，促进个体自由而充分发展的教育方式，因材施教是其得以实现的核心和根本途径。② 在"互联网+"时代背景的影响下，教师教学势必要在因材施教的指引下，逐步把学生引向个性化的自主学习，使学习者的潜能充分发挥出来。

在"互联网+"时代大学的因材施教实施过程中，具体可以遵循以下几个方面的指导。首先，教师应树立一种理念，即相信每个学生通过合适的教育都能成为最好的自己。教育不该是功利的，它应关注的是人的潜能如何最大限度地被激发出来并得到运用，所以说，唤醒每一个生命，让其内部的灵性充分彰显，才是真正的教育。③ 教师需要站在生命的立场上，视教育为一种信仰，积极地去关注每一个大学生的个性化成长，通过教育使本就具有不同天资的人自己决定成为什么样的人，把握自己的安身立命之根。其次，教师在教学过程中应采取多样化的教学策略去适应学生的个体差异。加德纳的多元智能理论表明，每个人都至少拥有 8 种智能，只是其存在的量与组合方式不同，才会导致每个人呈现出不同的风格。因此，教师的教学模式要多样化，可以采取多元组合和交替策略鼓励学生在选择符合自己优势智能和偏好的活动的同时，尽可能地接触其他学习活动；还可以多利用异质分组的合作方式促进学生的交流互动，以达到取长补短的效果。④ 另外，面对当前极度丰富的在线开放资源，教师也可以从这个聚宝盆中引入大量材料构建自己的课程，让课程变得丰富多元，并基于学习者的现实生活进行实践生成，从而为个体的充分发展提供良好的基础与更大的可能。最后，教师对学生的评价也应全面、客观、多元，日益趋向重

① 孙刚成，王莹，杨眉. 泛在学习视域下的个性化学习取向 [J]. 教学与管理，2014，（21）：132-134.

② 孙刚成. 教育让人成为最好的自己 [M]. 北京：中国科学技术出版社，2015：106.

③ 〔德〕雅斯贝尔斯. 什么是教育 [M]. 邹进译. 北京：生活·读书·新知三联书店，1991：4.

④ 孙刚成. 教育让人成为最好的自己 [M]. 北京：中国科学技术出版社，2015：118.

视发展的增值性评价。单纯以分数作为评判学生优劣的标准，在一定程度上会削弱学生学习的积极性。教师需要以促进学生潜能释放与良好发展为基本遵循，对学生进行合理、合适的评价和针对性的引导，在其骄傲时给予适度警示，在其失落时予以适当鼓励，使其始终处于一种螺旋上升的积极状态。①

第二，基于智能化的人力替代功能促使教师角色转变为促发多元互动的合作探究者和疑难启发者。一直以来教师都被视为传道授业解惑者，在传统的高等教育中，教师是主体，主要扮演着知识传递者的角色，教学中知识传播方式是自上而下的，教师与学生的关系则体现为传授和接受的关系。尽管现阶段多媒体技术已被广泛运用到了高等教育中，但是，这并没有撼动以教师为中心和以教材为中心的局面，学生依旧是知识的被动接受者，其独创性和逻辑能力也长期被弱化。而在"互联网+"教育模式下，知识是媒介和催化剂，学生是中心和主体。处于一所大学内的学生通过网络可以研习另一所学校的课程，并且大学以外的人员也有接受高等教育的机会。这种种转变使得教师将失去传统式灌输教授的庇佑，其角色也不得不做出相应转变。

在此种背景下，教师的角色将由传统的一元化向多元化转变。正如陈荣武所说，"网络教育教师是一个复合型社会角色的总和，从事网络教育教师的角色理想和转换目标是，经过专业训练而成为网络教育教学的设计者、参与者、组织者、引导者、服务者、合作者、研究者和创新者；同时，还要担当导学员、信息员、管理员、咨询员、辅导员、协调员、监督员和裁判员等角色"②。对于这样的转变，首先，教育信息化背景下的教师要树立正确的角色认知，主要可以通过实例宣讲或试验对比等方式，引导教师们认识到传统教师角色的弊端，意识到自己不再是知识传播中的权威者，而应在实际教学中时刻反思自己所扮演的角色能否满足促进学生发展的要求。实践证明，只有积极转变教师角色才能更好地适应教育教学的发

① 孙刚成，王莹. 教育公平视阈下的个性化教育取向 [J]. 现代教育论丛，2014，(6)：17-20.
② 陈荣武，丁青华，应卫勇. 网络教育环境下教师的角色重塑与功能转换 [J]. 中国成人教育，2011，(12)：66-68.

展。其次，学校应该建立良好的激励机制，给予教师一定的物质奖励和精神激励，鼓励教师在教育信息化发展的道路上产生更充足的前进动力。再次，学校还可以通过举办各种课程设计大赛，充分调动教师教学的积极性和创造性。① 最后，开展信息技术校本培训，促进高校教师角色转变。所谓校本培训包含三层含义，即为了学校、在学校中实施和基于学校开展研修。高校应充分利用各种资源，设计规划适合本校的信息技术培训课程，通过相应的培训，保障教师能够很好地进行角色转变，以更好地满足学生的发展需求。②

（三）人才培养向自我实现与公民责任转变

顺应"互联网+"时代和未来社会发展与人自身发展的根本需求，大学人才培养的取向首先需要转变为人人可以成才的自我超越或自我实现取向。自我超越理论认为人真正的追求就是超越自我的生活意义，这种追求包括对自然、社会以及人的所处位置的探索。③ 通过自我超越，人可以重新认识自己，打破成长的局限，挖掘发展的潜能，激发成长的动能，以一种积极的态度追寻梦想、直面生活。自我超越是人致力于追求自我实现和精神成长时的基本特征，是人不断生成新知并趋向自我完善的过程。人们要想完成这个过程，就必须要有基于对现存的"我是什么"之类的基本问题展开追问的明确自我意识，并在自我意识指引之下，不断反思和追问自己的内心世界，不断否定和建构"我是什么"的可能与实在，逐步明确和坚定自我认识。所以，本真的教育就是使人在不断地自我否定中创造出新的自我，换言之，教育的使命就是引导人走向自我超越或自我实现，并促成人类整体发展的实现。④

然而，在工具理性被追捧的时代，人们因对器物的盲目崇拜而荒芜了灵魂，致使教育丧失了其本真的意义，忘却了其教育人们如何在自我的超

---

① 陈柳.MOOC 的兴起对高等教育的影响［D］.广西师范大学，2014.
② 陈柳.MOOC 的兴起对高等教育的影响［D］.广西师范大学，2014.
③ ［德］维克多·弗兰克.活出意义来［M］.赵可式，沈锦惠译.北京：生活·读书·新知三联书店，1991：94-95.
④ 鲁洁.道德教育的期待：人之自我超越［J］.高等教育研究，2008，（9）：1-6.

越中去升华内在灵魂的基本使命和永恒追求。① 在这种背景影响下，学校的教育也在渐渐偏离其核心目标，过分注重对知识的机械灌输和强化训练，忽略了人的自我超越价值取向。因此，教育，尤其是高等教育，要回归教育原点，方能实现人的自我超越。为此，高等教育对人才的培养应树立一种人人可以成才的立德树人理念，坚定"我们认为人是什么样的，我们就会成为什么样的人"②的观念，相信人人都可以成才是基于自我意识的，它不是教育要实现的预设目标，而是一个追求不断成长以完成自我实现并进行自我超越的身心涵养与完善的过程。在这样的过程中，人的内在动力与美好德性才会不断被激发，让教育彰显其本真色彩。另外，人人可以成才的理念也符合人的本性。德国哲学家兰德曼曾说，人在本质上是不确定的，大自然只完成人肉身的一半就让人上路，而把精神的一半留给他们自己去完成③，所以，人是需要也是可以塑造自己的。人具有未来性和不确定性，这意味着他在生活实践中是可以改变的，可以依据自己设定的终极目标而不断突破自我，最终实现自我超越。④

其次，"互联网+"思维更加关注个体人对不同文化、不同风俗习惯、不同区域或环境等的理解能力和包容度，为此，以同理心为基础的公民培养和公民责任建构就成为人之养成的必然选择。同理心一词最早源于希腊语的 empatheia（神人），是情商（EQ）的重要组成部分，主要是指在人际交往中，人能够敏锐感知并正确理解他人的情绪、想法、立场和感受的一种能力，拥有这种能力的人可以做到将心比心、相互理解、相互关怀，也就是设身处地地为他人着想，尽可能减少双方之间的误解和冲突，并在此基础上增加认同感与包容心。⑤ 同理心是人类本有的一种能力，发展心理学认为人在婴儿时期便有了同理心，但是，由于人的发展的不确定性，同理心发生着不断变化。美国心理健康学会专家卡罗琳·扎恩-瓦克斯勒

---

① 孙刚成，寇晶，田伏虎. 乌托邦教育与信仰教育支撑下的精神超越 [J].思想政治教育研究，2015，(5)：27-31.

② 〔美〕A. J. 赫舍尔. 人是谁 [M].隗仁莲译. 贵阳：贵州人民出版社，1994：7.

③ 〔德〕M. 兰德曼. 哲学人类学 [M].阎嘉译. 贵阳：贵州人民出版社，1988：8.

④ 鲁洁. 道德教育的期待：人之自我超越 [J].高等教育研究，2008，(9)：1-6.

⑤ 魏源. 同理心：心理咨询与治疗关系中的特质概念 [J].中国临床康复，2005，(40)：80-81.

（Carolyn Zahn-Waxler）和玛丽安·拉德–亚罗（Marian Radke-Yarrow）研究认为，孩子接受教育的方式将在很大程度上影响他们同理心的形成，如果父母和其他教育者都潜移默化地把注意力引向自己的行为会给他人带来的影响，孩子们就更容易增强同理心；反之，如果父母和其他教育者习惯于关注过错或不当行为本身，无论是批判还是惩罚，都可能导致孩子的同理心更加淡漠，并最终导致这种教育模式下的人缺乏必要的同理心。① 所以，唤醒同理心更需要多关注他人的感受，需要多关注和体察对受动者所造成的影响及受动者的心理感受，因为对这种做法的长期坚持与习惯化会大大丰富个体的心理体验和生活体验，会让个体因时刻关注与关心关系群体而变得情感丰富且更具包容心；而当一个人的经历和关系日趋多元时，他就会越来越容易理解现实，理解人生存的大背景和他人的特定心理感受与情感需求。学生不是没有思想和灵魂的躯壳，他们在走进学校前就有了一定的经历，教师应当与学生相互分享真实的生命体验，把同理心融入每个人的内心，让人与人之间的关系更加亲密。② 尽管在当前的网络社会中，人们通过在线聊天、论坛互动等方式加强了互动，在某种层面上发展了同理心，但是，网络世界给人的感知极其有限，必须由实体感知和当面交互去补充和完善。所以，在现实生活中大学更应努力创设一个和谐、温馨和充满理解的氛围，唤醒人们心中的同理心。对此，高校在人才培养的过程中要充分发挥同理心的驱动作用，善于把握学生的心理特征，合理引导学生积极成长，并将此驱动作用视为一种公民责任和社会责任。这种转变不仅仅可以提升高校培养人才的质量，更有利于创设人与人之间的和谐关系，促进社会迅速发展和全面进步，引导人类形成对文明与和谐的美好命运共同体的共同追求。

小 结

研究表明，在日益迫近的智能化时代，以"互联网+"为代表的现代

---

① Carolyn Zahn-Waxler, Marian Radke-Yarrow. The Origins of Empathic Concern [J]. Motivation and Emotion, 1990, 14（2）：107-130.

② 姬冰澌. 唤醒同理心：教育为了美好生活 [J]. 教育实践与研究, 2013,（12）：5-7.

媒体技术和思维模式的迅猛发展与革新，围绕人的发展主题，从教育行动变革和教育思维变革两大主要方面，对高等教育的发展提出了严峻挑战和强烈的改革诉求。智能化时代的技术革新不仅为高等教育提供了良好的技术支撑，也促使高等院校实现了教学资源的便捷使用与无边界共享，从而在一定层面上提高了教育公平的水平和质量。在这种技术与资源的支持下，学习者对知识信息的获取不再受时空的束缚，使得个性化学习和终身学习的开展成为可能；教师在教育活动中的角色，开始向通过研究学生而引领学生成长的精神导师、学生的学习伙伴和发展协作人等多元角色转变。由此可以看出，智能化时代的技术发展与高等教育的融合，会极大地推动高等教育观念、体制、教学方式、人才培养过程等方面的全方位改革，而且这种改革的要求会越来越多样，趋势会越来越明确，改革诉求和推动力会越来越强。但是，以"互联网+"为代表的现代媒体技术的迅猛发展在给高等教育生态圈带来巨大动能和种种好处的同时，也带来了巨大的挑战和生存危机。高等学校如果固守传统的知识传递式教育和以教为主的学习方式，而不实施应有的教育改革，则可能走向消亡；而如果能够充分利用智能化时代的便捷技术与服务，应时而变，深入推进以学生精神内涵丰富和人的幸福能力提升为核心的个性化自主学习，提升学生的终身学习能力与核心素养，并使之成为文化自觉和行为自觉，专注于人类命运共同体的和谐、文明、健康发展，则可能勇立潮头，引领时代发展。

第五章　结论与创新

一　总结与结论

本书在绪论中进行了基本内容分析，而后通过第一至三章对古今中外 2000 多年间大学精神演进历程中典型案例和相关数据的分析，发现了大学精神从起源、快速发展到式微与回归等阶段演进的基本特点（见图 5-1）。

首先，大学精神起源于古代社会，中外大学精神共同诞生在人类社会由奴隶社会向封建社会过渡的阶段，此时人类共同处于身心得到较大程度解放的特殊时期，加上当时的人们较少为多样化的物欲所困扰或牵绊，也少有丰富的多样性物质生活选择与诱惑，人们似乎是一下子集体走进了自己（本我），进入了人类自己的躯体（本体）和精神世界（自我），在本我与本体的结合中认识了自我，找到了自我本原。所以，当时无论是在基于人性反思而出现的文化繁荣方面，还是大学精神核心思想建构方面，中外之间都存在高度的共契性和本原性。这一时期衍生的大学精神，无论在后期发生和得到怎样的变革与完善，都没有（也无法或不应该）改变其本原的特点和内在表现，那就是对人性、自我和自由的深刻关注与追求，对自我内心的叩问与探索。它们加上由此而生的人文关怀和生命珍视，以及在此基础上演化出来的，以自由讲学、自由辩论、自由流动为主的较高程度的学术自由与自治，共同组成了大学精神的基本内涵（见图 5-1）。

其次，欧洲中世纪大学从建校伊始就坚持进行自我保护与争取学术权力的斗争和呼吁，并最终获得了部分司法权及其他相关权力，充分保障了它们能够享有高度的学术自由与自治权，尤其是司法审判权和迁徙权把这种保障发展到了极致，为大学精神在学术自由与自治方面的发展夯实了基础、树立了典范；柏林洪堡大学则在威廉·冯·洪堡的带领下，在很好地继承和发扬欧洲中世纪大学学术自由与自治的优良传统的基础上，在教授治校和大学师生为纯粹的科学研究而耐得住寂寞，并基于此而形成良好教养等方面，实现了对大学精神传承的突破，促使大学精神的内涵更加丰富和完善；剑桥大学的学院制主要从四个方面拓展和丰富了大学精神内涵，即大学精神引领下学院内部的无边界融合精神，学习、工作、生活和娱乐四位一体的终身愉悦学习精神，勇于坚守大学精神核心内涵的精神，学院内部高度的学术自治精神。这一时期的中国大学则是在学习借鉴欧美和日本等国大学精神与大学制度的基础上，不断探索本国的大学教育发展和大学精神传承。当时的中国教会大学、西南联合大学和共产党在延安时期创办的部分高等学校在发展大学精神方面做出了自己的贡献。具体来说，中国教会大学对发展大学精神所做的贡献主要体现它们通过对优秀民族文化和国外优质教育资源进行有机融合，实现了教会大学的本土化发展，从而创造了基于民族文化改造外来优质教育资源的典范，并对大学精神中的开放和包容元素做了很好的注解；西南联合大学在大学精神发展方面创造奇迹的主要原因包括教授治校和学术自由两个方面，在当时条件极其艰苦的情况下，学校培养出了让世界上任何一所一流大学都刮目相看的高层次人才，并在传承和实践以教授治校和学术自由为核心的大学精神过程中，呼应了剑桥大学和牛津大学等学校长期坚持的学院制体系下的大学精神之魅力；延安时期的高等学校，主要强调在极其艰苦的环境下，以以共产主义理想为核心的科学社会主义思想为指导，对以学生为本和师生平等讨论的学术精神进行深化，始终坚持理论与实践密切结合，在艰苦环境下仍然能够坚守严谨治学的大学精神。可以看出，中外大学在这一时期对大学精神的发展做出了巨大贡献，这一时期属于大学精神的快速发展时期，中外大学共同在学术自由、学术自治、教授治校等方面进一步丰富了大学精神的基本内涵（见图5-1）。

最后，随着市场经济的大发展，社会交往变得空前频繁，大学因为日益走近社会的中心，逐步增加了对经济与社会发展的贡献，也同时提高了自身对经济与社会的依赖程度。但是，大学对经济与社会的高度依赖性，尤其是没有良好物质条件大学就难以运行的状态，在一定程度上削弱了大学精神的价值与方向引领作用和地位，降低了大学之于人类的精神象征意义，致使大学精神进入式微阶段。所以，本书针对这一阶段提出，大学不能因为日益走近社会的中心而丢失其极具象征意义的象牙塔精神，象牙塔精神具有其不可磨灭的价值，无论时代如何变迁，大学都要为社会存留一处神圣不可侵犯的精神高地，带着象牙塔精神走出象牙塔，在为社会发展服务的同时滋养人类世界的精神境界，净化人的灵魂，承担起塑造人的生命与灵魂的使命，时刻捍卫大学精神的尊严与地位，促成大学精神神圣地位与价值引领作用的回归。

研究表明，在日益迫近的智能化时代，以"互联网+"为代表的现代媒体技术和思维模式的迅猛发展与革新对人的发展提出了新的要求和挑战。即，智能化时代围绕人的发展主题，从教育行动变革和教育思维变革两大主要方面，对高等教育的发展提出了严峻挑战和强烈的改革诉求，同时回应了大学精神回归的客观诉求。所以，在当下与未来的大学精神回归与升华阶段，大学精神需要顺应智能化时代的变革需求，在技术与资源的支持下，与时俱进，借助以空想社会主义、科学社会主义和共产主义理想为导向的乌托邦精神与教育信仰的支撑，不断彰显学术自由、学术自治和教授治校的内在驱动力，借助对人生命的珍视，重视对人文精神、人性魅力、人文关怀价值的挖掘，推动高等教育在观念、体制、教学方式、人才培养过程等方面的全方位变革，深入推进以学生精神内涵丰富和人的幸福能力提升为核心的个性化自主学习，激发学生学习活力与发展活力，提升学生的终身学习能力与核心素养，并使之成为文化自觉和行为自觉，专注于人类命运共同体的和谐、文明、健康发展，从而让大学焕发生机，勇立潮头，引领时代发展。

综观对大学精神从起源至今历时2000多年发展历程，以及大学精神自身随之所发生的一系列变化，可以得出以下两点合规律性的结论。

结论一：文化繁荣诱因与大学精神本质暗合，相互依存，同衰共荣。

历史证明，古今中外任何一个面临不同社会制度更替的较长混乱时期，通常会伴有一次文化的繁荣与跨越。这种文化繁荣与跨越的根本诱因有三：首先是较低层级社会制度向较高层级社会制度过渡时对人的较大程

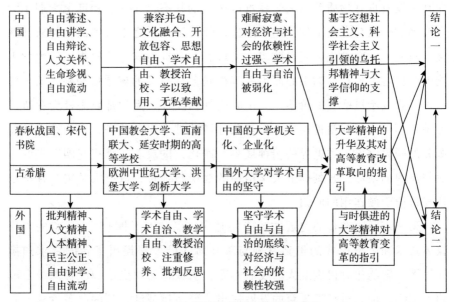

图 5-1　大学精神的演进与传承脉络

度的解放，这种解放对文化教育最大的贡献就在于对人精神与思想自由的
解放通常会释放出巨大的创新热情和动力；其次是社会混乱和政府管控无
力，疏于对人的管理，客观上会为人们提供较大的身心自由，这种自由为
人们提供了自由安排自己的生活和自主行事的契机；最后是社会的混乱导
致上层知识分子为避难而下移，致使不同阶层文化和不同流派文化在流动
中发生频繁的兼并与重组碰撞、相异和相生碰撞等，致使主流文化在下移
中与乡野文化发生广泛的交汇与融合，这种存在较大差异的文化的碰撞与
交汇是文化创新与繁荣的直接诱因或催化剂。三者结合犹如天时地利人和
皆备，在此种时期，出现文化繁荣与跨越也就成了自然天成之势。究其本
质，催生这种文化繁荣与跨越的三大根本诱因的核心点都在于人的生命自
由和人的思想自由，而且由此演进而来的学术自由和学术自治天然成为大
学精神的核心。所以，无论是古代史还是现代史中发生的这种文化繁荣与
跨越，都为大学精神的发展奠定了坚实的基础，无形之中建构了大学精神
的基本内核。因此，2000 多年的大学精神演进历程及其与不同的文化繁荣
时期之间的关系可以证实，文化繁荣诱因与大学精神的本质暗合，也就是
说，文化繁荣的诱因正是大学精神的基本内涵和本质追求；反过来，大学

精神的本质追求就是促进人的养成与人类文化的繁荣。二者属于共生相互依存关系，存在同衰共荣的依存表现。

另外，这一结论同时昭示，和平时期同样可以通过赋予以大学为首的学术组织更大的学术自由和治理自由，激发大学的办学活力，释放大学人的创新潜力，促进文化繁荣的重现；如果再采取更多鼓励和刺激大学师生跨区域、跨国界流动的措施，创造更好的促进文化碰撞与和谐相生的制度环境与文化氛围，这种促进文化繁荣实现的创新潜力就会更加强大且富有生命力。

结论二：大学精神的强弱和大学地位高低与对人精神养育作用大小之间存在高度正相关性。

从 2000 多年的大学精神演进历程及其和大学的发展与人的养成之间的关系可以证实，大学精神自身及其引领下的大学教育，在不同社会发展阶段所表现出来的对应变化，既决定了大学在不同社会阶段的地位和价值，又决定了大学教育自身的命运和大学教育对人的发展质量影响的强弱。简言之，在不同历史时期，大学精神的强弱和大学地位高低与大学对人的精神养育作用大小之间存在正相关性，大学精神发挥的引导作用越强，大学的社会地位与精神象征价值也就越高，对人的养育价值与精神寄托作用也就越大；反之亦相反。

具体而言，在以农业经济为主的奴隶社会末期和封建社会时期，人类社会基本处于对人类自身的人文研究与人文知识传播教育阶段，而且农耕文化发展与传播和前者相互交融。这一时期的大学教育无论是在内容上还是在方法上，都主要围绕哲学思辨、人文陶冶和批判性思维品质建构等方面而展开，突出了大学精神对促进人之为人的精神丰富和文明化的根本诉求的回应，也彰显了大学教育的魅力，较好地诠释了大学教育被普遍尊崇的高贵品质。到了以工业经济为主的现代社会，在人们对工业文化和以器物与技术崇拜为核心的现代物质文明的极致追求之下，逐步形成了以科学主义和工具理性崇拜为突出表征的大学教育。由于对物质和工具理性的过度追求与依赖，人们对大学精神的追求与信仰逐步被削弱，这种大学精神的式微致使其光芒被遮蔽，众多大学因为大学精神的引领不力而迷失方向，大学教育则随着大学精神的式微而逐步失去引领人类的精神灯塔的地位，人在这一阶段则伴随着生活物质的丰富与物质占有欲膨胀而大批陷入精神迷茫的困境之中。在人类发展陷入困境而同时面临重大抉择之时，以生态环保型工农业经济协调发展为特征的后现代社会和把人从被迫从事的体力劳动中解放出来去追求自我实现的智能化时代开始进入人们关注的视线，这种以回归人本诉求和在尊重科学的原则下凸显人文价值追求为主要理念的新思潮，很好地回应了人们对回归大学之道和重新彰显大学精神价值的呼唤。分为三大阶段、历时 2000 多年的发展历程，很好地呈现了大学精神螺旋式上升的发展轨迹和基本发展规律，印证了大学精神"回归"的必然性，证实了未来大学精神的"回归"不是简单的重复而是螺旋式上升这一内在机理。

所以，只有更加重视对大学精神的尊重与发扬，让大学精神更好地引领大学发展，大学之于人和社会的精神价值才能得到更好的发挥，中华民族伟大复兴的中国梦才可能早日实现，中国的世界一流大学建设也才能真正落到实处。

二 主要创新点

结合对研究的总结和结论分析，可以发现本书在以下方面具有明显创新。

第一，研究视角新。本书以大学精神的演进历程为切入视角，贯通古今中外，拉长历史时限研究大学精神的内生机制和基本学理，既可以做到以史为鉴清晰地审视问题，又可以开阔眼界在古今中外对比中辨明问题，具有较强的创新性。

第二，本书提出了文化繁荣诱因与大学精神本质暗合的创新观点。从2000 多年的大学精神演进历程及其与不同的文化繁荣时期之间的关系梳理中可以发现，文化繁荣诱因与大学精神的本质暗合，也就是说，文化繁荣的诱因正是大学精神的基本内涵和本质追求；反过来，大学精神的本质追求就是促进人的养成与人类文化的繁荣。二者属于共生相互依存关系，存在同衰共荣的依存表现。另外，这一结论同时昭示，和平时期同样可以通过赋予以大学为首的学术组织更大的学术自由和治理自由，激发大学办学活力，释放大学人的创新潜力，促进文化繁荣的重现；如果再采取更多鼓励和刺激大学师生跨区域、跨国界流动的措施，创造更好的促进文化碰撞与和谐相生的制度环境与文化氛围，这种促进文化繁荣实现的创新潜力就会更加强大且富有生命力。这一观点是笔者在历时多年的研究中，在史料与前人思想发现的基础上总结提炼出来的，具有较强的创新性。

第三，本书提出了大学精神的强弱和大学地位高低与大学对人的精神养育作用大小之间存在高度关联性的创新观点。2000 多年的大学精神演进历程及其和大学的发展与人的养成之间的关系可以证实，大学精神自身及其引领下的大学教育，在不同社会发展阶段所表现出来的对应变化，既决定了大学在不同社会阶段的地位和价值，又决定了大学教育自身的命运和大学教育对人的发展质量影响的强弱。简言之，在不同历史时期，大学精神的强弱和大学地位高低与大学对人的精神养育作用大小之间存在高度的关联性，即大学精神发挥的引导作用越强，大学的社会地位越高，对人的精神养育价值也越大；反之亦然。所以，只有更加重视对大学精神的尊重与发扬，让大学精神更好地引领大学发展，大学才会获得更具活力的发展，大学之于人和社会的精神价值才能得到更好的发挥，中华民族伟大复兴之梦才可能早日实现。这一观点是笔者在历时多年的研究中，在哲学思辨、逻辑推论和实证分析的基础上，总结提炼出来的，具有较强的创新性。

参考文献

一 中文著作类

[1] 〔美〕A.J.赫舍尔.人是谁 [M].隗仁莲译.贵阳：贵州人民出版社，1995.

[2] 〔美〕埃·弗洛姆.为自己的人 [M].孙依依译.北京：生活·读书·新知三联书店，1988.

[3] 〔巴西〕保罗·弗莱雷.被压迫者教育学（修订版）[M].顾建新等译.上海：华东师范大学出版社，2014.

[4] 〔德〕彼得·扎格尔.剑桥历史和文化 [M].朱刘华译，北京：中信出版社.2005.

[5] 蔡元培.蔡元培全集（第三卷）[M].北京：中华书局，1984.

[6] 陈洪捷.德国古典大学观及其对中国的影响（修订版）[M].北京：北京大学出版社，2006.

[7] 陈平原.大学有精神 [M].北京：北京大学出版社，2009.

[8] 陈向明.质的研究方法与社会科学研究 [M].北京：教育科学出版社，2000.

[9] 陈学飞.美国、德国、法国、日本当代高等教育思想研究 [M].上海：上海教育出版社，1998.

[10] 陈学恂.中国近代教育史教学参考资料（下册）[M].北京：人民教育出版社，1998.

[11] 储朝晖.中国大学精神的历史与省思 [M].太原：山西教育出版社，

2010.

[12] 储朝晖.中国近代大学精神史 [M].北京：人民教育出版社,2013.

[13] 岱峻.风过华西坝：战时教会五大学纪 [M].南京：江苏文艺出版社，2013.

[14] 董云川.找回大学精神 [M].昆明：云南大学出版社，2011.

[15] 冯友兰等.联大教授 [M].北京：新星出版社，2010.

[16] 高平叔.蔡元培教育论著选 [M].北京：人民教育出版社，1991.

[17] 〔英〕海斯汀·拉斯达尔.中世纪的欧洲大学——博雅教育的兴起 [M].邓磊译.重庆：重庆大学出版社，2011.

[18] 韩小蕙.读人记 [M].北京：文化艺术出版社，2001.

[19] 〔德〕汉斯·萨尼尔,雅斯贝尔斯 [M].张继武、倪梁康译.北京：生活·读书·新知三联书店，1988.

[20] 何光沪等.大学精神档案 [M].桂林：广西师范大学出版社，2004.

[21] 何茂莉.传承与现代——文化人类学视野下的大学精神 [M].北京：民族出版社，2006.

[22] 〔英〕怀特海.教育的目的 [M].徐汝舟译.北京：生活·读书·新知三联书店，2002.

[23] 〔美〕J. P. Robinson, P. R. Shaver, L. S. Wrightsman. 性格与社会心理测量总览 [M].杨宜音等译校.台北：远流出版公司，1988.

[24] 贾德永.高等学校内涵发展探索 [M].北京：高等教育出版社，2012.

[25] 〔美〕杰里米·里夫金.第三次工业革命：新经济模式如何改变世界 [M].张体伟，孙豫宁译.北京：中信出版社，2012.

[26] 〔德〕卡尔·雅斯贝尔斯.大学之理念 [M].邱立波译.上海：上海人民出版社，2007.

[27] 〔美〕柯蒂斯·J. 柯蒂邦克.世界是开放的：网络技术如何变革教育 [M].焦建利等译.上海：华东师范大学出版社，2011.

[28] 〔美〕克拉克·克尔.大学的功用 [M].陈学飞等译.南昌：江西教育出版社.1993.

[29] 〔捷〕夸美纽斯.大教学论·教学法解释 [M].任钟印译.北京：人民教育出版社，2006.

[30]〔美〕德雷克·博克.回归大学之道 [M].侯定凯等译.上海：华东师范大学出版社，2008.

[31] 李泽厚.中国古代思想史论 [M].合肥：安徽文艺出版社，1994.

[32] 李子江.学术自由：大学之魂 [M].北京：中国社会科学出版社，2012.

[33]〔比〕里德-西蒙斯.欧洲大学史（第二卷）[M].贺国庆等译.保定：河北大学出版社，2007.

[34]〔美〕德里克·博克.走出象牙塔——现代大学的社会责任 [M].徐小洲，陈军译.杭州：浙江教育出版社，2001.

[35]〔美〕理查德·沙沃森，丽萨·汤.教育的科学研究 [M].曹晓南等译.北京：教育科学出版社，2006.

[36] 联合国教科文组织国际教育发展委员会.学会生存 [M].华东师范大学比较教育研究所译.北京：教育科学出版社，1996.

[37] 林杰.西方知识论传统与学术自由 [M].北京：北京师范大学出版社，2010.

[38] 刘宝存.大学理念的传统与变革 [M].北京：教育科学出版社，2004.

[39] 刘海峰，史静寰.高等教育史 [M].北京：高等教育出版社，2010.

[40] 刘述礼，黄延复.梅贻琦教育论著选 [M].北京：人民教育出版社，1993.

[41] 刘铁芳.保守与开放之间的大学精神 [M].北京：北京师范大学出版社，2010.

[42] 刘铁芳.古典传统的回归与教养性教育的重建 [M].北京：北京师范大学出版社，2010.

[43]〔美〕罗伯特·M.赫钦斯.美国高等教育 [M].汪利兵译.杭州：浙江教育出版社，2000.

[44]〔德〕M.兰德曼.哲学人类学 [M].阎嘉译.贵阳：贵州人民出版社，1994.

[45] 马凤岐.自由与教育 [M].北京：北京师范大学出版社，2006.

[46]〔苏〕马卡连柯.论共产主义教育 [M].刘长松，杨慕之译.北京：人民教育出版社,1979.

[47] 马克思恩格斯全集（第46卷）（上）[M].北京：人民出版社，1979.

[48] 毛泽东著作选读 [M].人民出版社，1986.

[49] 梅贻琦.教授的责任 [M]//刘述礼,黄延复.梅贻琦教育论著选 [C].北京：人民教育出版社，1993.

[50] 孟宪承.中国古代教育文选 [M].北京：人民教育出版社，1979.

[51] 西南联合大学北京校友会.国立西南联合大学校史 [M].北京：北京大学出版社，2006.

[52] 宋秋蓉.近代中国私立大学发展史 [M].西安：陕西人民教育出版社，2006.

[53] 孙培青.中国教育史 [M].上海：华东师范大学出版社，2009.

[54] 涂又光.中国高等教育史论 [M].武汉：湖北教育出版社，1997.

[55] 〔瑞〕瓦尔特·吕埃格.欧洲大学史（第三卷）[M].张斌贤等译.保定：河北大学出版社，2013.

[56] 王喜旺.大学探究精神的重生与衍化 [M].北京：科学出版社，2015.

[57] 〔美〕威廉·维尔斯马,斯蒂芬·G.于尔斯.教育研究方法（第9版）[M].袁振国主译.北京：教育科学出版社，2010.

[58] 〔德〕维克多·弗兰克.活出意义来 [M].赵可式,沈锦惠译.北京：生活·读书·新知三联书店，1991.

[59] 温正胞.大学创业与创业型大学的兴起 [M].杭州：浙江大学出版社，2011.

[60] 吴慧平.西方大学的共同治理 [M].北京：北京师范大学出版社，2012.

[61] 〔德〕谢林.学术研究方法论 [M].先刚译.北京：北京大学出版社，2019.

[62] 徐以骅.教育与宗教：作为传教媒介的圣约翰大学 [M].珠海：珠海出版社，1999.

[63] 〔法〕雅克·韦尔热.中世纪大学 [M].王晓辉译.上海：上海人民出版社，2007.

[64] 〔德〕雅斯贝尔斯.存在与超越——雅斯贝尔斯文集 [M].余灵灵,徐信华译.上海：上海三联书店，1988.

[65] 〔德〕雅斯贝尔斯.什么是教育 [M].邹进译.北京:生活·读书·新知三联书店,1991.

[66] 〔美〕亚伯拉罕·弗莱克斯纳.现代大学论——美英德大学研究 [M].徐辉,陈晓菲译.杭州:浙江教育出版社.2001.

[67] 阎步克.士大夫政治演生史稿 [M].北京:北京大学出版社,1996.

[68] 杨东平.大学精神 [M].上海:文汇出版社,2003.

[69] 杨东平.大学之道 [M].香港:文汇出版社,2003.

[70] 杨立德.西南联大的斯芬克司之谜 [M].昆明:云南人民出版社,2005.

[71] 叶隽.大学的精神尺度 [M].福州:福建教育出版社,2011.

[72] 叶澜.教育概论 [M].北京:人民教育出版社,2006.

[73] 叶秀山.苏格拉底及其哲学思想 [M].北京:人民出版社,1997.

[74] 〔美〕詹姆斯·杜德斯达.21世纪的大学 [M].刘彤等译.北京:北京大学出版社,2005.

[75] 张晋衡.大学论 [M].北京:中国档案出版社,2010.

[76] 张维迎.大学的逻辑 [M].北京:北京大学出版社,2012.

[77] 张雪蓉,马渭源.中国教育十二讲 [M].重庆:重庆出版社,2008.

[78] 章开沅.章序 [M]//吴梓明.基督宗教与中国大学教育.北京:中国社会科学出版社,2003.

[79] 中国蔡元培研究会.蔡元培全集(第八卷)[M].杭州:浙江教育出版社,1997.

[80] 朱永新等.中国教育缺什么 [M].苏州:苏州大学出版社,2003.

[81] 竺可桢.竺可桢日记(第二册)(1943—1949)[M].北京:人民出版社,1984.

二 中文论文类

[82] 安心.构建我国现代大学主体性的核心及其保障——基于欧洲中世纪大学的启示 [J].煤炭高等教育,2007,(4).

[83] 毕会成.保守着前卫——写在剑桥大学建校八百年之际 [J].读书,2009,(10).

[84] 曹继军，颜维琦."慕课"来了，中国大学怎么办？[N].光明日报，2013-07-16.

[85] 曹双双，王移芝.泛在学习中自适应学习系统模型研究 [J].现代教育技术，2012，(7).

[86] 陈才俊.华人掌校与教会大学的"中国化" [J].高等教育研究，2008，(7).

[87] 陈列，俞天红.西方学术自由评析 [J].高等教育研究，1994，(2).

[88] 陈柳.MOOC 的兴起对高等教育的影响 [D].广西师范大学，2014.

[89] 陈肖庚，王顶明.MOOC 的发展历程与主要特征分析 [J].现代教育技术，2013，(11).

[90] 储朝晖.大学精神与大学理念 [J].清华大学教育研究，2006，(1).

[91] 方展画，颜丙峰，宋广文.大学精神：大学生命的灵魂 [J].国家教育行政学院学报，2005，(1).

[92] 方展画.高等教育理论研究的认识论问题 [J].教育研究，1997，(2).

[93] 高地.MOOC 热的冷思考——国际上对 MOOCs 课程教学六大问题的审思 [J].远程教育杂志，2014，(2).

[94] 高田钦.西方大学教授治校的内涵及其合法性分析 [J].高校教育管理，2007，(1).

[95] 郭大成，孙刚成.大学精神是大学素质教育之魂 [J].教育研究，2013，(10).

[96] 郭大成.大学素质教育之路如何越走越宽 [N].中国教育报，2010-11-08.

[97] 郭大成.大学应培养"大写"的人 [N].人民日报，2013-11-28.

[98] 郭三玲.论教育的乌托邦精神 [J].理论月刊，2004，(4).

[99] 过增元.倡导参与式教学法培养创新型人才 [J].中国高等教育，2003，(20).

[100] 韩歌萍.大学教师如何确立教育信仰 [J].理论导刊，2009，(10).

[101] 韩延明.理念、教育理念及大学理念探析 [J] 教育研究，2003，(9).

[102] 郝文武. 教育与幸福的合理性关系解读 [J]. 陕西师范大学学报 （哲学社会科学版），2008，（1）.

[103] 郝文武. 自由教育的价值和实现方式 [J]. 高等教育研究，2009，（9）.

[104] 和震. 西方学术自由：走向自觉的历程 [J]. 清华大学教育研究，2003，（1）.

[105] 胡沫，杜娟. 德育视阈中的大学知识教育与信仰教育辨析 [J]. 思想政治教育研究，2015，（1）.

[106] 姬冰澌. 唤醒同理心：教育为了美好生活 [J]. 教育实践与研究，2013，（12）.

[107] 姜国钧.《走出象牙塔——现代大学的社会责任》镜诠 [J]. 大学教育科学，2010，（4）.

[108] 苏君阳. 素质教育认识的误区及其超越 [J]. 北京师范大学学报，2008，（6）.

[109] 〔德〕卡尔·伯克. 联邦德国的高等学校及其问题 [N]. 中国教育报，1984-09-01.

[110] 雷云. 教育认识论的危机 [J]. 四川师范大学学报，2011，（5）.

[111] 冷余生. 大学精神的困惑 [J]. 高等教育研究，2004，（1）.

[112] 李帆. 让教育回归"常识"[J]. 人民教育，2011，（1）.

[113] 李青. 网络社会中高校师生关系的异化与重构 [D]. 西南大学，2014.

[114] 李延保. 现代大学文化精神与历史传承 [J]. 中山大学学报（社会科学版），2004，（6）.

[115] 厉以贤. 学习社会的理念和建设 [J]. 高等教育研究，2000，（5）.

[116] 刘宝存. 大学精神的失落与重塑 [J]. 学术界，2004，（1）.

[117] 刘河燕. 欧洲中世纪大学的开放性及对我国的启示 [J]. 社会科学家，2010，（6）.

[118] 刘佳. 论教育与幸福 [J]. 湖北大学学报（哲学社会科学版），2010，（3）.

[119] 刘铁芳. 技术主义与当代大学的命运 [J]. 大学教育科学，2007，（2）.

［120］刘献君 . 高等学校个性化教育探索 ［J］. 高等教育研究，2011，(3)．

［121］刘亚敏 . 大学精神探论 ［J］. 未来与发展，2000，(6)．

［122］刘永章 . 剑桥大学学生培养与服务的经验及启示 ［J］. 国家教育行政学院学报，2005，(9)．

［123］鲁洁 . 道德教育的期待：人之自我超越 ［J］. 高等教育研究，2008，(9)．

［124］栾凤池 . 国际化与民族化在高等教育发展中的不平衡性之反思 ［J］. 山东师范大学学报，2008，(5)．

［125］罗能勤，朱继洲 . 西南联大的办学经验对创建高水平大学的借鉴意义 ［J］. 江苏高教，2002，(5)．

［126］冒荣，赵群 . 学术自由的内涵与边界 ［J］. 高等教育研究，2007，(7)．

［127］孟卫东 . 彰显大学特色办学的探讨 ［J］. 中国高等教育，2010，(18)．

［128］〔英〕莫尼卡·泰勒 . 价值观教育与教育中的价值观（上）［J］. 万明译 . 教育研究，2003，(5)．

［129］2002 年中外大学校长论坛课题组提交的报告 大学办学特色的形成发展战略 ［J］. 国家教育行政学院学报，2003，(3)．

［130］欧阳斐 . 师徒制对应用型本科院校教学的启示 ［J］. 当代教育理论与实践，2014，(12)．

［131］苏芃，罗燕 . 技术神话还是教育革命？［J］. 清华大学教育研究，2013，(4)．

［132］彭时代 . 地方院校应树立开放办学的观念 ［J］. 中国高教研究，2006，(3)．

［133］齐幼菊，龚祥国 . 终身教育体系构架探析 ［J］. 中国远程教育，2010，(11)．

［134］宋旭红，沈红 . 20 世纪 20、30 年代中国大学的学术独立之路 ［J］. 现代大学教育，2006，(5)．

［135］孙立会 . 开放教育基本特征的变迁——兼议 MOOC 之本源性问题 ［J］. 远程教育杂志，2014，(2)．

［136］唐耀华 . 论大学精神的育人作用及其特点 ［J］. 江苏高教，2008，(1)．

[137] 田建国. 推进教育观念创新 [N]. 光明日报, 2009-08-19.

[138] 汪瑞林, 张春铭. MOOCs 的挑战与大学的未来——访教育部科技发展中心主任李志民 [N]. 中国教育报, 2013-09-23.

[139] 王保星. 美国大学教师终身教职与学术自由的关系 [J]. 北京大学教育评论, 2005, (1).

[140] 王建华. 大学边界论 [J]. 清华大学教育研究, 2006, (6): 18-25.

[141] 王磊. 走出历史的幻影 [J]. 陕西师范大学学报 (哲学社会科学版), 2000, (1).

[142] 王荣德. 西南联大培养杰出人才的成功经验 [J]. 高等工程教育研究, 2001, (3).

[143] 王挺之. 欧洲中世纪的教育 [J]. 四川大学学报 (哲学社会科学版), 2001, (3).

[144] 王文礼. MOOC 的发展及其对高等教育的影响 [J]. 江苏高教, 2013, (2).

[145] 王振权. 教育适合学生: 个性化教育实践范畴 [J]. 中国教育学刊, 2012, (5).

[146] 王志刚. 大学精神是高校办学特色的灵魂 [J]. 中国高教研究, 2003, (7).

[147] 魏源. 同理心: 心理咨询与治疗关系中的特质概念 [J]. 中国临床康复, 2005, (40).

[148] 文胜利. 从西南联大的办学经验看我国的一流大学建设 [J]. 现代大学教育, 2006, (5).

[149] 吴恒山. 教育需要信仰 [N]. 中国教育报, 2013-01-25.

[150] 吴小林. 大学精神与价值观教育 [N]. 光明日报, 2008-08-29.

[151] 肖海涛. 论大学的学术责任与学术自由 [J]. 高等教育研究, 2000, (6).

[152] 肖海涛. 一种经典的大学理念: 洪堡的大学理念考察 [J]. 深圳大学学报 (人文社会科学版). 2000, (4).

[153] 谢俊. 大学的学术自由及其限度 [D]. 西南大学, 2010.

[154] 谢欧. 现代大学精神的失落与重建 [J]. 当代教育论坛, 2008, (5).

[155] 徐春妹. 欧洲中世纪大学自治对现代大学自治的启示 [J]. 现代教育科学, 2007, (7).

[156] 徐岚. 大学的教学创新：MOOCs 给我们的启示 [J]. 全球教育展望, 2014, (2).

[157] 徐小洲, 王晨. 西方高等教育认识论的哲学基础 [J]. 教育研究, 2001, (8).

[158] 严奉林. 教育信仰浅议 [J]. 教育科学研究, 2002, (1).

[159] 严蔚刚, 鹿颖. 感受德国大学科研的开放性 [N]. 中国教育报, 2008-09-04.

[160] 严燕, 耿华萍. 学院制在西方大学中的发展脉络以及其共性研究 [J]. 苏州大学学报, 2005, (5).

[161] 杨红旻. MOOCs 对大学教育思想的继承、超越与变革 [J]. 教育发展研究, 2014, (7).

[162] 杨天平, 潘奇. 欧洲中世纪大学的特色 [J]. 现代大学教育, 2009, (1).

[163] 杨渭生. 宋代书院与欧洲中世纪大学之比较 [J]. 浙江社会科学, 2001, (3).

[164] 杨孝堂. 泛在学习：理论、模式与资源 [J]. 中国远程教育, 2011, (6).

[165] 曾华. 大学精神的失落与重塑 [J]. 文化学刊, 2008, (6).

[166] 张宝昆. 人的因素对大学发展的影响 [J]. 外国教育动态, 1988, (1).

[167] 张斌贤, 李子江. 论学术自由在美国的制度化历程 [J]. 沈阳师范大学学报 (社会科学版), 2003, (5).

[168] 张斌贤, 孙益. 西欧中世纪大学的特权 [J]. 北京师范大学学报 (社会科学版), 2004, (4).

[169] 张婉娟. 运用大学精神提高思想政治教育效果的途径与方法探析 [D]. 西南交通大学, 2012.

[170] 赵世超, 卫崇文. 论战国时期的百家争鸣运动 [J]. 陕西师范大学学报 (哲学社会科学版), 2006, (4).

[171] 赵晓霞.MOOC 冲击传统高等教育模式 [N].人民日报（海外版），2013-06-14.

[172] 周培源.访美有感——关于高等学校改革的几个问题 [N].人民日报，1981-04-20.

三　外文著作类

[173] A. B. Cobban. The Medieval Universities: Their Development and Organization [M]. London: Methuen & Co. Ltd, 1975.

[174] Abraham Flexner. Universities: American, English, German [M]. London: Oxford University Press, 1930.

[175] Burton R. Clark. The Higher Education System: Academic Organization in Cross-National Perspective [M]. Berkeley and Los Angels: University of California Press, 1983.

[176] Duke Maskell, Ian Robinson. The New Idea of a University [M]. Thorverton: Imprint Academic PO Box I, 2002.

[177] H. Perkin. History of Universities. In: L. F. Goodchild, H. S. Wechsler, ed. The History of Higher Education [M]. Boston: Pearson Custom Publishing, 1997.

[178] John S. Brubacher. On the Philosophy of Higher Education [M]. San Francisco: Jossey-bass Publishers, 1982.

[179] Karl Jaspers. The Idea of the University [M]. London: Peter Owen Ltd, 1965.

[180] R. M. Hutchins. The Conflict in Education in a Democratic Society [M], New York: Harper & Brother, 1953.

[181] Rosemary O'D. Education and Society 1500-1800 the Social Foundations of Education in Early Modern Britain [M]. London New York: London and New York: Longam, 1982.

[182] W. B. Carnochan. The Battleground of the Curriculum: Liberal Education and the American Experience [M]. Stanford, CA: Stanford University Press, 1993.

[183] Y. S. Chen, T. C. Kao, J. P. Shen, C. Y. Chiang. A Mobile Scaffolding-Aid-Based Bird-Watching Learning System [A]. Proceedings of IEEE International Workshop on Wireless and Mobile Technologies in Education [C]. Sweden: Vaxjo, 2002.

四 外文论文类

[184] Akiro Beppu. W. von Humboldt and the Idea of Berlin University (University Reorganization as Problem of Education) [J]. The Japanese Journal of Educational Research, 2003, 70 (2): 185-196.

[185] Alasdair Macintyre. The Very Idea of a University: Aristotle, Newman, and Us [J]. British Journal of Educational Studies, 2009, 57 (4): 347-362.

[186] Andreas Speer. Free Minds—An Archeology of the Idea of the University [J]. Archive for Medieval Philosophy and Culture, 2010, (16): 7-18.

[187] Andrew F. West. What Is Academic Freedom? [J]. North American Review, 1885, (342): 432-444.

[188] Bruce Alan. Bornstein. Commercializing University Biomedical Ideas: Problems and Opportunities [D]. Massachusetts Institute of Technology (M. B. A), 1999.

[189] B. V. Toshev. The University Idea and Possibilities for Its Realization [J]. Bulgarian Journal of Science and Education Policy, 2011, 5 (2): 385-415.

[190] Carolyn Zahn-Waxler, Marian Radke-Yarrow. The Origins of Empathic Concern [J]. Motivation and Emotion, 1990, 14 (2): 107-130.

[191] Charl C. Wolhuter, John Mushaandja. Contesting Ideas of a University: The Case of South Africa [J]. Humanities, 2015, 4, (2): 212-223.

[192] Da Wan Chang, Morshidi Sirat, Dzulkifli Abdul Razak. The Idea of a University: Rethinking the Malaysian Context [J]. Humanities, 2015, 4 (3): 266-282.

[193] D. P. F. Leischacker. John Henry Newman "Microform": His Under-

standing of Science in the Idea of a University [D]. Catholic University of America (M. A.), 1996.

[194] D. S. Westerhuis Ideas and Identities: Representations of Australian Public Universities [D]. James Cook University, Townsville (Ph. D.), 2006.

[195] E. R. Tapper, B. G. Salter. The Changing Idea of University Autonomy [J]. Studies in Higher Education, 1995, 20: 59-71.

[196] F. Esteban Bara. Ideas de ayer para la Educación Universitaria de hoy [J]. Foro de educación, 2018, 16 (24): 215-232.

[197] Galina I. Petrova, Vladimir M. Smokotin, Svetlana K. Gural, Valeria Ye. Budenkova. "The Idea of a University", Its Spiritual-Humanitarian Values and Content [J]. Procedia-Social and Behavioral Sciences, 2014, 154: 245-249.

[198] Galina I. Petrova et al. "The Idea of a University", Its Spiritual-Humanitarian Values and Content [J]. Procedia-Social and Behavioral Sciences, 2014, 154: 245-249.

[199] Galina Petrova, Vladimir Smokotina, Irina Brylinab, Alla Kornienkob, Anna Kornienkob, Yulia Nikitinab, Nikolay Kachalovb. A Comparative Analysis of Classical and Postmodern Views on the Idea of a University [J]. Procedia-Social and Behavioral Sciences, 2015, 206: 465-473.

[200] Gao Xin. John Henry Newman's Idea of University and its Relationship with His Religious Thought [D]. The Chinese University of Hong Kong (Hong Kong) (Ph. D.), 2007.

[201] G. I. Petrova, S. K. Gural, A. A. Kornienko, T. A. Kostyukova, N. A. Kachalov. Historical Retrospective Review of Idea of University: Complementarily of Reason and Spirituality [J]. Procedia-Social and Behavioral Sciences, 2015, 166: 639-646.

[202] Glen A. Jones. The Idea of a Canadian University [J]. Interchange, 1998, 29 (1): 69-80.

[203] Helen May Finlay. The Idea of the University in Australia the Impact of the

Interactions of the Australian Government, FAUSA and the AVCC on Its
Evolution Since World War II [D]. Macquarie University (Ph. D.),
1994.

[204] Šimo Šokčević, Željko Filajdić. "Gentleman" as the Holder of Academic
Life in J. H. Newman's "The Idea of a University" [J]. Crkva u svijetu:
CUS, 2017, 52 (1): 7-25.

[205] Šimo Šokčević. Theology and the Idea of University Education [J]. Obnov.
život, 2016, 71 (2): 217-229.

[206] Igor Eterović. The Place of Immanuel Kant in the Thinking of the Idea of
the University [J]. Philosophical Research, 2013, 3: 473-492.

[207] Isanović, Nusret. The Birth of the Idea of a University and Its Medieval
Embodiment [J]. Proceedings of the Islamic Pedagogical Faculty in Zen-
ica, 2012, 10: 325-338.

[208] Janet Sinclair-Jones. The Idea of the University in Australia in the 1990s
[D]. Curtin University of Technology (Ph. D.), 1996.

[209] J. C. Scott. The Mission of the University: Medieval to Postmodern Trans-
formations [J]. The Journal of Higher Education, 2006, 77 (1): 1-39.

[210] Jiali Hu, Yanqiang Cui. Spiritual Heritage of Humboldt's Idea of Univer-
sity: Study on Universities in Germany [J]. Higher Education of Social
Science, 2015, 8 (5): 1-6.

[211] Joann Gerdeman Thompson. On the Idea of the University: An Analysis
of Selected Themes Found in the Literature on Higher Education 1962-
1972, with Special Reference to the Relationship of the Modern Themes
to Those Found in Nineteenth Centrury English Thought (Matthew Ar-
nold, Thomas Henry Huxley, John Stuart Mill, John Henry Newman,
Walter Pater) [D]. University of Kentucky (Educat. D.), 1983.

[212] Johanna Sesone, Annika Adielsson. From Idea to Impact—A Strategic
Process at Mälardalen University [D]. Mälardalens högskola (M. A.),
2008.

[213] John Ziman. The College System at Oxford and Cambridge [J]. Minerva,

1963, 1 (2): 191-208.

[214] Krishnavani Pillay. The Idea of the University in South Africa Today [D]. Nelson Mandela Metropolitan University (M. A.), 2009.

[215] Margaret Frances Morgan. Rational Religion and the Idea of the University: A Study of the Noetics, 1800 to 1836 [D]. University of Adelaide (Ph. D.), 1991.

[216] Marinko Lolić. Jaspers' Try of the Rehabilitation of the Idea of University [J]. Philosophy and Society, 2009, 20 (3): 41-62.

[217] Mark Sinclair. Heidegger, Von Humboldt and the Idea of the University [J]. Intellectual History Review, 2013, 23 (4): 499-515.

[218] Marni De Pencier. Ideas of the English-speaking Universities in Canada to 1920 [D]. University of Toronto (Canada) (Ph. D.), 1978.

[219] Michael J. Hofstetter. The Romantic Idea of the University: England and Germany, 1770-1850 [D]. Northwest University (Ph. D.), 1991.

[220] Milica Petrovic. The Fate of Liberal Education: John Henry Newman's *The Idea of a University* Rebisited [D]. GENT University (M. A.), 2009.

[221] Nagaraju Gundemeda. The Idea of a University: A Sociological Study of a National University in India [J]. Journal of Sociology and Social Anthropology, 2015, 6 (1): 99-112.

[222] Nigel Joseph. The Idea of University the Humanities and the Negotiation of Modernity [D]. University the Humanities (Ph. D.), 1997.

[223] Nusret Isanović. The Birth of the Idea of a University and Its Medieval Embodiment [J]. Proceedings of the Islamic Pedagogical Faculty in Zenica, 2012, 10: 325-338.

[224] Nusret Isanović. The Idea of University-Historical Realisations and Threats of Disappearing [J]. Signs of the Time, 2013, (60): 181-200.

[225] Ossi Piironen. The Transnational Idea of University Autonomy and the Reform of the Finnish Universities Act [J]. Higher Education Policy, 2013, 26: 127-146.

[226] Peter R. Chippendale. The Debate on the Idea of the University in Eng-

land and Ireland, 1825 to c. 1850, and Its Implications for the Creation and Early Development of the Idea of the University in New South Wales, 1845 to c. 1860 [D]. University of Lancaster (Ph. D.), 1986.

[227] Peter R. Chippendale. The Development of the Idea of the University in Colonial New South Wales, 1860–1890 [D]. University of Sydney (M. A.), 1993.

[228] Robert O'Hara. American Higher Education and the "Collegiate Way of Living" [J]. Community Design, 2011, (2): 10–21.

[229] Sean John Regan. The Post-Dawkins Idea of a University: A Tory Pragmatist Interpretation of Australian University Reform 1987–1996 [D]. University of New England (Doctor), 1998.

[230] Sisay Tamirat. Academic Freedom and the Idea of University: A Philosophical Inquiry (With a Reflection on Addis Ababa University) [D]. Addis Ababa University (M. A.), 2015.

[231] Sonia Pavlenko, Cristina Bojan. Reclaiming the Idea of the University as a Possible Solution to Today's Crisis [J]. Center for Educational Policy Studies Journal, 2014, 4 (2): 91–104.

[232] Sonia Pavlenko, Cristina Bojan. The Idea of the University Reshaped by the Bologna Process [J]. AUDEM, 2011, 2 (1): 38–47.

[233] Steven Schwartz. Big Ideas for Australian Universities [J]. Higher Education Management and Policy, 2009, 21 (2): 35–49.

附录一

当前高等学校中的大学精神状态调查问卷（教职工）

尊敬的老师：

　　您好！为了解当前高校中的大学精神状态，为高校弘扬大学精神提供决策建议，特进行此项调研。本次调研采取匿名问卷方式进行，调研结果仅用于研究问题的分析，不会泄露您的个人隐私。敬请您按照题目要求填写问卷。非常感谢您的支持！

大学精神研究项目组

1. 您所在的学校属于（　　　）（单选题）

　　A. 原 985、211 高校或国家双一流高校　　　B. 普通本科高校

　　C. 民办高校　　　　　　　　　　　　　　D. 其他高校

2. 您在高校的工作的年限是（　　　）（单选题）

　　A. 30 年及以上　　B. 25~30 年　　C. 20~25 年　　D. 15~20 年

　　E. 10~15 年　　　　F. 5~10 年　　　G. 5 年以下

3. 您目前的身份是（　　　）（双肩挑者可双选，其余单选）

　　A. 普通教师　　B. 副教授（副研究员）　　C. 教授（研究员）

　　D. 行政职员　　E. 中层领导　　　　　　　F. 校级领导

4. 您认为大学精神的核心是什么（　　　）（最多选 4 项）

　　A. 思想自由　　B. 批判精神　　C. 学术自由　　D. 尊重个性

　　E. 行政治校　　F. 教授治学　　G. 向善求真　　H. 兼容并包

　　I. 专业技能　　J. 以人为本　　K. 知行合一　　L. 实事求是

M. 其他，请写出来

5. 您认为现代大学在大学精神上最弱的是什么（　　）（单选题）

A. 思想自由 B. 批判精神 C. 学术自由 D. 尊重个性

E. 行政治校 F. 教授治学 G. 向善求真 H. 兼容并包

I. 专业技能 J. 以人为本 K. 知行合一 L. 实事求是

M. 其他，请写出来

6. 您认为现代大学精神缺失严重吗（　　）（单选题）

A. 很严重 B. 严重 C. 一般 D. 不存在缺失问题

E. 不清楚

7. 您认为导致大学精神缺失的主要原因是什么（　　）（多选题）

A. 大学教育行政化 B. 大学自治权利不足

C. 大学人普遍处于浮躁状态 D. 学术治理官僚化

E. 大学教育功利化 F. 其他，请写出来

8. 您认为现代人最普遍欠缺的核心素养是什么（　　）（最多选 2 项）

A. 专业知识与技能 B. 解决问题的能力

C. 实践经验与技能 D. 批判精神与意识

E. 对正义的追求与维护 F. 开放与分享的合作意识

G. 对自由的追求与捍卫 H. 其他，请写出来

9. 您认为大学精神缺失的主要危害是什么（　　）（多选题）

A. 让大学失去灵魂 B. 让大学沦为"工厂"

C. 让大学迷失方向 D. 降低人才培养质量

E. 让大学人缺失奋斗的动力 F. 让人类失去灵魂栖息地

G. 让大学失去引领社会的地位

H. 让大学彻底失去对纯粹学术追求的勇气

I. 其他，请写出来

10. 您认为怎样才能让大学有精神？

附录二

当前高等学校中的大学精神状态调查问卷（大学生）

亲爱的同学：

　　您好！为了解当前高等学校中的大学精神状态，为我国大学发展提供决策建议，特进行此项调研。本次调研采取匿名问卷方式进行，调研结果仅用于研究问题的分析，不会泄露您的个人隐私。敬请您按照题目要求填写问卷。非常感谢您的支持！

大学精神研究项目组

1. 您所在的学校属于（　　　）（单选题）

   A. 原985、211高校或国家双一流高校　　B. 普通本科高校

   C. 民办高校　　　　　　　　　　　　　D. 其他高校

2. 您的学习阶段是（　　　）（单选题）

   A. 博士后　　　　　B. 博士研究生　　　C. 硕士研究生　　　D. 本科生

   E. 专科生　　　　　F. 其他

3. 您认为在大学里最应该学什么（　　　）（单选题）

   A. 为人处世的方法与技巧　　　　　　B. 高深的专业技能

   C. 丰富的知识

   D. 严谨的治学态度与探究学习的习惯

   E. 自由的精神　　　　　　　　　　　F. 人文与文明素养

   G. 其他，请写出来

4. 您认为大学精神的核心是什么（　　　）（最多选 4 项）

　　A. 思想自由　　　　B. 批判精神　　　　C. 学术自由　　　　D. 尊重个性

　　E. 行政治校　　　　F. 教授治学　　　　G. 向善求真　　　　H. 兼容并包

　　I. 专业技能　　　　J. 以人为本　　　　K. 知行合一　　　　L. 实事求是

　　M. 其他，请写出来

5. 您认为现代大学在大学精神上最弱的是什么（　　　）（单选题）

　　A. 思想自由　　　　B. 批判精神　　　　C. 学术自由　　　　D. 尊重个性

　　E. 行政治校　　　　F. 教授治学　　　　G. 向善求真　　　　H. 兼容并包

　　I. 专业技能　　　　J. 以人为本　　　　K. 知行合一　　　　L. 实事求是

　　M. 其他，请写出来

6. 您认为现代大学精神缺失严重吗（　　　）（单选题）

　　A. 很严重　　　　　B. 严重　　　　　　C. 一般

　　D. 不存在缺失问题E. 不清楚

7. 您认为导致大学精神缺失的主要原因是什么（　　　）（多选题）

　　A. 大学教育行政化　　　　　　　　B. 大学自治权利不足

　　C. 大学人普遍处于浮躁状态　　　　D. 学术治理官僚化

　　E. 大学教育功利化　　　　　　　　F. 其他，请写出来

8. 您认为现代人最普遍欠缺的核心素养是什么（　　　）（最多选 2 项）

　　A. 专业知识与技能　　　　　　　　B. 解决问题的能力

　　C. 实践经验与技能　　　　　　　　D. 批判精神与意识

　　E. 对正义的追求与维护　　　　　　F. 开放与分享的合作意识

　　G. 对自由的追求与捍卫　　　　　　H. 其他，请写出来

9. 您认为大学精神缺失的主要危害是什么（　　　）（多选题）

　　A. 让大学失去灵魂　　　　　　　　B. 让大学沦为"工厂"

　　C. 让大学迷失方向　　　　　　　　D. 降低人才培养质量

　　E. 让大学人缺失奋斗的动力　　　　F. 让人类失去灵魂栖息地

　　G. 让大学失去引领社会的地位

　　H. 让大学彻底失去对纯粹学术追求的勇气

　　I. 其他，请写出来

10. 您认为怎样才能让大学有精神？

后　记

都说日月如梭，我从 2012 年 9 月开始攻读博士到本书交付出版，其间超过 11 年的时间，虽有无数艰辛和磨难，但似乎是一眨眼就过去的，因为当年开学报到的场景和随后日日上课、读书、吃饭堂的生活仍然历历在目。

最重要的记忆和最要感谢的人是我的导师郭大成教授，我潜意识里一直称他为先生，敬重他的为人、他的耿直与敬业，敬重他对待工作一丝不苟的严谨作风。我和先生的缘分要从开学报到算起（考试前以邮件联系过，没有见过面，自感算不上缘分的起点），2012 年 9 月 10 日，到北京理工大学第一天报到时，恰好碰到先生检查研究生开学工作，也就顺便约了下午的师生见面，那天先生不仅和我谈了学习规划，而且关心了我的生活问题，特别是他记下了我的生活困难，并时时关心，持续至今，让我备受感动。

2012 年 9 月 13 日中午 12 点多，我到学生餐厅吃饭，偶遇先生也去吃饭；9 月 14 日下午（星期五），我在教室看书到将近 19 点，匆匆忙忙赶去学生餐厅，一眼看到先生也在餐厅打饭……后来又有几次在学生餐厅与先生的偶遇，这些偶遇和他的形象融合在一起，让我觉得他魁梧健硕的身材一下子又高大了好多。作为时任的学校党委书记，周末加班到 19 点，还要坚持到学生餐厅自己打饭吃，先生让我看到了实实在在的朴实无华却深具内涵的学者型领导典范，我对先生的敬意油然而生。

先生工作很忙，但对学术、对教育管理总有很多深刻的认识和独到的想法，尤其是他身上透出的教育情怀和人文关怀，令我备受鼓舞。

在此，特别感谢北京理工大学教育研究院和后来的人文与社会科学学院的老师们！感谢博学、仁爱、富于激情的杨东平教授；感谢热情、细心、富有人文情怀，能够为帮我审读论文熬夜到凌晨一点多的庞海芍研究员；感谢快言快语、热心睿智、经常关心我的学习与工作的马永霞教授；感谢富有工作干劲、做事雷厉风行的何海燕教授；感谢敦厚、乐学、善教的张建卫教授；感谢幽默风趣、能说善演、富有智慧的李小平教授；感谢和我亲如兄弟、经常向我伸出援手的王学普老师、刘博联老师和刘存福教授等。

感谢我的同窗好友！感谢多年来鼓励我前行的好朋友们！感谢和我一起读书学习并帮我整理资料的研究生们！

正如被评为教授不是我学术追求的终结而是更好的起点一样，拿到博士学位不是我学习的终结，更不是我学术研究的了结，两个阶段的跨越都进一步促进了我对生命意义与精神价值的思考，增强了我对学术研究的执着。所以，我在博士学位论文基础上几经修改后，拿出这样一份书稿，谨望能够唤起和促进更多学者、教育者与其他相关人士对大学精神的重视、对教育本质的追求和对人之为人的回归。

孙刚成

2023 年 7 月于延安

图书在版编目（CIP）数据

　　大学精神的演进与传承 / 孙刚成著. -- 北京：社
会科学文献出版社，2024.4（2025.3 重印）
　　ISBN 978-7-5228-3390-3

　　Ⅰ.①大… Ⅱ.①孙… Ⅲ.①高等教育-研究-中国
Ⅳ.①G649.2

　　中国国家版本馆 CIP 数据核字（2024）第 059408 号

大学精神的演进与传承

著　　　者／孙刚成

出 版 人／冀祥德
责任编辑／岳梦夏
文稿编辑／陈彩伊
责任印制／王京美

出　　版／社会科学文献出版社·马克思主义分社（010）59367126
　　　　　　地址：北京市北三环中路甲 29 号院华龙大厦　邮编：100029
　　　　　　网址：www.ssap.com.cn
发　　行／社会科学文献出版社（010）59367028
印　　装／唐山玺诚印务有限公司

规　　格／开本：787mm×1092mm　1/16
　　　　　　印张：14.75　字数：228 千字
版　　次／2024 年 4 月第 1 版　2025 年 3 月第 2 次印刷
书　　号／ISBN 978-7-5228-3390-3
定　　价／98.00 元

读者服务电话：4008918866